Introduction to
a History of Modern
Legal Thoughts

大野達司
Ohno Tatsuji
森元 拓
Morimoto Taku
吉永 圭
Yoshinaga Kei

近代法思想史入門

日本と西洋の交わりから読む

法律文化社

はじめに

　本書は「近代法思想史」の入門を意図した教科書です。その特徴は、全体の話の道筋を、日本の法学や法思想、法制史、政治史の展開に置いたことにあります。オーソドックスな法思想史の教科書なら、プラトン・アリストテレスといった古代ギリシャ哲学から始まって、中世・近世を経てカントやヘーゲルにいたる西欧法思想の流れを順番に追いかけることになるでしょう。もちろん現代の法哲学や法思想・法学にそれらが与えた影響は大きいし、現代に限らず、西欧法思想の影響を受けた日本の法思想を理解する上で、こうした流れを一度把握しておくことは重要です。

　その一方で、法思想史の授業、とりわけ初年時生向けの授業を担当した筆者の経験では、なぜ日本で西欧の法思想の歴史を学ぶのかについて、必ずしもリアリティが感じられないという声も耳にしました。そこで本書のような構成を試みてみたわけです。日本の法学は、明治期以降のいわゆる西洋法の継受によってはじまったという事実があります。一方今日では改憲（解釈によるにせよ）や民法改正をめぐる動きや論争が盛んになっています。これらも含めて、新たな転換期になりうる現代の理論の背後にあるものを理解する上でも、日本の法思想がたどった道筋を見直してみることも重要です。その手がかりとなるためにも、一度幕末・明治以降の法思想と、それらが生まれた社会的・政治的背景、それに向かい合うためにどのような思想的素材を用いていったかを題材にしながら、法思想史に関心を抱いてもらえるような入門の教科書をつくってみることにしました。そのなかで継受された諸思想の流れにも最低限触れるようにしましたが、それはごく一部にとどまっています。

　こうした継受をはじめとする問題には、すでに多くの優れた業績があります。本書もそれらに依拠しているところが多いのは事実で、ある意味では、それらの業績に対する道案内になることも目指しています。是非参考文献や原典にも挑戦してください。引用・参考文献は本文中や各章の最後に示しました

i

はじめに

が、それ以外にも重要な文献がたくさんあります。それらについては、法律文化社のHPに掲載させていただくことにしました（www.hou-bun.com にある「教科書関連情報」にて掲載）。執筆にあたりお世話になったという点では、どちらにも差はないのですが、一次文献と、読者にとってアプローチしやすい、また広い範囲をカバーしているものを各章末にあげることにしました。教科書の体裁もあり、参考にした文献・該当頁を個々に指摘できなかった点については、読者の方々のご不便をおかけするとともに、著者の方々には失礼をすることになりましたが、お許しください。

　本書の構成は、おおむね時代を追っていますが、テーマの流れもあり、前後している場合もあります。執筆にあたっては誤解のないよう注意しましたが、念のため付け加えておきます。本書から参考文献に進み、さらにそこからより広い法思想の世界へと、読者の皆さんが関心を広げられることを著者一同願っています。それにより、最先端の思想の「新しさ」も知ることができるのではないかと考えています。

　　2016年1月

大 野 達 司

目　　次　／　「近代法思想史入門：日本と西洋の交わりから読む」

はじめに

第1部	近　代　へ

第1章　法と権利 ——————————————————— 3

第1節　近代化と東西　　3
　　　　大政奉還と廃藩置県

第2節　法と正義　　4
　　　　「ラウは法の義なり」　／　「法」と「のり」　／　「法」の輸入　／　王
　　　　政復古と新制度

第3節　「権利」の成立について　　7
　　　　「権」について　／　「万国公法」と権利　／　「公権」と「私権」　／
　　　　「利」について　／　江戸の儒学　／　利や欲の肯定　／　「権利」の限
　　　　界と可能性　／　「権　理」　／　「私権」と統合

第4節　性　　法　　13
　　　　性法と法哲学　／　フランス法派　／　性法と立法者　／　自然法論
　　　　（性法）と法哲学　／　「性法」の由来　／　西欧哲学の流入　／
　　　　フィッセリングの性法講義　／　性法論への懐疑と読みかえ　／　西の
　　　　功利主義と社会観　／　「性法」の自由主義的側面

第2章　自然法の思想 ——————————————————— 21

第1節　人定法と自然法　　21
　　　　古典における対置　／　キリスト教的自然法論　／　スコラ哲学と「教
　　　　令注釈学派」

第2節　権利としての ius　　24
　　　　権利と人間の力　／　所有権　／　清貧論争

iii

目　次

第3節　自然権論　26

グロティウス　／　ホッブズ

第4節　統治の正統化　29

フィルマーとロック　／　人権宣言と権利章典

第5節　近代自然法論の展開とその批判　31

ドイツの自然法論　／　イギリス経験主義の道徳感情論　／　ルソー
／　カントとヘーゲル　／　功利主義の自然権批判

第3章　公と知識人 ———————————— 40

第1節　明治初期の憲法論と「公」「公議」「公論」　40

御誓文　／　会盟式から会誓式へ　／　幕末公論の源流と大政委任論
／　公論と輿論

第2節　明六社のひとびと　43

結社と構成員　／　学者の職分と公私　／　明六社における時期尚早論
とその批判

第3節　共存同衆とイギリス法思想　46

共存同衆の起源　／　結社の方針　／　馬場辰猪とイギリス　／　歴史
主義と法実証主義　／　小野梓と功利主義：法制の要件と目的　／　社
交の自由、政体論　／　結社への圧力

第4節　社会契約論：ルソーの受容　49

王政批判の哲学者たち　／　ルソーの受容　／　社会契約論　／　兆民
と漸進主義

第5節　保　守　派　52

王政と公　／　君徳輔導の方針　／　宮中派と府中の対立　／　金子堅
太郎とバーク　／　バークの保守主義

第4章　憲法と自治 ———————————— 58

第1節　議会の開設と自治論争　58

民主主義の学校　／　「アメリカのデモクラシー」　／　「惑溺」と「名
分論」（福澤）　／　三新法体制とその評価　／　政府側の立憲論　／
民権派の国会開設運動　／　さまざまな憲法案の登場

第2節　独逸学と進化論　63

プロイセン型憲法構想と公式学問　／　独逸学協会　／　ブルンチュリ

の影響　／　加藤の進化論と天賦人権説批判　／　馬場と植木の加藤批判　／　イェーリング批判

第3節　伊藤の憲法調査　67

グナイスト　／　シュタイン　／　帰国と憲法制定

第4節　府県制・市町村制をめぐる論争　69

府県会の現状　／　内閣原案とモッセの構想　／　井上毅・ロェスラーの批判と自治の限定

第5章　初期明治憲法理論 ————————————— 74

第1節　国家法人説、穂積八束と一木喜徳郎　74

日本公法学の確立と留学　／　プロイセン憲法争議と予算法論　／　一木の「法令予算論」　／　穂積八束の法実証主義

第2節　国体論の由来　79

尊皇と儒教、覇道と王道　／　皇国と大政委任　／　「国体」の歴史的起源

第3節　国体と法理　82

国体と憲法・教育　／　国体・天皇即国家と法理　／　穂積憲法学と国体の基礎づけ

第4節　上杉・美濃部「国体」論争　86

経歴と方法論　／　憲法講習会　／　国体論争：主権と機関　／　国体と国家形式　／　美濃部の権威と事件　／　上杉と軍、国体擁護　／　皇道と相関連続　／　一視同仁

| 第2部 | 社会とデモクラシー |

第6章　明治民法学 ————————————————— 97

第1節　法典論争からドイツ法学へ　97

民法典編纂事業　／　日本の法学教育　／　法典論争　／　八束の「家」思想　／　ドイツ民法学への傾斜

第2節　ドイツ法典論争　103

19世紀初頭のドイツ　／　ティボー　／　サヴィニー　／　平野義太郎

目　次

　　　　　によるドイツと日本の比較

　　第3節　鳩山から末弘へ、ドイツから英米へ　106
　　　　　鳩山秀夫の登場　／　末弘厳太郎の判例研究

第7章　刑法理論の対立 ——————————————— 109

　　第1節　日本における「刑法」の導入　109
　　　　　律令的刑法から近代的刑法へ　／　旧刑法　／　現行刑法

　　第2節　旧　　派　112
　　　　　ベッカリーア　／　フォイエルバッハ　／　新古典学派　／　後期旧派
　　　　　理論

　　第3節　新　　派　116
　　　　　ロンブローゾの衝撃　／　リスト

　　第4節　日本における新派の登場　118
　　　　　富井政章　／　牧野英一

　　第5節　日本における旧派の台頭　120
　　　　　大場茂馬　／　瀧川幸辰　／　小野清一郎　／　「日本法理」論

　　第6節　囚人の処遇問題　122
　　　　　監獄行政の困難さ　／　ゼーバッハ　／　小河滋次郎と監獄法

第8章　大正デモクラシー ——————————————— 127

　　第1節　吉野作造の民本主義　127
　　　　　吉野の思想形成　／　民本主義　／　吉野への敵意

　　第2節　デモクラシーの思想　130
　　　　　デモクラシーの思想史　／　ハンス・ケルゼンのデモクラシー論　／
　　　　　カール・シュミットのデモクラシー論

　　第3節　「アメリカ」の登場　134
　　　　　アメリカとの接触　／　学問的衝撃　／　文化的衝撃

　　第4節　社会主義、社会運動　136
　　　　　日本の社会運動と法規制　／　女性の労働環境

　　第5節　日本の女性解放運動　138
　　　　　岸田俊子　／　『青鞜』の誕生　／　母性保護論争　／　エレン・ケイ

vi

第6節　西洋におけるフェミニズムの展開　　141

フランス革命　／　第一波フェミニズム　／　第二波フェミニズム

第9章　マルクス主義法学 ──────────── 145

第1節　マルクス主義の形成　　145

マルクス主義誕生の背景　／　マルクスの思想形成　／　マルクスとマルクス主義

第2節　日本におけるマルクス主義法学とパシュカーニス　　147

日本のマルクス主義法学　／　所有権理論の修正　／　「自由に意欲する人間の共同態」　／　パシュカーニス『法の一般理論とマルクス主義』　／　パシュカーニスと加古祐二郎

第3節　日本における社会法の登場　　151

労働法の形成　／　労働法学と末弘厳太郎　／　社会保障法の形成　／　救護法

第4節　ラートブルフとジンツハイマー　　155

ラートブルフの思想形成　／　ラートブルフ受容　／　労働法の父・ジンツハイマー　／　ジンツハイマーの学説

第5節　森戸事件と瀧川事件　　158

森戸と大逆事件　／　クロポトキン研究　／　瀧川のトルストイ講演　／　瀧川事件の背景　／　瀧川事件と東大

第6節　恒藤　恭　　162

恒藤の思想形成　／　恒藤とマルクス主義

第10章　国際法と国際政治 ──────────── 165

第1節　戦争の思想史　　165

正戦論　／　無差別戦争観　／　戦争の違法化　／　差別戦争観

第2節　国際連盟　　168

平和組織の思想　／　19世紀の運動　／　国際連盟の誕生　／　国際連盟と日本人

第3節　横田喜三郎とケルゼン　　171

横田のケルゼン受容　／　純粋法学　／　ケルゼンの国際法学　／　ケルゼンの国際連盟評価

目　次

第4節　リアリストとしてのシュミット　174
　　　シュミットと国際法　／　シュミットの国際連盟批判　／　広域秩序

第5節　モーゲンソー　176
　　　国際法学から国際政治学へ　／　『国際司法』　／　モーゲンソーとケルゼン

第6節　国際社会の中の日本　179
　　　不平等条約問題　／　大東亜共栄圏　／　大東亜国際法

第3部　2つの「昭和」

第11章　国粋主義の法思想 ————————————— 185

第1節　「欧化」から「国粋」へ　185
　　　「欧化」と「国粋」　／　「欧化」から「国粋」へ

第2節　個人商店的国家から大企業的国家へ　187
　　　個人商店的国家　／　大企業的国家へ

第3節　筧克彦の法思想：「神ながら」の国の法思想　189
　　　筧の原型　／　ギールケの国家論　／　ディルタイの生の哲学　／　普遍我としての国家　／　神ながらの国、日本　／　筧と欧化思想

第4節　北一輝の法思想：純正社会主義思想の法思想　194
　　　北の生涯　／　社会民主主義と純正社会主義　／　北の歴史観：明治維新と国体論　／　『日本改造法案大綱』　／　北の影響

第5節　蓑田胸喜の思想：戦闘的国粋主義者の否定思想　199
　　　攻撃者としての蓑田　／　原理日本社と原理日本　／　美濃部批判と「護憲」派蓑田

第12章　天皇機関説事件の法思想 ————————————— 204

第1節　事件の発端　204
　　　菊池演説　／　美濃部の「一身上の弁明」　／　「弁明」に対する反応　／　『国体の本義』

第2節　天皇機関説事件の遠因　208

大学の弱体化　／　南北朝正閏事件

第 3 節　天皇機関説事件に関する従来の分析枠組み　210

「自由主義者」美濃部という理解　／　帝国憲法における「顕教」と
「密教」

第 4 節　「国体」という問題　211

国体憲法学派と天皇主権説　／　美濃部憲法学における「国体」の意義
／　不文法源としての国体　／　立憲主義の国体論

第 5 節　国体憲法学派の国体論：里見岸雄の国体論　217

従来の学説と国体憲法学　／　里見の国体論　／　国体憲法学派の美濃
部批判　／　事件の法思想史的意義

第13章　総動員体制（新体制）の構築と法思想 —————— 222

第 1 節　天皇機関説事件後の立憲主義　222

統治システムの破綻　／　新体制の必要性と意義

第 2 節　黒田覚の法思想　224

転向者の典型？　／　ケルゼニストとしての黒田　／　スメント、シュ
ミットの影響

第 3 節　国家総動員法の成立　226

総力戦の構築　／　国家総動員体制の成立

第 4 節　国家総動員法をめぐる法的論争　229

国家総動員法の違憲論　／　政党勢力による違憲論　／　黒田の合憲論
／　革新政治の意義

第 5 節　大政翼賛会の違憲論：現状維持派と新体制派の論争　233

大政翼賛会　／　黒田の合憲論　／　佐々木の違憲論　／　黒田の主権
論：憲法制定権力

第 6 節　時代の要請とオプティミスト　237

第14章　戦時体制下の法思想 ————————————— 240

第 1 節　戦時統制と国民生活　240

治安維持法制と思想統制　／　総力戦のための経済社会体制の確立

第 2 節　非常大権と国家緊急権の展開　244

非常大権と国家緊急権　／　国家緊急権の意義　／　黒田の非常大権論

ix

目　次

　　　　　　　／　大串兎代夫の非常大権論　／　新体制派と憲法論

　第3節　尾高朝雄の国家緊急権論　248
　　　　尾高朝雄の国家緊急権論　／　尾高の反論　／　法は政治の矩

　第4節　戦争末期の法思想　253
　　　　大串の尾高への反論　／　非常大権委員会　／　政府の対応　／　全権
　　　　委任法の成立と大串

第15章　新憲法体制の法思想 ————————————— 257

　第1節　占領体制と新憲法　257
　　　　アメリカの初期占領政策　／　憲法改正の動き　／　GHQ の憲法案

　第2節　法制度の改革　260
　　　　戦後の社会改革　／　民法の改正　／　刑法の改正

　第3節　美濃部達吉と新憲法　262
　　　　美濃部の反対論　／　心理的統合としての天皇　／　機能的統合として
　　　　の官僚

　第4節　宮沢俊義の憲法観：八月革命説とケルゼン　266
　　　　八月革命説　／　ケルゼンの十月革命説　／　十月革命説と八月革命説

　第5節　ノモス主権論の意義と尾高・宮沢論争　270
　　　　ノモス主権論　／　美濃部の天皇制論とノモス主権論　／　尾高・宮沢
　　　　論争の意義

　第6節　戦前と現代のあいだ　273

　　人名索引

　　事項索引

【本書全体にかかわる参考文献・略語方針】

大石眞『日本憲法史〔第2版〕』有斐閣、2005年

勝田有恒・山内進編著『近世・近代ヨーロッパの法学者たち』ミネルヴァ書房、2008年

川口由彦『日本近代法制史〔第2版〕』新世社、2015年

河野有理編『近代日本政治思想史』ナカニシヤ出版、2014年

笹倉秀夫『法思想史講義〔上・下〕』東京大学出版会、2007年

潮見俊隆・利谷信義編著『日本の法学者』日本評論社、1975年

瀧川裕英他『法哲学』有斐閣、2014年

田中成明他『法思想史〔第2版〕』有斐閣、1997年

長尾龍一『日本法思想史研究』創文社、1981年

長尾龍一『日本国家思想史研究』創文社、1982年

長尾龍一『法学ことはじめ〔新版〕』慈学社、2007年

長谷部恭男『法とは何か〔増補新版〕』河出書房新社、2015年

三島淑臣『法思想史』青林書院新社、1980年

村上淳一『〈法〉の歴史〔新装版〕』東京大学出版会、2013年

「近デ」は近代デジタルライブラリー

「国デ」は国立国会図書館デジタルコレクション

第 *1* 部

近 代 へ

　第1部は幕末から明治体制の確立を中心的対象とする。それとともに全体の導入もかねて、近代法体制と思想の出発点となった江戸末期から明治維新に、西欧思想、法概念などが輸入され、それまでの伝統的な日本のそれら、あるいは中国伝来のそれらと緊張の中で混じり合いながら理解されていく様子をみておきたい。「鹿鳴館」とそれへの反発のエピソードに見られるように、それは単なる輸入ではなく、自分たちの歴史や伝統的社会を見つめ直しながら、新たな道を模索する試みでもあった。つまり、西欧思想の大量流入は、他方で西欧との関係、そしてまた中国を中心としたアジアとの関係の中で、「自意識」を再確立していく過程の端緒でもあった。

　そこで、第1章で、まず西欧法（思想）との接触の様子を、法と権利というあたりまえに用いている言葉が、幕末から明治初期にかけて近代的な意味内容をもって定着し、またしなかったのかの一端を見ることから始めたい。第2章では、そもそも西洋に特有であり、容易には直輸入できなかった「自然法」を概観し、それがどの歴史的背景や論争を見る。以上の前提から、第3章では、日本の伝統にも見られながら、西欧的共和制の思想としても登場した「公論」を素材に、憲法体制の確立に至る過程での諸議論に言及する。さらに第4章では、近代的国家体制と伝統的体制との狭間で、集権と分権、新たな憲法秩序を支える主体のありかをめぐる論戦の場となった、自治制度の展開を取り上げる。最後第5章では、明治憲法学の登場とその初期の展開から、西欧思想と日本（古来の？）思想との緊張やズレが表面化していく「国体」と憲法の関係を見る。なお「近代へ」という意味では同じく重要な、同時期の民法・刑法に関する諸議論は第2部で、また国体をめぐる憲法論争が政治化した美濃部憲法論への批判については第3部で取り上げられる。

第1章　法と権利

この章で学ぶこと

　本章は、法・権利などの言葉が law や right の訳語として選ばれた経緯を素材にしながら、幕末から維新期の人々が抱いていたルールや国家・社会に対するイメージを垣間見ることが目標である。また、法思想では、実定法（制定法）に対して、それを超える法として、自然法（性法）が観念される。こうした西欧古典的な理念に幕末維新期の日本知識人が触れたのは、それに対する疑問がすでに示され、再解釈を経た時期だった。つまり古典から近代までの思考法が一気に流れ込んできた。彼らは日本の近代的な体制を確立する上でそれらをどのように按分しながら理解したのか。

第1節　近代化と東西

大政奉還と廃藩置県　　大政奉還や廃藩置県という新政府の改革は、目指す方向は近代化だが形の上で復古でもあり、それまでの封建制にかえて、秦の官僚制統治である郡県制をもとに中央集権化をめざした。維新政府は、版籍奉還（1869年）から廃藩置県（1871年）へと改革を断行したが、こうした集権化をめぐる議論は、幕末期にすでに展開されていた。当時、福澤諭吉と加藤弘之も、各大名の権力と幕府の関係（封建制）の再構築、つまり「大君〔＝将軍〕のモナルキ」（1866年：「福沢英之助宛書簡」『福澤諭吉書簡集』第1巻、65頁）による集権化か、大名同盟か（1862年：『福翁自伝』の回顧、『福澤諭吉全集』第7巻、近デ）をめぐる議論の中にいた。幕末の彼らはこうした枠組みにありながら西欧の例を参照しており、福澤の大名同盟にはドイツ連邦のイメージがあったとされる。一方清に仮託した加藤の『隣草』（1861年：『日本の名著34』）は、西洋各国もみな郡県制をとっていると述べる。だが、現実は幕藩体制である。そこで加藤は、封建制を維持しながら上下分権の政体により、政

3

第1部 近代へ

権の安定化を図ろうとする。このように王政復古以前の構想では、言葉は復古的あるいは漢語的でも、同時代の西洋を含めた現実や理論が参酌されていた。

政治体制の集権化をめぐる議論は、新しい時代への転換、つまり近代化を、それまでの思想や制度を下敷きにしながら、西洋から得られた知識を用いてどのように実現するかという課題の一例である。日本には固有の法思想や、中国で発展した法制度や中国思想からの影響が基礎にあり、また漢学をはじめとする知識が、洋学の理解の前提、あるいはその枠を作った。法や法思想はその典型だった。法学・法思想の中心概念、「法」と「権利」という言葉の成立、law, right の翻訳事情もそれを示している。そこでは、法や権利という言葉と原語のズレを意識しながら苦闘する、幕末・維新期の知識人の様子がうかがえるとともに、今日の私たちがこうした言葉を用いるときに、不思議に感じること、また忘れがちなことの理由も教えてくれる。

第2節　法と正義

「ラウは法の義なり」　外国の思想を理解するさいには、鍵となる言葉が母国語の何にあたるのかを考えねばならない。だが双方が一対一で対応するという保証はもちろんない。そもそも対応する語が見つからないときもある。その意味や内容を、異なる社会や歴史のもとでできるだけ正確に移し替え、伝えるために、既存の、あるいは新造の漢字熟語に頼った。近代法学のはじまった時期にはそれは避けられず、「法」や「権利」についても、そうした作業を経ている。「権利」は、事実上、幕末・明治期の西欧思想流入に伴ってつくりだされた。「法」は日本語にも、また漢語にもすでにあり、law などの訳語として当てることには比較的問題がなかった。たとえば、西周とともに幕末にオランダ留学をした津田真道は、ヨーロッパ法学の概要を紹介した「泰西法学要領」（1868年）で「英語のラウは法の義なり」とし、学科名としてだがラウ law ＝法を用い、「漢土本邦の語法亦同例なり」としていた（『全集』（上）106頁）。なお、レヒト Recht（独）ドロア droit（仏）レクト regt（蘭）には、法 law とともに英語の right の意味もある。津田はこれらの言葉を「公事〔裁判〕」の「正しさ」「正直」としている。それは西欧語の

4

「法」にある「内容の正しさ」につながる意味であり、本来正しくあるべきだが「枉れることのある律法」と対比されている。一方西は、「唯た上たる人の心にありて下に敷き施すもの」（「百学連環」『全集』第1巻、168、184頁）である法を、権義（権利と義務）の関係と区別していた。だが、国際法や法学について、「元来適宜の文字なきより法の字をなすと雖も、実は権といふへきところなり」とする。ここには国際法の事情もある（後述）。権はrightの漢語としており、中国や日本では双方「義」の関係となるところが、西欧では義に対する権となる、と指摘している。

「法」と「のり」　津田や西は、lawを「法」とし、「正しさ」、つまり正義や自然法（第2章参照）を含むドイツ語のRecht（英語のrightにも対応する）と対置しているようにみえる。それでは、漢語や日本語で「法」と「正しさ」は無関係だったのか。

「法」は中国に3000年以上前からあり、「律」とも互換的に用いられてきたとされ、現在の「法律」のように、権威ある機関が定めたという意味合いもある。一方、日本の古語で「法」に結びついた「のり」にもそのようなところがあることを、本居宣長が述べている。「能流とは、人に物を云聞すことなり、己が名を人に云ひ聞すを、名告と云にて知べし、又法を能理と云も、上より云々せよと定めて、云ひ聞せたまふより出たり、告また謂などの字をも、能留と訓ること、記中又萬葉などに數多あり」（『古事記傳』四之巻、『全集』第9巻159頁）。法制史家の中田薫は、「のり」はもともとそれ以上の多様な意味を有しており、『日本書紀』（720年）では、法のほか、方・式・制・教・憲・正朔・法則・則・風・礼・猷・典・内教・方式・度・律に訓がされているという。しかしその上で、「のり」は口頭で「云ひ聞せ」たもの、風俗など広く社会規範を内容として含んだが、「法」と結びつくにあたり、宣じられた支配者の命令の意味となった。そして、そこに権利主張の根拠という意味はほとんどなかった（「古法雑觀」『法制史論集』第4巻）。

「法」の輸入　漢語の輸入は、文字、書き言葉の移入でもあり、文字表現の習熟により、成文法の制定にもつながった。「上宮太子〔聖徳太子〕憲法十七條を作り、國家の制法是より始まる」（弘仁格式（840年施行）序）というのもこれである。またそこには、中国の法家の影響があるとの指摘

第1部　近代　へ

がある。2500年ほど前の法家思想（韓非など）とは、儒家の徳治に対して、人間の性悪説から厳格な法による統治を主張した。しかし、ここで受容された法家思想は、性悪説ではなく法治の部分だった。そして儒家のような法とは別個の身分的礼典をとらず、法の中に上下和睦や公論を組み込む「憲法」によって律令を支えるという形がとられた。その背景には、一方で中国の冊封関係への組み込みにつながる礼的身分秩序を受け継がず、他方で軍事的な統制に適した律令制を必要とした、内外の緊張した関係があったとされる。また、たしかに冠位十二階のような儒教思想に依拠した制度もあるが、徳を失った王は天が見切りをつけ王朝が変わるとする、儒教の「易姓革命説」（天命を革め、王の姓が易る）を排し、政権の永続性を主義とした。この点にも法家思想の影響がある（宮地明子「日本古代国家論」『古代日本の構造と原理』）。

　大化の改新後、大宝律令（701年）・養老律令（718年）は、中国秦漢期以後に発達し、隋唐期に完成した律令格式（それぞれ刑法、行政法、改正法、補充法を指す）の法体系を踏襲して、法典化を行った（弘仁格式はこれら「律令」に対する「格と式」）。以降10世紀頃まで律令制の時代が続き、それ以降律令は編纂されなかった。武家政権の下では、北条泰時が中心になって編纂した「御成敗式目」（1232年）のように、律令制の成文法は維持しながら（公家法の「式条」との対立を避け「式目」とした）、武士の生活規律に合った社会規範に則った「道理」をもとに、文字の読めない東国武士の裁判準則（「御成敗」）を示す、式目法へ移行する。再び中田をひいておこう。

　「……大化前代においては『のり』は制定法のみを意味し、『ならわし』を含まなかった。大化後王朝時代においても法の概念は、律令格式を主とする制定法、及びこれに準ずべき判例に限られ、民間の『習俗』はその中に入らなかった。中世武家時代においても亦同然で、法は制法と先例（判例）に限られ、民間慣習は法以外の『都鄙之例、先縦』に過ぎなかった。然るに今や〔室町の前半期〕此『都鄙之先縦』は一躍して制定法と肩を並べて法の一半を占むるに至つた。」（「古法雑観」『論集』第4巻、31頁、「大法」同第3巻、1096頁）。

　こうした「ならわし」への「法」の拡張があり、幕末、明治維新まで、民間慣習も大法として取り入れられながらも、その中心は制定法としての公法だった。つまり、式目を基礎にした戦国時代各国の分国法や、江戸時代の武家諸法

度、藩法としての「家法」「国法」である。これらは、基本的な政治制度のありかたや刑法で、天皇・公家と幕府・武家との関係、幕府と庶民との上下関係を示していた。明治維新は前者を再転換し、後者を近代化した（政治体制と国体の関係は第5章参照）。

王政復古と新制度　維新政府は、幕藩体制の一新にあたり、さまざまな政策は、復古主義や尊王思想をもとにしながら、同時に近代化を推し進めた。統一的体制の確立のため、律令制の形を借りて体制を「再生」しようとしたのはそのあらわれである。「王政復古」は法制・政治体制の律令制への復帰をも当初は意味したからである。そこで、大宝令・養老令にならい、三職七科の官制が定められ（1868年）、法制度の整備もはかられた。すでに大政奉還にあたり、「刑法之儀ハ、召ノ諸侯上京之上御取極メ可=相成=ト存候得共、夫迄ノ処ハ仕来通ニテ宜候哉」という徳川慶喜の伺に、「召之諸侯上京之上規則相定候得共、夫迄之処ハ是迄通リ可=心得=候事」との回答があった。すでに「刑法」の語は幕藩法時代の「熊本藩御刑法草書」などがあるが、この今後の刑法は上京した諸侯により制定されるという方針とともに、近代刑法への道が始まったともいわれる。その「刑法」は、仮刑律・新律綱領・改定律例では「律」の形式で制定された。その実質では、経験的裏づけや内容的正しさと無関係とはいえないものの、上記の西の説明のように、制定法の意味合いが強かったと考えられる。

第3節 「権利」の成立について

「権」について　前節で留保した「権利」についてはどうか。right（オランダ語 regt）がはじめから権利と訳されたわけではない。津田真道（「泰西法学要領」）や、福澤諭吉（『西洋事情　二編』例言、1870年：『全集』第1巻、近デ）などにその例がある。なおそこでは、right の多義性、また漢語の「権利」が中国古典でもっていた権勢・利益の意味（『荀子』勧学篇第一（上）20-21頁『史記』鄭世家『史記世家』（中）116頁）、あるいは権・利と、right が合う点、合わない点が意識されていた。日本でも法学の必要性は、国際情勢を背景に、まず国際法が意識された。「権利」にもそうした背景事情が関係している。

第1部　近代　へ

「万国公法」と権利　　開国問題に直面した幕末期には、ホイートン（恵頓）の著作 Elements of International Law（1836年）の漢訳『万国公法』（1864年）が、翌年には日本でも西周訓点で開成所より翻刻され、知識人の間で広く読まれた。同書には、right＝「権」「権利」という用法があり、これが「権利」という漢訳語の源流とされる。ちなみに、明治初期（1869年以降）に箕作麟祥はさまざまなフランス法典を翻訳し、多くの法律用語となる漢語を新造したが、権利・義務については同書から借用できたという。

　すでに欧米の圧力下にあった清では、国際公法の知識が必要になっていた。したがって、欧米の法学、ことに国際法学はまず中国に入ってきた。『万国公法』漢訳者マーティン＝丁韙良はアメリカの宣教師で、アヘン戦争の結果、外国人商人と宣教師に門戸を開いた中国に布教に赴き、アロー号事件の処理ではアメリカ公使団書記官として通訳の任に当たった。マーティンは天津条約と北京条約締結における中国側の前近代的態度（皇帝への臣従の礼の要求など）や軍事衝突を目にし、国際法の知識を広める必要を意識するに至った。条約交渉の経験から同様の意識をもっていた中国政府の援助を受けて、マーティンはアメリカで最も権威のあるホイートンの『国際法原理』の漢訳・出版を行った。そのさい、国際公法の舞台での主体は国家であり、権力・権益に近い漢語「権」「権利」と重ねて理解できたと考えられる。

　西や津田も国際法を学習の中心とした。1862年から65年までオランダに留学し、フィッセリングのもとで学んだ津田真一郎（真道）の『ヒッセリング泰西國法論』（1866年）は「権」とともに国民の「権利」（『全集』（上）128、141頁）を、西周のフィッセリング講義録『万国公法』（1868年）は、「権」を用いている（『全集』第2巻、15頁など）。だが、彼らには法学一般も対象であり、同講義の中でも regt の多義性を知り、1つの漢語で対応させるのは難しいと感じていた。たとえば上述の津田『泰西法学要領』は regt のさまざまな語義を示し、そのなかで「権利」をも用いているが（『全集』（上）107頁）、別のところでは

＊　開成所版翻刻『萬国公法』慶応三年と英語原文、重野安訳『和訳万国公法』明治3年の比較（『翻訳の思想』）。「専論此等権利（which treats of the rights of sovereigns in this respects）」、「交戦之権利（the rights of war）」（9、15頁）など。尾佐竹猛『維新前後に於ける立憲思想』文化生活研究會、1925年、41頁。

8

「本分」や「法律」もあてる（「五科学習に関するフィッセリングの覚書」『全集』（上）91頁）。西も内容的にある種の道徳原理と結びつけて、権を理解した（第4節参照）。

「公権」と「私権」　「権利」の語を用いた点で、津田や西に先んじていたのが、加藤弘之である。加藤は1864年より開成所教授で、『万国公法』に触れていたと思われるが、その『立憲政体略』（1867年：『日本の名著34』国デ）は、国民公私二権を、私身に関係する私権と国事に預かる公権に整理している。身分制を廃し、国家のもとに臣民が平等な権利をもつことを前提に、生命の権利、人身の自由、結社思想信条、宗教の自由、法の下の平等、経済的自由などを私権とする。公権のうち重要なものは、「選択権利」と呼ばれる参政権と被参政権である。加藤はこの権利を皆がもつことは当然とした。

『真政大意』（1870年）では、各人の不羈自立のため権利の平等と相互尊重の理を説いている（『日本の名著34』国デ）。他者から束縛されない自由は人に幸福をもたらすという情の天性があり、このため平等にこの情を追求する権利があり、ここから交際上の種々の権利が生ずる。だが造化（万物の創造（主））はこれとは別の優れた性質を与えている。それは「仁義礼譲孝悌中心抔」であり、それが自己の本分を尽くして他人の権利を敬重する義務をもたらす、という。そしてこの義務の実現のため政府による制御の必要性を主張する。

このように、加藤は早い時期に「権利」概念を理解していたことがうかがえるが、こうした理解が当時世間で一般的だったわけではない。たとえば、1870年の民法編纂会で箕作の訳語「民権（現在の私権）」に、「民に權ありとは如何なる義ぞ」と反発があったのも、「権」が（公の）権力と理解されていたことを示している（第6章参照）。会議では「民権」は、フランスをモデルに最初期の法典編纂をリードした同会長江藤新平により、ひとまず残された。もちろん、後の民権運動の政治的な「民権」（これには、津田『泰西國法論』の用例あり。『全集』（上）145頁）とこの「民権」とは意味合いが異なる。

「利」について　このように、「権」のもつ漢語のニュアンスにも right とのズレがあったが、もう一方の「利」についても似た状況がある。「利」は儒教の影響下で否定的に見られることが多かった。少なからず今日にもあるこうしたイメージもまた、権「利」へのためらいの一因だったと

9

第1部　近代へ

思われる。しかし世間で人々が利益を追求するのは当然でもあり、朱子学的な立場を克服しようとする流れの中では、利を現実主義的に肯定し、現実社会との適合がはかられていた。

江戸の儒学　駆け足で、江戸期の儒学を取り巻く状況を見ておこう。江戸期の朱子学は藤原惺窩とともにはじまるが、惺窩はその弟子 林羅山を1605年に徳川家康に推挙し、林は以後家綱まで四代の将軍に仕えた。その朱子学は、朱熹の理気二元論を基礎とし、形而下の「気」をその規範・法則である形而上の「理」が支配するという考え方から、理による情欲の支配を求め、また幕藩体制下の身分制秩序である「上下定分」を「理」と捉えた。利にとらわれない態度を武士の規範とする点では、中江藤樹（『翁問答』）や室 鳩巣も同様である。もっとも、林らの朱子学は、江戸初期の武士の現実の生活態度や民間での仏教などの定着、科挙をもたない日本の官僚制度などから、少なくとも当初は体制思想といえなかったとされる。とはいえ社会の安定とともに、儒学は幕府の公式宗教ではないにせよ（寛政異学の禁は例外）、教育・教養として徐々に四民に広がっていった。朱子学派もそれを批判する反朱子学派も、「基礎教養」として朱子学の知識を身につけるようになったこと、また朱子学が社会への浸透を図り神道と結びつこうとしたこともその理由にあげられている。

利や欲の肯定　しかし儒教の広がりは教養という側面が強く、また武士のタテマエはともかく、商人に利を否定するわけではない。私情や人欲に定位する国学系神道のみならず、とくに朱子学を批判する系譜は、率直に利や、またその基礎でもある人欲を受け止めたうえで、それを方向づけようとした。利と義理との関係性の構築である。陽明学の影響をうけた熊沢蕃山の欲望を義によって方向づける「道」をはじめ、さまざまな立場がみられる。貝原益軒は利と義理を商人と武士それぞれの道徳としたが、民の利の追求は、朱子学の外面性と距離を置く荻生徂徠や海保青陵、また山鹿素行や伊藤仁斎といった古学派、本居宣長ら国学派により肯定された。「金銀欲しからずといふは、例の漢やうの虚偽にぞありける。」（『玉勝間』（下）110頁、また（上）109頁）。石田梅岩、山片蟠桃、二宮尊徳ら町人学者はいうまでもない。水戸学の経世学でも、君主の利としての国家的功利や厚生が重視された。

第1章　法と権利

「権利」の限界と可能性

このように、「利」は社会や統治を現実的にとらえるためのキーワードだった。そしてそれは、明治期、とくに福澤諭吉や西ら明六社の開明的知識人を中心に功利主義が受容されていく基盤の1つでもあった。西による権利の理解、そして訳語の選択も、こうした事情を示している。上述のように西は初期に権力と混在した形で「権」を用いていたが（「議題草案」1867年：『全集』第2巻、174頁以下、「燈影問答」同255頁）、「百一新論」（1873年：『全集』第1巻、272頁）では「権」を用い、義との重なり（regt、Rechtのこと）を前提に、複数人の関係において権義が生じ、さらに権が義としての法に支えられていると述べている。ここでは漢学的説明が前面に現れているが、関係の性質により（ここでは君臣の関係）権義の内容が決まるとする。「法学関係断片」（1878年：『全集』第2巻）でも、権利義務は一般に向けて法律により確定されるが、当事者間では権利義務が同時に成立し、各人はその過程で労力を費やす必要があるという（『全集』第2巻、317-318、322頁）。それは生得の権利から法律を直接に導く議論への批判である。西は功利主義に依拠した「人生三宝説」（1875年：『全集』第1巻）で、rightを「権利」とした。三宝とは、健康生命・知識・富有である。自分のこれらが損なわれないように勉めるのが「権利」、他人のそれらを侵さないことが「義務」だという（『全集』第1巻、528、522頁）。これら基本的功利である三宝の保護が、法、そして権利義務の目的とされる。「権」（西）から「権利」（次節のように福澤では「権理」から「権利」）への転換と、彼らが利に基づく社会の構成、私利から公益への道を、功利主義を手がかりに構想しようとしたことには、一定の平行関係が認められよう。

とはいえ他方でrightの語義が「利」に尽きないことが常にこれらの人々に意識され、また世間一般の道徳意識のなかで「利」がすぐに道徳原理となったわけでもない。「利」をあえて強調する議論が立てられたのは、いわば「タテマエ」としては私利の追求にマイナスイメージがあったためでもあろう。[*]

「権理」

明治初期には「権利」と並んで「権理」も用いられていた。福澤の例では、1877年前半までが「権理」のピークで、一般にも1870年から1881年までに多くみられるとされる。一方「権利」は、福澤の文献では明治10年代から30年代まで広く用いられているという。正しさ、通義などのニュアンスを考えると、「権理」の方がより本来のrightの意義に近いよう

11

第1部 近代へ

にもみえる。しかし1880年代には「権利」が定着するようになった（石田雄『日本近代思想史における法と政治』96頁）。法令の「権利」は1883年頃から使用例が増えているという（国立国会図書館日本法令索引（明治前期編））。大隈重信に近い、英米で法学を学んだ小野梓は、『民法之骨』（1884年：『全集』第2巻、254-255頁）で「権利」を用いながら、原語の語義からは不適当だが、法学においてすでに一般に用いられているためだと述べている。もともと小野は『羅馬律要』（1876年？）では「権理」のみを用い、釈義して「広く説けば即ち是れ衆民一般の定意なり」（『全集』第2巻、10頁）、「蓋し同邦の衆民を引導し其の身行の標準とせんが為め、一定の条規を識認遵守せしむる者なり」とし、律例と慣習に表れ、法と権利（の基礎としての法）の意味に解していた。このことが「民法之骨」での「不当の訳語」という評価につながっている。

「権理」には政治的ニュアンスもあった。「夫人民、政府ニ対シテ租税ヲ払フノ義務アル者ハ、乃チ其政府ノ事ヲ予知可否ルスノ権理ヲ有ス。」（「民撰議院設立建白書」1874年）のように、一般に民権運動では利や法令への抵抗感から「権理」を用いる例が多かったとされる（前田正治「『権理』と『権利』覚え書」）。民権派の政治的理想と官憲への対抗には「権理」がふさわしかったのかもしれない。しかし権利を（「権理」として）政治的な側面で考える急進的民権派の傾向に対して、小野は「権理之賊」（1875年：ただしlibertyの訳語として権理自由あり）と呼び、自然的自由と市民的自由を対置し、社会関係のなかで自由を位置づけようとした。西も「建白書」を批判した「駁旧相公議一題」（1874年）で、そこで建白書の用いる人民の（自然権的）「権理」に対して、約束＝契約より制定される「権利」を対置しているように見える（「駁旧相公議一題」（1874年：『全集』第2巻、240頁）。もっとも、バークによりつつ民権運動を批判した金子堅太郎

＊ 美濃部達吉（『憲法精義』有斐閣、1927年、126頁）も利益説に立つが、長尾龍一『日本法思想史研究』は、「法学史上余り例をみない主張」（102頁）「独断的な権利の『利益説』」（205頁）と評する。尾藤正英『江戸時代とは何か』（岩波書店、2006年）は、美濃部には正当な個人の私的な利益の追求も「公共の利益に反する場合には、悪とみる価値観」「共同体的価値意識」があるとする（232頁）。初期の上杉慎吉は権利を実証主義的に定義する（『帝国憲法講義：国民教育』有斐閣、1911年、268頁）。また国家を「法律上ノ目的ノ主体即利益ノ主体即人格」とし、利益は法律上ノ目的という（『比較各国憲法論』有斐閣、1906年、17頁）。

12

第1章　法と権利

の『政治論略』（1881年、近デ）は、批判対象のルソーの「人民天賦の権理」説とともに、神権説の「帝王の権理」ともいっている（同書については第3章参照）。議会開設をめぐる論争や、民権運動については後述し、ここでは「権理」の使用傾向のみ、確認しておきたい。

「私権」と統合　こうした「公権」と私権のバランスは重要な論点である。民権派に対して私権の意義を重視したのは福澤だが、平等な私的自由、「私権」の保障が、「封建制」からの脱却という新体制の正当性を支え、社会の活力を可能にする制度的基礎だということは、政府側も意識していた。兵庫県知事時代の伊藤博文「国是綱目」（1869）第4条は「人々ヲシテ自在自由ノ権ヲ得セシムベシ。（傍点筆者）」とし、四民平等をもとに社会活動を活発化し「殖産興業」を促すべきことが語られるが、これは大久保利通ら政権中枢の最重要課題である。そしてこうした新しい社会を求心的に統一しようとするため、王政復古による朝廷権威の支えを求めた。もっとも、この正統化は宮中勢力を強める可能性を含んでいたが、伊藤らはそれとの棲み分けを自覚的に行うことで立憲主義のもとで内閣への求心力を強めようとした。他方で宮中勢力の正統主義は（伊藤の思惑に反して）自立し、「国体」論への流れをつくることになった。

第4節　性　　法

性法と法哲学　「性法」は、今では聞き慣れない言葉である。幕末から明治初期にかけて、それは Natural Law の訳語として用いられていた。明治初期の代表的法学者であり、『法律進化論』（1924年）の著作もある穂積陳重は、「法理学」を学科名とした理由は「法律哲学」では形而上学的にきこえるからだと述べたうえで次のように回想している。

「我邦の最初の留学生で泰西法律学の開祖の一人なる西周助（周）先生は、文久年間にオランダで学ばれた学科の中 Natuurregt を「性法学」と訳しておられる。司法省の法学校では「性法」といい、またフランス法派の人はこの学科を「自然法」とも言うて居った。」（『法窓夜話』1916年：岩波文庫、1980年：174頁）

第1部 近代へ

フランス法派 「自然法」を用いたというフランス法派だが、法学校が開かれ、法典編纂が始まるころまでは、その影響が強かった。フランス法輸入の先駆といわれるのは、栗本鋤雲である。栗本は1867年に外国奉行となり万国博覧会の開催されるパリへ向かい、維新とともに帰国後、パリでの見聞を『暁窓追録』にまとめた。そのなかでナポレオン法典（として民法典と五法）の体系性や訴訟制度（訴訟を経験した日本人がいた）の公平さを賞賛している。栗本も法典の翻訳を企画していたが、これとは別に1869年に政府（副島種臣）より箕作麟祥にフランス刑法の翻訳が命じられた。この翻訳・法典化を推進した司法卿江藤新平は、念願だった洋行を断念したものの、随員の司法省官員が司法制度調査のため欧州視察に向かった。そのなかには当時司法中録の井上毅もいた。彼らにフランスで斡旋され、講義をしたのがボアソナードだった。一方、司法省はナポレオン法典をモデルにした法典編纂のためフランス人教師の雇用を企て、洋行した司法省官員たちにその旨命じていた。交渉の末、ボアソナードは1873年来日する。刑法典・治罪法典・民法典の編纂、国際関係での助言、また司法省法学校、同校や司法省の支援により設立された東京法学校などでの法学教育と、大きな足跡を残した（大久保泰甫『ボワソナアド――日本近代法の父――』。第6章も参照）。

性法と立法者 さて、ボアソナードの司法省法学校講義（『性法講義』）は、日本にまだ実定法がないことを前提に「世界ヲ挙テ遵奉セサルナキ法律ノ大要基本」を教えるとする。『性法講義』の訳者はこれを自然法としながら、「余之ヲ性法ト譯ス性ハ則チ天命自然ノ謂ナリ」と注記している。「自然」において人間は動物同様に親族との生活だが、それとは別に社会生活を送るのが人間の特徴、天命で、その行動の基本規則が「性法」だという。

『性法講義』は民法講義の序である。ボアソナードは論争的方法で注釈（条文の理解）を行ったが、解釈者が前提とする立法について性法の翻訳であるべきだとした。制定法に先んじて法は存在し（性法）、それをもって立法者は法典を制定する。ボアソナードは、ナポレオン法典民法典起草委員ポルタリス『民法典序論』（1827年）の「理性は、無限定にすべての人間を支配する限り、自然法と呼ばれる」（24頁）という一節を引いている。こうした自然法の「翻訳」により立法官の専横が阻止され、制定法により市民の遵法と裁判官の権力

抑制がもたらされる。ボアソナード講義と同様、フィセリング講義録「性法略」では善悪を判断する人の本性に基づき、制定法に先立ち、立法者がそれに従って制定法化すべきもの、と定義されていた（神田孟恪（孝平）訳、『西周全集』第2巻、109-111頁）。

自然法論（性法）と法哲学　性法学＝自然法論は、穂積の回想からもうかがえるように、かつて法理学ないし法哲学の別称でもあった。ヘーゲルの『法哲学』（『法権利の哲学』の邦題もある）も、『法哲学の基本線あるいは自然法及び国家学の基本スケッチ』が原題である。だが穂積は「法理学」には他の方法もあるとし、進化論の立場から自然法と決別している（「法律学ノ一大革命」1889年：『学問と知識人』339頁以下）。しかしその後とくに第二次世界大戦後には、ナチス政権への批判を失わせた法実証主義の「責任問題」から自然法論の復興があり、現代でも自然法論は有力な法哲学の一派である。

「性法」の由来　当初用いられることの多かった「性法」という訳語の由来については、西が朱子学など中国の古典にいう「性」の字義によったといわれ（大久保利謙「解説」『西周全集』第2巻、698頁）、フィセリング講義（1863年）の西によるカリキュラム筆記は「性法万国公法制産学政表口訣」（『津田真道全集』（上）89頁）とする。「性法」は丁韙良訳『万国公法』（1864年）も用いている（西らは滞蘭中オランダ語でノートをとっていたようで、帰国後翻訳にあたり『萬國公法』を参考にしたのかもしれない）。ともあれ「性」とは何かは、仏教や儒教で長く問題だった。前漢の戴聖がまとめた儒家の『礼記』（BC200年）「天の命ずるをこれ性と謂い、性に卒うをこれ道と謂い、道を修むるをこれ教えと謂う」（『大学・中庸』141頁）、孟軻（孟子）「告子章句上」「人の性の善なるは、猶水の下きに就くがごとし」（『孟子』（下）220頁）。そして朱子学の基本原理は「性即理」である。こうした古典が西や丁の性法、ボアソナード講義訳の「天命自然の謂」の背景にあったのだろう。

西欧哲学の流入　一方明治期にはさまざまな西欧哲学思想が同時に入ってきた。自然法論のほかに、ドイツ哲学では、1878年東京大学に招かれたフェノロサの哲学史講義によるヘーゲル紹介、翌年からはクーパー

＊　『萬國公法』第1巻第1章第3節、Henry Wheaton, Elements of International Law, p. 2.

第1部　近代へ

がカント哲学の講義を行った（独逸学の影響は第4、6章参照）。もっともこれらの名前は幕末より知られており、西はフィッセリングより『永久平和論』を教えられたという。

　留学した西や小野梓に強い影響を与えた功利主義では、ミルの『自由論』は1872年に『自由之理』（中村正直訳、近デ）として、ベンサムの『立法論』、さらに『道徳および立法の諸原理』が土佐立志社事件で当時獄中にあった陸奥宗光により翻訳された（『利学正宗』1883-1884年）。ミル『功利主義』は西が1877年に『利学』（近デ）として漢訳している。1877年頃に功利主義に関心が抱かれた背景には、立法作業の進行もあずかっている。

**フィッセリング
の性法講義**　　西たちが講義を受けたフィッセリングの自然法論そのものにも多様な思想が流入していた。その内容は、人間の本性を出発点としつつ、自然権を、生得の「自有の原権」（生存権・行動の自由・物の使用権）と、行為や出来事から生ずる「仮有の原権」に分ける。仮有の原権に含まれる物件上の諸権の中心が所有権である。所有権の基礎は、自己保存や使用のための（無主物の）専有で、そこから占有・所有が生ずる。こうした考え方の背景には、古典的自然法論以来の論脈があり（第2章参照）、フィッセリングは、所有権を神法や黙約に求める説を斥け、生産的労働による必要の充足のためという自然的基礎を主張する（大久保健晴『近代日本の政治構想とオランダ』109-110頁）。またそれは、人間の現実的性質、確信、習俗に基づき、ドイツの歴史主義的な流れに属しており、立憲君主制と自由主義の歴史的発展を志向するものだった。

**性法論への懐疑
と読みかえ**　　だが西や津田は「性法論」の枠組みに忠実に従わなかった（「性法略」序文）。西『百学連関』（1870年）では、「ドロアーとは人の作せるところにして、性法上に係はるものにあらさるなり」（『全集』第4巻、185頁）と述べている。たしかに、「法はまた形而上の道理道徳の一部」だが（「原法堤綱」、1872年ごろ：『全集』第2巻、146頁）、法は「天則」、つまり宇宙の秩序の一部である人間関係のあり方から法は生まれる。しかし、この「法」は「社会の有する」「虚体」とされ、「君長の立つる」「実勢」としての「法律」と対置される（同158頁）。そして、力の差による権利の差を容認し、天賦人権説（「人身原有の権」）を「性法の謬説」（同150頁）だと批判する。たとえ

第1章　法と権利

ば嬰児や耄碌者のように「凡そ自主の意志なき者は皆権利なし」（同153頁）という。だが人間には天賦の権利とは異なる、法をつくり服従する人の「原質」があり、それが法の「虚体」から「実勢」への移行で働く。当事者間では互いの労力を通じ権利義務が同時に成立するが、一般に向けて法律により確定される（「法学関係断片」：1878年？、『全集』第2巻、317-318、322頁）。それは実証主義的であるとともに、法の成立を近代社会の現実過程でとらえようとする態度のあらわれである。

**西の功利主義
と社会観**　商品経済やそれを支える倫理は江戸時代よりすでに成熟していた。さらに明治初期における日本の社会状況では、1871年から72年にかけて、田畑勝手作や永代売買の解禁、地租改正が行われ、それまでの「所持」における制約が撤廃され、土地の商品化が進むようになった。ただ伝統的に土地への権利は「職」という家が単位として担う管理職務だった。個人・イエ・社会の関係は、公と私（利）関係の再構築とともに、明治社会にとって大きな課題だった。それまでの社会観や社会思想と新たな思想は、それらを焦点に展開された。

　西は若い頃より「利」を肯定する荻生徂徠の影響を受け、さらに功利主義の洗礼を受けた。「人生三宝説」（『全集』第1巻）は、「健康」「知識」「富裕」を天稟の徳性とする。そして、他人の三宝の侵害禁止が法律の源、それらの促進が道義の源泉とされる。西は両者を結合して、自然状態の「相生養の道」（社交）が文明国ではいっそう発達し、経済・学問・国富みなそれをもって進み、社会秩序も維持されるという（同515頁以下）。政府の目的は「三宝を兼て、これを保護する」ことにあり、ここでは朱子学的な「君臣の義」ではなく、「平行等輩」なる「朋友の倫」が倫理の原行であり、これを権利義務の基礎とする（同549頁以下）。つまり、社交の本源を社交の情操が支え、社交の道により分業の法に従事し、各人は三宝を重んじる対等者として活動する。

　こうした見解は、正義の発生を自己保存から同情を介して導く道筋で捉えるミル『功利主義論』（『世界の名著49』第5章）を踏襲している。また、ミルの帰納論理学を学び、西「開題門」では、朱子学と合理主義とを重ねて、それらの思弁性を批判する。『百一新論』では、朱子学の理は、物理と心理を同一視し自然と規範を混同していると批判し、格物致知論（宋代の顥（程伊川）『大学』：

17

第1部　近代　へ

人は万物に内在し支配する「理」を見窮めることで善なる性に至り、適切な判断ができる。）の致知を論理学へと読み替えた（「致知啓蒙」『全集』第1巻、近デ）。ここから、西は社会の「自然法則」を探求するにあたり、「心理学」に向かったといわれる。つまり、自然法を自然主義的に解決する方向に進んだのである。

「性法」の自由主義的側面　もっともフィッセリングも、同時代の社会思想を反映した「自然法」論だった。フィッセリングの経済学は、経済活動による必要充足が個人の幸福であり、それが社会の一般的利益につながるとともに、各人は高次の精神的必要へ進むという。

　ボアソナードも、時代を反映した内容により自然法論を具体化する。19世紀初頭の歴史主義の導入と、19世紀末の社会学主義の登場の間に位置するフランスでは、書かれた理性としてのローマ法から自然法の原理を取り出し、ナポレオン法典を正当化する「注釈学派」が主流だった。意思自律原則が生まれ、自由主義的経済学が公認されつつあった。法典化は文明化による紛争の発生から導かれるが、立法者は理性に基づく自然法の「翻訳」にあたり道徳的社会関係と経済状況を勘案する。

　自然法は、人間の社会生活と交流・交換の拡大、双方の利益を実現する人々のルールである。「自然法則」は神の摂理であり、地上における最終的実現が人間に課されている（モンテスキューの「事物の本性から生ずる必然的関係」（『法の精神』序文）と重ね合わされている）。自然法の原理は「人ヲ害スル勿レ」に集約され、ここから所有権の尊重が導かれる。その根拠は所有が労働（勉強）や親族による労働の相続に由来することにある。そして経済活動も人間の活発な活動を促すがゆえに尊重される。ボアソナードは、経済を自然法則と見るが、それは自然法に反しないという意味での普遍性であり、したがって、理性に基づく立法と経済自由主義とは原理的に対立しない。つまり、古典的自由主義を基本に、児童労働の禁止などの道徳的制約が加えられた。死刑廃止論、離婚容認の制度改革についても同様に、自然法の合理主義に由来する。

第1章　法と権利

【参考文献】

石田雄『日本近代思想史における法と政治』岩波書店、1976年

植手通有責任編集『日本の名著 34 西周 加藤弘之』中公バックス、1984年

江村栄一校注『日本近代思想体系 9　憲法構想』岩波書店、1989年

大久保健晴『近代日本の政治構想とオランダ』東京大学出版会、2010年

大久保泰甫『ボワソナアド――日本近代法の父――』岩波新書、1977年

小野梓『全集』第 2 巻、早稲田大学出版部、1979年

桂木隆夫『慈悲と正直の公共哲学』慶應義塾大学出版会、2014年

加藤周一・丸山真男校注『日本近代思想体系15　飜訳の思想』岩波書店、1991年

上安祥子『経世論の近世』青木書店、2005年

栗本鋤雲『暁窓追録』岩波文庫、2009年

古賀勝次郎『鑑の近代』春秋社、2014年

国立国会図書館日本法令索引（明治前期編）

司馬遷『史記世家』（中）（小川環樹他訳）岩波文庫、1982年

島根県立大学西周研究会編『西周と日本の近代』ぺりかん社、2005年

『荀子』（金谷治訳）岩波文庫、1961年

関嘉彦責任編集『世界の名著49　ベンサム／ J・S・ミル』中央公論社、1979年

『大学中庸』（金谷治訳注）岩波文庫、1998年

『孟子』（下）（小林勝人訳注）岩波文庫、1972年

「万国公法」高谷龍州注解『萬國公法蠡管』1876年（国デ）

館野和己・小路田泰直編『古代日本の構造と原理』青木書店、2008年

『津田真道全集（上）』みすず書房、2001年

長尾龍一『日本法思想史研究』創文社、1981年

中田薫『法制史論集』1 - 4 巻、岩波書店、1964年

『西周全集』第 1 - 4 巻、宗高書房、1960-1971年

西村重雄・児玉寛編『日本民法典と西欧法伝統』九州大学出版会、2000年

『福澤諭吉書簡集』第 1 巻、岩波書店、2001年

『福澤諭吉全集』全21巻、岩波書店、1958年

前田正治「「権理」と「権利」覚え書』『法と政治（関西学院大学）』Vol.25. No.3 - 4
　（1975）. pp. 1 -40

松本三之介、山室信一校注『日本近代思想体系10　学問と知識人』岩波書店、1988年

本居宣長『本居宣長全集』第九巻、筑摩書房、1993年

同『玉勝間』（上）（下）岩波文庫、1987年

渡辺浩『近世日本社会と宋学（増補版）』東京大学出版会、2010年

ギュスターヴ・エミール・ボアソナード『性法講義』〔井上操筆記、明治14年寶玉堂

第 *1* 部　近　代　へ

　版〕、信山社、1992年

　ジャン・ポルタリス（野田良之訳）『民法典序論』日本評論社、1947年

第2章 自然法の思想

この章で学ぶこと

　この章では、前章「性法」ともいわれた自然法思想の西欧における歴史を概観する。自然法は、人の制定に先だつ「自然」なものとして存在すると考えられた。その基礎には神と人間をめぐる考え方があり、一方でその違いが日本や東洋で自然法思想を受け入れる上での障害となるとともに、他方で違いを際立たせて、日本の思想や体制の独自性や、後にはある種の「先進性」が強調された。国体論などはその典型だった。だが、まず西欧自然法論を出発点からたどってみたい。

第1節　人定法と自然法

古典における対置　西欧では、古代ギリシャですでに人定法と「高次の法」が対立して捉えられていた。ソポクレスの『アンティゴネ』（BC441年頃：2014年）では、反逆者となった兄の埋葬を禁ずる王クレオンの勅令＝人定法に反して、公然と遺骸に砂をかけ埋葬の代わりとしたアンティゴネは、自分の行いを神々の法に訴えたが、捕らえられ獄死する。ここでむしろ道徳に近い神々の法は、宇宙の組織原理でもあった。プラトン中期の『国家』は、正義を自然に従うこととし、都市国家の法に自然的行動様式を示す慣習と習俗を対置した。自然的正義と実定的正義を対比するプラトン（『ティマイオス』）の考え方は、12世紀における自然法と実定法の対比に受け継がれる（後述）。

　だが、後世の法的思考に広く影響を及ぼしたのは、アリストテレスだった。アリストテレスは『ニコマコス倫理学』で、正義から「公正」を引き出した。そこでは、2つに分割すること、つまり裁判官が当事者双方に当然与えられるべきものを配分することが、正義（特殊的正義）とされる。そして配分の尺度

21

第1部　近代へ

は自然の中、つまり人間の外にある世界の観察から得られる。したがって、人間は、自然のなかで、何が自然の「秩序」に従っているかを観察し、自然を発展させなければならない。これが人間の完全性を目指すストア派（BC 3 世紀-）のように、人間が理性により世界を解釈すると理解されると生きる尺度も理性に置かれ、視点は人間の本性、つまり内的自然に向けられるようになる。これが自然権観念の１つの淵源とされる。

　ローマ法学ではアリストテレス的正義観念が受け継がれた。ラテン語の ius は善と衡平（の術）（ケルスス）とされ、正義 iustitia とは、各人に彼自身のこの ius を配分する恒常的で永続的な意志（ウルピアヌス）といわれた。ここで（ローマ法学で）ius に権利という意味はなく、アリストテレスなどの「正義」「正しさ」だといわれる。それは理性とつながっていて、たとえばキケロは、真の lex（法・法則）は自然に従った正しい理性だ、とする。そしてそこから、「自然法・万民法・市民法」という三分法（ガイウス）に基づき、市民法は自然的理性によらねばならないとされる。そしてローマ社会にキリスト教が到来し、コンスタンティヌス帝により公認され、ローマ法学者の正義の観念と混じり合った。

キリスト教的自然法論　キリスト教の世界では、アウグスティヌスが、プラトンのイデア説を受け入れ、精神と物質、神の国と地の国をそれぞれ対置し、理性による感覚の服従を説き、神の配慮と創造的行為へ参与することが人間の義務・目的だとした（『神の国』）。これにより、自然法は道徳的秩序として位置づけられ、窃盗や殺人などの禁止事項は、同時にあらゆる個人の自然に由来するとも理解される。理性と自然の関係、人間が（神から）自然法を知るすべが、その核心にある。

　トマス・アクィナスは、アウグスティヌスを通じてプラトンのイデア論に立ち、永久法を神の精神に内在するイデアとした。存在のなかにある本質は、あるべき目的でもあるため、これを目指す自然の運動が個々の存在の善の実現にもなる。それが永久法であり、人間はその本質たる理性に従うことを、その善とする。トマス・アクィナスは自然法を「理性的被造物による永遠法への参与」とし、法 lex を「その結果として、人間が行為するように仕向けられるか、あるいは行為しないようにさせられるところの行動の規則および規準」、

ius を「相互に適用できる規準による、或る行為と他の行為との間の正しい関係」とする（ジョン・モラル『中世の政治思想』106頁以下）。トマス・アクィナスは、自然法の伝統をイスラム経由で継受されたアリストテレス哲学と結びつけたが、法の四要素それぞれに対応関係がある。①命令自体は質料因、②命令の背後にある合理的動因は形相因、③立法の権威は動力因、④共通善は目的因だとされる。なお、理性と公布の強調は古い自然法の伝統に由来する。そして人定法・実定法は自然法の特殊な応用である（『神学大全』）。[*]

スコラ哲学と「教令注釈学派」　中世自然法論の展開とは別に、法学的な意味での実定法と自然法の対置には、12世紀におけるプラトンの『ティマイオス』（『全集12』）の受容があるといわれる。カルキディウス『ティマイオス』のラテン語訳と注釈が、自然学と自然法学を結合し、実定的正義と自然的正義を対置したが、これをうけて初期スコラ哲学者ギヨームは「ティマイオス逐語注釈」（1125年頃、ティマイオスへの導入　二）で、この対置を実定法（実定的正義 iusticia positiva）と自然法（自然的正義 iusticia naturalis）として整理した。そこからフランスの教令解釈者たち（デクレティスト）（『グラティアヌス教令集』を注釈する教会法学者）にプラトンの影響が及んだ、とされる（市原靖久「権利 right」『はじめて学ぶ法哲学・法思想』）。[**]

　この自然法と対置された「実定法」概念により、法の分類に変化が生じた。ローマ法学の「自然法・万民法・市民法」の三分法と異なり、『教令集』では ius naturale（自然法）と ius divinum（神の法）に mos（慣習：制定法も含む）と lex humana（人の法）が、それぞれ対置された。この二分法、つまり神の法 ius と人の法 lex（あるいは自然法 ius と慣習 mos）について、グラティアヌスまでは、「人の法」にあたるのは万民法と市民法だった。だが、12世紀60年代教令注釈学派の自然法と実定法の二分法で人による作為性が前面に出ると、制定法たる実定法には市民法に限られ、これに自然法と万民法が対置された。その

---

[*]　たとえば、正義の普遍原理（lex naturalis）、『神学大全』第2部1の問94の4。笹倉秀夫（上）183頁以下。

[**]　グラティアヌス教令集 Decretum Gratiani とは、1140年ごろグラティアヌスによって過去千年に及ぶ3900もの西方教会法源を体系的に分類・編纂した、「矛盾しているカノン法令の調和」。グラティアヌスの正確な人物像を描く資料はないとされる。

第1部 近 代 へ

結果、万民法、つまり国際法は「自然法」側に属し、また慣習は制定法たる
「実定法」と区別された。もちろん、それにより性法・自然法が国際法を意味
するようになったわけではない。この線引きとは別に、条約・条規の実定国際
法があるためで、一方「自然法」は学術的な「法哲学」として展開される。

第2節　権利としての ius

権利と人間の力　　ius の意味内容では、自然法と実定法、ius と lex の関係に
　　　　　　　　　加え、権利と法の対比も重要である。権利としての ius の
理解は、一般に人間各々が生得の自己主張の資格や力を備えていることの意識
とともに明確になってくる。その由来にも教令注釈学派に先例が指摘される。
『グラティアヌス教令集』第1部冒頭における、「自然的 ius（上の文脈では自然
法とした）」と「慣習」による人間の規律につき、彼らは、当時の社会における
用語法に合わせ、ius を力、つまり権利とみる注釈を加えた。教令注釈者の理
解では、ius は、古典古代の「各人の正当な取り分」にとどまらず、神が与え
た善悪をもとに行為する力、つまり理性だった。これが ius を「人間に備わっ
た力」とする、それ自体は人為ではないが人間活動を基礎づける「自然権」的
用語の起源といわれる。この問題はしばしば創世記の解釈に発する所有権問題
と交錯し、所有の自然権正当化につながるとともに、所有から支配を導く、君
主支配という力の行使の正統化にも関連する。

　所有権　　所有をめぐる議論の展開を見ておこう。所有権の位置づけは、私
　　　　　　的利益のメリット、デメリットをめぐって争われてきた。プラト
ン『国家』は、私的利益を争いの源とみて、支配者層における身体を除いたす
べてのものの共有説を主張した（『国家』）。反対にアリストテレスは、共有物に
は費用負担や利益配分の争いが起こるという。自分の所有物なら大事に有効に
利用するし、所有そのものに快楽があり、気前のよさ（という徳）を発揮する
もととなるとする（『政治学』48頁）。

　キリスト教世界でこの問題は、『創世記』「産めよ、増えよ、地に満ちて地を

＊　ボローニャのルフィヌス、ピサのウグッチオら。

第 2 章　自然法の思想

従わせよ。海の魚、空の鳥、地の上を這う生き物をすべて支配せよ。」の「dominium（支配＝所有）」の解釈である。所有権は自然状態にあるのか、あるとしたらどのようなものか、アダムは最初世界の単独所有者だったのか。もし共有状態から出発するなら、共有状態からいかにして個人的所有権が生じうるのか、この権利は自然法から導かれるのか、人為的なものか、人為的なものとすれば、それは政治以前の合意か設立された政府の規律か、政府による制度ならば支配者はその臣民の財産に対する絶対的支配権を有するのか。こういった問題群が出てくる（Tierney, p. 132）。

　トマスの自然法論では、実定法には自然法ではないが許容されるものもあり、私的所有がその例である。共有状態を出発点にしながらも、私的所有は功利的判断（争いの回避や対象物を大切に扱うなど）により、自然法により許容された実定法的制度として認められる（『神学大全』（第18冊）第Ⅱ-Ⅴ部第66問題）。

清貧論争　　だが13世紀から14世紀にかけて、この「所有」をめぐり、フランシスコ会の内外で激しい論争が繰り広げられた（小林公『ウィリアム・オッカム研究』）。キリストと使徒が所有権を有していたか、そしてキリスト者は所有権を放棄すべきなのかという、いわゆる清貧論争である。フランシスコ会は、アッシジのフランチェスコにより1209年ごろ設立された「無所有」の立場をとる托鉢修道会である（『中世思想原典集成12』）。だが彼らも生きるためには最低限の食物と衣服（使うと消え去るもの）が必要である。そこでフランシスコ会はこの必要を正当化するため、自分たちの財産「使用」は、純粋に事実的なもので法的なものではない、また寄進を受けたとしても、その所有権は修道会にではなく、寄進者に留保されるか、ローマ教皇座に属すると説明した。

　教皇ニコラウス３世の教令（1279年）は彼らの立場を認めたが、その後1316年に教皇となったヨハネス22世は、フランシスコ会の教皇への服属を要求した。同教皇は、教会財政の立て直しと組織の引き締めにつとめ、オッカムらをはじめ異端審問や魔女狩りを行ったことでも知られる強硬派だった。同教皇は、ニコラウス３世の認めた清貧論は法的虚構だとし、その教令を撤回した。教皇側は、楽園でアダム（とイブ）はすでに所有者である、そしてローマ法にならい、用益と所有は分け続けられないという見解をとった（教会財産は正当化

25

第1部　近代　へ

される）。

　オッカムは、こうしたヨハネス22世の清貧否定論、所有権肯定論を批判し、教皇側を異端と主張した。オッカムは、楽園では平和な利用のみで、所有は楽園追放後の実定法制度、つまり堕落の産物である、したがって単に事実的な使用は法的所有権と無関係な自然の権利だとした。さらにオッカムは、法的使用のius は「外部のものを使用する適法な権能 potestas」で、かつてニコラウス3世が自分たちに認めた、使用によって消え去る対象（食べ物など）の単に事実的な使用から区別し、教皇側は両者を混同していると批判した。ここで「法的使用」の権能を示す ius には、教令注釈学派の理解が見える。そして、権能という力としての ius の理解を通じて、法制度の脱宗教化の道が開かれた（笹倉秀夫『法思想史講義』（上））。

第3節　自然権論

グロティウス　権利としての ius は、グロティウスの「精神〔道徳〕的資格」（『戦争と平和の法』第1巻、1625年、47頁）、またホッブズの生命維持のための自由という「自然の権利」へと展開されていった（『リヴァイアサン』1651年、第1部第14章）。

　グロティウスは自然法の理解にも大きな転換を与え、近代自然法の父といわれる。グロティウスは、グラティアヌス教令集が自然法を律法や福音と結びつけ、トマスが理性的被造物の神の摂理たる永久法への参加としたのとは違い、自然法と意思法を区別し、神意法も意思法に位置づけ、自然法を理性の命令として純化、もしくは世俗化する。自然法は「$2 \times 2 = 4$」と同じように、神も変更できないと主張した。また、かつて万民法と呼ばれたものを、「諸国民の法」として意思法に分類し、各国民に共通の法であり、また各国民相互の法ととらえたが、これは事実上ヨーロッパの慣習的国際法であり、大航海時代を背景に、真の国際法は自然法として、つまり理性による普遍的な法を構成要素と

＊　グロティウスは自然法と意思法の区別をアリストテレス『ニコマコス倫理学』に遡らせている。『戦争と平和の法』51頁、『ニコマコス倫理学』第5巻第10章。

すべきだと考えた。グロティウスは、古代ギリシャのカルネアデスの「法の起源を人間の利益とし、法の時代による変化から自然法は存在しない」との主張を取り上げて反駁し、人間の自己保存を出発点としながら、ストア派によりつつ、それを抑制する社交性により社会が形成されるとした。

　グロティウスやプーフェンドルフのような近世自然法論も、トマス的な所有の枠組みを踏襲しながら、誰でも自由に使用できる「消極的共有」から、その一部を事実として「先占」することで生じた所有権が、時間の経過とともに自然法の制度として発展してきたと説明する。グロティウスの所有論は、一方で『創世記』をもとに、神はすべてのものを人類に与え、原罪以前の「自然状態」では dominium が無規定で所有権よりも使用を示しているとする点で、フランシスコ会の立場に近い。だが、他方でヨハネス22世の教令をひき、消費されるものには、使用と所有の分離はあり得ないとする。グロティウスはこうした議論をさらに消費に関連する物（土地）へと広げ、先占による所有権の獲得を正当化する。自然法により無主物先占を正当化する反面で、専有のできない海については共同使用を認める、自由海論を主張した。このように、グロティウスは、dominium はかつて共有を意味していたが、歴史的展開により、他者の同等の所有を排除する特定種類の専有 proprium を意味するようになったという（なお『戦争と平和の法』第 1 巻269頁）。同じくプーフェンドルフも両者を同一視した。

ホッブズ　　自然法と自然権を明確に区別したのはホッブズである。ホッブズはグロティウスを高く評価し、自己保存の自然権、神に言及しないで懐疑主義者を克服する仕方、自然状態に関するアイデアを受け継いでいる。この点では、グロティウスやロックとともに、近代的な自然権論の源流、近代的自然法論への転換ということもできる。ホッブズは、自己保存とそのために力と合理的手段を用いる自由（自然権 ius natural）と、自己保存に反する行為や手段を禁ずる理性により発見される法則（自然法 lex natural）とを対置した（『リヴァイアサン』第 1 部第14章）。つまり、いずれも人為に先立つ、権利としての ius と法・法則としての lex である。ホッブズは統治契約により自然権を放棄するよう要求するが、生命を奪おうとする者への抵抗権は譲渡できないとする一方、過度の飲酒など、生命や健康を損なうような自由は自然法に反

第1部　近代へ

するとして認めない。

　ホッブズは、コモンロー学者の法律学的知識の蓄積による「技術的理性」に「自然的理性」を対置し、立法者の権威を重視し、その命令たる法はすべての人々の自然的理性により理解できるべきだとした。法学者の意見は助言にとどまり、それが法と混同されることを問題視した。こうした法の明確化志向の背景には、内戦の混乱状態への危機意識があった。『リヴァイアサン』は、戦争状態としての自然状態から、自己保存の自然権を放棄して国家の保護下に入り、第1の自然法である平和の追求を実現するという国家成立の論理を展開した。

　歴史的背景の中で見ると、ピューリタン革命からイングランド内戦と独立教会派のクロムウェルによるチャールズ一世処刑（1649年）に至るなかで、ホッブズは国教会を批判し、イングランドでの変動を肯定する、信仰の自由を支持する立場に近かった（『リヴァイアサン』第4部第47章）。『リヴァイアサン』刊行はその2年後（1651年）である。平和の維持をそこなう誤った考えを広める元凶はイングランド国教会であり、それを国家権力に服属させようとした。そのため、1660年の王政復古で帰国したチャールズ二世の大法官クラレンドン伯ハイドは、非国教派弾圧にあたりホッブズを告発しようとした。その失脚後寛容政策のキャバル内閣となるが、ホッブズもロックも、同内閣の大臣と関係があり、同じ陣営に属していた。だが、『リヴァイアサン』は、王位継承紛争（後述）の時代に、王党派のトーリーと議会による制約を主張するウィッグ両派から批判され、さらに無神論の嫌疑を受ける。『リヴァイアサン』の唯物論的論述方法とともに、国教会の攻撃（第3部と第4部）が問題視されたといわれる（リチャード・タック『トマト・ホッブズ』）。

　ところで、『リヴァイアサン』では、正義の実現と所有権もコモン・ウェルスの設立、強制力の確立によりはじめて生ずるとされる。自然状態でも自己保存の必要なものの獲得は自然権だが、必要量を超えるものの蓄積は「宣戦布告」とされる。必要を超えた追求は平和を脅かす。各人のもの（所有権）が確定して、はじめてそれを守らせる正義も生ずる。そして信託を受けた主権者は、各人に各人のものを確保する義務を負う。一方でこの義務を果たすためには所有権も制限を受ける。その意味では、実証主義的な法理解・権利理解に立って、生存確保のための道具主義的な国家観を抱いている。

28

第4節　統治の正統化

フィルマー とロック　所有権問題のもう1つの展開は支配権の正統化である。王権神授説で知られるイングランドのフィルマーは、『創世記』の共有状態を否定し、私的所有権と支配権を重ね合わせて、神が完全な支配権＝所有権をアダムに与え（清貧論争の教皇側的理解である）、それを王が継承したと主張する。フィルマーは、自然法によりすべてのものが共有されているなら、最初にその一部を獲得した者は泥棒になる、共同体全体の獲得に対する合意を正統化根拠にしても、その合意は虚構に過ぎない、とグロティウスを批判する。だがフィルマーは、アダムの支配権を基礎に、グロティウス的な「近代的」支配と所有権との同一視に立っている。家長権の相続に王権の正統性を基礎づける王権神授説は、絶対王権の正統化根拠となり、フィルマーはチャールズ一世より叙勲された。

　これに対して、所有権がすでに第1の自然権として存在している自然状態を出発点とし、所有権を確保するために政府への信託が行われる、という国家・市民政府の成立正当化を行ったのがロックである。反王党派の立場から、その『統治論』（1690年）は、フィルマーの『家父長制』（1680年）を批判し、ウィッグ的な政治体制論を展開した。『統治論』は第1部でフィルマーの反駁を、第2部で固有の政治論を展開している。

　親仏的でカトリック化をすすめるチャールズ二世に議会は対立した。チャールズ二世は王権を盾に、その庶子でプロテスタントのモンマス公ではなく、弟ヨーク公に王位を継承しようとした。賛成派がトーリー党、反対派はウィッグ党である。議会多数のウィッグ党はヨーク公への王位継承権をカトリックだという理由で剥奪する法案を提出する。王は議会を封じ込め、ウィッグ党の切り崩しを計った。その中でロックが秘書を務めるシャフツベリ伯はチャールズ二世への反乱計画容疑で投獄され、オランダに亡命し、ロックもそれに従った。チャールズの死後即位したジェイムズ二世（ヨーク公）は、その親カトリック的立場と専制的政治により支持を失い、名誉革命によって追放、1689年オランダ総督ウィリアム三世とメアリ二世が王位に就き、『権利章典』が発布され

第1部　近代へ

た。ロックはオランダにいたメアリと同船して帰国した。

　こうした状況の下で、ロックはフィルマーの主張を批判し、所有権と王権との区別を行った。ロックも、土地とそこにあるすべての物が人類の生活維持のために神から共有物として与えられたという自然法的出発点をとる。したがって、フィルマーに対して、共有から合意以外の形で私的所有権を論証する必要がある。ロックは、まず各人の身体的所有権から、自然の一部に対する所有権について、各自の人格＝労働の混入により、共有物たる土地からの獲得物への所有権が正当化される、と主張した。したがって、フィルマーが批判したグロティウス的同意は必要とされない。労働の混入は所有権の最終段階であり、生存確保のために神の賜である大地とそこにあるすべてのものという共有物を使用することが自然法により認められているという前提がある。各人はこれらのものには所有権をもたないが、自分の身体への所有権を介して労働の加えられた対象に所有権をもつ。そして労働により、できるだけ多くの生活の便宜を受け取るのは、勤勉で理性的な人々への神の命令でもある。ロックは、私的所有権について、共有物の十分な残存と有効利用という制限を課す。これらは労働と共有物の意義から導かれる。

　自然状態は基本的に平和で自由かつ平等な自己保存の状態だが、私的争いは存在する。各人は自分の問題について裁判官になり得ないため、共通権力に争いの裁定を委ね、所有権の保護が信託される。その意味で私的所有権の尊厳が王権に対する制約となる。政体の性格がここから規定される。全権を掌握する絶対君主制では、君主の立法や命令を抑止する公共の権威が存在せず、君主と臣民の関係はお互いの間の裁判官をもたない自然状態にすぎないと批判する。ロックの時代にはすでに商業資本主義が発展しており、ジェイムズ一世やチャールズ一世時代に政府による非立憲的な租税引き上げの試みをめぐって政治論争があった。こうしたことが、ロックに限らず所有権の不可侵性が主張された背景にあった。その意味で、ロックの所有権論では支配と所有とが区別されたが、下僕の労働を「私の労働」とみなす点、労働が事実上の所持・利用と結びつけられていた点（囲い込んでも牧草が腐ったらこの土地は所有されているとみなされない）で、なお支配との結びつきを脱した純粋な私法的概念ではないとの指摘もある（村上淳一『近代法の形成』83-84頁）。

第2章 自然法の思想

人権宣言と権利章典　　さて海を渡り、ロックの思想を推し進める形で、1776年以降北米諸州憲法で権利章典が制定された。北米植民地の政治指導者は、ロックやプーフェンドルフ、ヴォルフを手がかりに、自然状態とそこでの人間の自由の理論を、自分たちの土地で実定化した。ヴォルフは、個人は自然的自由をもち、幸福を目指す自然法的義務を負っているとする。国家は人民の幸福のために信託されたものとする。国家における共通善が第1の法とされる。

　ロックは、宗教的信条の理由による生命・財産といった自然権の剥奪を否定する。平和の維持を損なうような活動や集会に対しては、政府や法が介入することを認めるが、それ以外の宗教活動への国家の介入を否定する（『寛容についての書簡』）。ロックはこうした理由から、カトリックと無神論者に対しては寛容を認めていない。ロック自身は1669年に宗教的自由を含むカロライナ基本憲法の起草に携わっていた（原案はロックのものではないとされている）。その思想を受け継いだアメリカ諸州の憲法により、イギリスの市民の権利が自然法的で普遍的な人間の権利へと転換された。イェリネクは、フランス人権宣言（1789年）は、ルソー由来ではなく、ロック的思想がイギリスの伝統的憲法観を脱したアメリカ諸州憲法を淵源とするという。そしてその核心が宗教的自由だった。一方で私的所有権については、アメリカ独立宣言（1776年）では自然権に含まれず、フランス人権宣言には含まれている。その事情については、私的所有権への制約のためではなく、当時奴隷制が存在し、また原住民を排除しながら建国したアメリカ合衆国の事情と矛盾するためだったといわれる。独立宣言を起草したジェファソン自身、奴隷制には批判的だったが、奴隷所有者だった。ジェファソンは、人権宣言起草者のラファイエットに所有権を人権リストから外すよう助言したという。しかし、ラファイエットはそれに従わず、この点ではむしろロックに忠実だった（村上淳一『近代法の形成』117頁以下）。

第5節　近代自然法論の展開とその批判

ドイツの自然法論　　近代自然法論の思想史は、イギリスを離れ大陸で展開される。グロティウスとホッブズの双方から影響を受けた

31

第1部 近代へ

ドイツのプーフェンドルフは、より明確に外面性の法を道徳から分離した。グロティウスでは人間の社会性は、人間に生まれつき備わった本性だとされていたが、プーフェンドルフは社会性＝社交性を基礎とするものの、ホッブズから自己保存としての人間本性論を受け継いでいる。そのため、社会性は人間に事実として備わる本性とはならず、自己愛という利己性がありながらも、社会で自己保存を実現するためには、仁愛という利他性により利己性が緩和される必要がある、つまり社会性を備えるべきである、という構成になっている。それを、プーフェンドルフは近代市民社会における個人の相互作用に見るとともに、その自然状態では自然法が支配しているとする。この点でプーフェンドルフは、むしろロックやルソーにつながる系譜に属する。ことにロックは、プーフェンドルフを高く評価していた。

だがライプニッツは、法を道徳と分離すると遵法動機が得られないとして、プーフェンドルフを批判した。ヴォルフも根源的義務で、法と道徳を結合した。一方、原理論的なホッブズやロックのイギリス自然法論と異なり、人間の社会的本性から出発し、市民社会の諸問題へのアプローチに具体化するプーフェンドルフの自然法論は、スコットランド啓蒙の父といわれるハチスンに受け継がれ、そこで経験主義と混じり合い、道徳感情という形で、ライプニッツの提起した遵法動機問題が取り上げられた。

イギリス経験主義の道徳感情論　イギリスの経験主義では、いわゆるスコットランド啓蒙思想のなかで、原理論的な近代自然法論は批判され、道徳感情に基づく主張が展開された。ハチスンは、功利概念をもとに、のちにベンサムが原理とする「最大多数の最大幸福」を定式化した。ハチスンの功利は、プーフェンドルフ的な利他性に傾斜したものだった。

ハチスンと親交のあったヒュームは、道徳は情念や行為に影響を及ぼすのだから、理性の規則によるのではなく、真理に関する理性の主張「である」と道徳の主張「べきである」を区別した（『人性論』1739-1740年、519-520頁）。そして徳・悪徳を快・不快を引き起こすことに見た。そして、徳の感覚には自然に由来する、人間に予め備わったもの（子供への愛情、感謝、同上：「原始契約について」530頁）ではない人為的なものがあり、正義や遵法、所有権尊重、契約履行などはそれにあたる、人類の案出、教育としきたりにより生み出される動機

によるとした。ただし、「ある種属に共通なもの」という意味では自然的といってもよく、正義の規則は自然法と呼びうるとした。その意味では、相対的な自然法論という位置づけも可能だが、ヒュームの快苦にもとづく経験論的な立場は、一方でカントにより克服対象とされるとともに、ハチスンともどもベンサムら功利主義の前触れでもあった。ヒュームはハチスンとは異なり、利己性を利他性とともに人間の傾向性として認め、両者を功利の中に包括した。他方で、人間の社会性を認め、功利とともに他者や社会への共感を基本原理とした。これは情念であり、善悪の直観とされる道徳感情とは区別される。

　自然法論はグロティウス以降、啓蒙主義的な自然法論に向かうとともに、人間の理性を基礎とした「自然権論」へと転じていったが、ロック・ヒュームの系譜に属する経験論の立場も啓蒙主義的傾向を強めていく。フランスのエルヴェシウスは、ロック的な「白紙」としての人間本性論に立ちつつ、ヒューム的功利の観念を啓蒙主義的に徹底した。エルヴェシウスは、唯物論的な感覚論を採り、人間を一種の機械とみる。そのため、人間は教育を通じて野蛮な状態から道徳的存在へと転換させることができると主張し、さらに良い法の立法により、自愛心を他人に対する公正さに高められると考えた。

　ルソー　これに対して、ルソーは理性的自然法、あるいは所有的個人主義に対して鋭い批判を加えた。またエルヴェシウスの教育論に反対し、子供や自然人は「白紙」ではなく、画一的教育でその多様性を破壊する「社会」を批判した。他方で「自然人」を法の正当性の基礎に据える。ルソーはその『人間不平等起源論』（1755年）で次のように述べる。「しかし、われわれが自然人を少しも知らないかぎり、自然人が受け入れた法、あるいは彼の構成にもっとも適した法を決定しようとしてもそれはむだである。われわれがこの法についてきわめて明瞭にみとめうることは、単に、それが法であるためには、その法の強制をうける人の意志が承知の上でそれに服従しうるものでなければならないだけでなく、さらに、それが自然的であるためには、その法が自然の声を通して直接に話かけるものでなければならない、ということである。」（同30頁）。

　同書はアカデミー1753年の懸賞論文（論題「人々の間における不平等の起源はなにか、それは自然法によって是認されるか」）に応じて執筆されたように、自然法

第1部 近 代 へ

再定義の試みでもある（アカデミーは、不平等は自然法によって是認されるとの結論を前提にしていたため、落選したという）。ルソーは、人間の魂の最初の働きとして、安寧と自己保存をもとめる「自己に対する愛 amour de soi」と同胞への同情である「憐れみ pitié」をみる。そしてグロティウス、プーフェンドルフ、ホッブズの自然状態論を、それぞれの根拠や意味、本来の状態を考えておらず、「社会人」を描いているにすぎない、と批判する（同37-38頁）。自然人の原始状態で第1の原理は自己保存である。だが、それとともに動物でさえももつ、母の子の危険への配慮、同種の動物、同胞の苦しみへの不安や苦痛といった美徳として、憐れみを挙げる（同71頁。したがってホッブズを批判する）。こうした自然人の性質をくみあわせて自然法の規則は生み出されるという。もっとも自然法を認識できるのは人間のみだが、憐れみの感情から、動物にも虐待されない権利が自然の一部として存在するという（同32頁、自然と法の対立について、同37頁）。

　こうした前提から、所有権、そして国家の起源を論ずる。「ある土地に囲いをして『これはおれのものだ』と宣言することを思いつき、それをそのまま信ずるほどおめでたい人々を見つけた最初の者が、政治社会の真の創立者であった」（同85頁）。家族集団の設立と区別が一種の私有財産導入をもたらし（同90頁、夫婦愛と父性愛もここから生ずる）、集団が大きくなるとともに国民となる。国民の形成は生活様式、気候、習俗などによる。価値や美の観念もここから生ずるが、同時に他人の注目を求める感情、尊敬を受ける権利の主張がはじまり、不平等や悪徳への第一歩が生まれる（同94頁）。

　このようにルソーは私有財産やそれをまもる制度に鋭い批判を向けるが、その一方で「一般意志」に基づく立法の制度を展開し、既得権としての私的所有（個人は土地の保管者にすぎない）に対する主権者による介入を認める（『社会契約論』、第1編第9章、第2編第4章）。その社会契約論については、第3章で取り上げる。

カントとヘーゲル　カントは、初期（1760年代）には、ハチスンらスコットランド啓蒙の道徳感情論により、倫理学の基礎を感情に求め、またしばしばルソーの著作の意義を強調していた。所有権についても、ルソーの影響のもと、労働による所有が普遍的意志に合致するよう求め、既成

の不平等な所有秩序を批判した。だが批判期には労働所有説的立場から離れる。倫理学の基礎も、法則、命法に基づく義務へと転換され、道徳感情は法則への尊敬に純化される（『人倫の形而上学』〈法論〉）。

そこでの基本的な考えは、法的関係が人とモノとの間にではなく、人と人との関係にのみ成立する、というところにある。したがって、人がモノに労働を投下するだけでは、モノに対して所有権は生じない。それが権利であり得るのは、すべての人に対して主張可能で、他の人々がみな尊重するからである。しかし、グロティウスのような「黙示の同意」にかえて次のような構成をとる。まず、自然状態を万人の共有状態とする。この状態は、地球という有限性を条件とする（根源的共有態）。これは歴史的な事実ではなく、理性概念とされる。したがって、労働を媒介に現実にその一部を取得するのではない。カントは「一般に各人が外的な自分のものをもち得ることは、法的実践理性の要請である」とする。これは自由が形式的（観念的といってもよい）に存立するにとどまらず、世界の中で人間としての内実を持ち得るための要請である。すると誰がどれを所有し得るかは、時間的先後により決せられ、先占が所有の唯一の基礎となる。先占という一方的意思が各人の選択意思が結合した絶対的に命令的な意志に含まれるからである。この立法的な意志に、ルソーの「一般意志」の影響を見ることができる。

これに対してヘーゲルは、意志の原理を中心に、人と人との関係と人とモノとの関係を段階的に理解して、所有権の成立を説明する。ヘーゲルにとって法そのものは意志に発する。意志は（自然の必然性とは違い）自由であって、意志により生み出される法の世界は自由の王国である。所有権はまず事実的な占有から出発し、それが最終的に国家により承認されて、所有として他者に絶対的主張が可能になる。その限りではカントに近い。だがその構成に違いがあり、人の意志が物に関係し、自分のモノとして意志が現実にあらわれる。先占のルールは否定される（§50）。

ここでモノとは、自然の事物だけでなく、自分の身体でもある。根源的には、自分の身体の占有が出発点になる（§47）。平たくいうと、自分の意志、考えたことが現実になるには、まず自分の身体を思い通りに動かさなければならない。広い意味での労働であり、これは鍛錬という意味で陶冶でもある。そ

第1部　近 代 へ

れにより心身は一致する。そしてその労働を通じて、外的な自然を扱い、思っ
たことを形にしていく。意志は現実化する。だが、それはなお所有としては不
完全で、他の人によって私のモノだと認められねばならない。それは1つには
妨害の排除、もう1つには交換である。妨害排除は司法により担保される。交
換では、自分の意志の含まれたものが、相手に渡るさいに、自分の意志がモノ
から離れ、純粋に意志として認められる。これにより所有が権利として成立す
る。

　このようにヘーゲルにとっては私的所有が出発点であるため、プラトンの共
有制は批判され。さらに近代的所有権を明確に示すため、カントに残存してい
た対物的人権（夫の妻に、親の子に、家長の僕婢に対する所有権）が批判される。
こうした所有権を基礎にした市民社会から、すでにその問題点をも認識してい
たヘーゲルは、最終的に国家の中で自由は実現されると考えたのである。

功利主義の　　一方、経験論の立場はこの時代、ハチスン的道徳感情論、道徳
自然権批判　　感情を共感で置き換えたヒュームやエルヴェシウス、さらには
利益衡量による犯罪予防、拷問・死刑廃止を唱えた『犯罪と刑罰』（1764年）で
知られるベッカリーアを源に、ベンサムによって功利主義的立法論へと展開さ
れる。ベンサム自身は、エルヴェシウスとベッカリーアを自分の先人とする
が、ハチスンとヒュームについては「道徳感情説」と一括りにし、これまでの
倫理思想を「共感と反感の原理」によるものとまとめ、その不安定さ、主観性
を批判する。さらに、自然法を自然法論者が発明したもの、自然権、人権思想
をナンセンスだとする（「道徳および立法の諸原理序説」99-101頁）。そして後にフ
ランス革命も批判した。その法実証主義的立場から、権利と義務は法によって
生み出され、同時に存在するに至るという。権利は他者の義務という強制を伴
うがゆえに、法は権利という自由に安全を与えるとともに、強制という不自
由、苦痛を生み出す。この功利計算は、意志の産物としての法の内容の道徳性
を担保する。その意味では、功利判断が自然法を代替する。

　このような立法論では、まず自由の安全を確保する刑事政策的立法論が先行
する。そして民法の目的は、安全、生存、豊富、平等だという。このうち安全
（自由を含む）が立法の最重要目的であり、その他について干渉はどちらかとい
うと不必要だとする。ベンサムは、価値の源泉を土地と労働に置くが、「国家

がなければ法はなく、法がなければ権利はなく、安全も所有もない」と所有権も法により設定されるとする。そこから、ベンサムはブラックストンを法学と神学の混同と批判する。ブラックストンは『創世記』によって、神によって人類全体に地上のものへの一般的共有所有権が与えられ、当初各人は使用するにとどまっていたが、こうした一時的所有にとどまらず、動産の永続的所有を経て、共有地についても人口の増大と農耕の発達により、永続的所有の対象となった（アブラハムと甥ロトの独立）、としていたのである。

　ベンサムの時代は、名誉革命以来の旧秩序破壊の仕上げが課題だった。初期のベンサムは、啓蒙専制主義者として、主権の統一により上からの立法改革をめざした。ベンサム自身によれば、名誉革命以前は抑圧者と被抑圧者に分断された社会だったが、革命後は国王と特権階級化した二大政党の議員たちに抑圧された態勢としての、混合政体だった。名誉革命の結果は、スチュアート王朝が別の大ブルジョア議院という共同略奪者により腐敗を増したにすぎないという。こうした点は、ウィッグ体制を支持したヒュームとのスタンスの違いである。なお、晩年のベンサムは、人民主権の立場に転じ、徹底した議会改革を主張した。

　ベンサムの弟子にあたるミルは、ベンサムの動機の一覧表に含まれる共感につき、その動機が利己性に置かれていることを批判し、人間の利己主義的理解を問題視した。加えて良心や義務感、道徳感覚を動機として認める。しかし、道徳感覚は直覚的なものではなく、功利主義の立場から、一般の知性や感覚で認識できるより単純な観念へと解析できるとした。そうであるなら、良心などは人為的・後天的に獲得されたものとなる。しかしそれでも、人間に共通な自然的動機ではあるとし、教育による改善も可能なものである。ミルはカントの道徳律を利性の表現とみたうえで、「われわれは、理性的存在が全員採用すれば、彼ら全体の利益に役立つような準則によって、行為を指導しなければならぬ」と功利主義の立場で読みかえている（「功利主義論」516頁）。その意味で保守的な直観主義に対する自由主義的な批判を維持した。

第1部 近 代 へ

【参考文献】

市原靖久「権利 right」竹下賢・角田猛之・市原靖久・桜井徹編『はじめて学ぶ法哲
　学・法思想』ミネルヴァ書房、2010年所収。

戒能通弘『近代英米法思想の展開』、ミネルヴァ書房、2013年。

勝田有恒・山内進編著『近世・近代ヨーロッパの法学者たち』、ミネルヴァ書房、2008
　年、とくに淵倫彦「［ヨハンネス］グラーティアヌス」、山内進「フーゴー・グロティ
　ウス」

小林公『ウィリアム・オッカム研究』勁草書房、2015年

笹倉秀夫『法思想史講義（上）（下）』、東京大学出版会、2007年

上智大学中世思想研究所／坂口昂吉編訳／監修『中世思想原典集成12　フランシスコ会
　学派』、平凡社、2001年。

村上淳一『近代法の形成』岩波書店、1979年

アリストテレス（高田三郎訳）『ニコマコス倫理学』岩波文庫、1971年

同（山本光男訳）『政治学』岩波文庫、1969年

トマス・アクィナス（稲垣良典訳）『神学大全』第18冊、創文社、1985年

ジェレミー・ベンサム（山下重一訳）「道徳および立法の諸原理序説」関嘉彦責任編集
　『世界の名著38　ベンサム、J. S. ミル』中央公論社、1967年

Brian Tierney, The Idea of Natural Rights, Emory University, 1997

ギヨーム・ド・コンシュ（大谷啓治訳）「ティマイオス逐語注釈」上智大学中世思想研
　究所／岩熊幸男監修『中世思想原典集成 8 シャルトル学派』平凡社、2002年。

フーゴー・グローチウス（一又正雄訳）『戦争と平和の法』厳松堂出版、1950年、酒井
　書店、1989年

ゲオルク・ヴィルヘルム・フリードリヒヘーゲル（長谷川宏訳）『法哲学講義』作品
　社、2000年

同（三浦和男他訳）『法権利の哲学』未知谷、1991年

トマス・ホッブズ（水田洋訳）『リヴァイアサン』岩波文庫、1954年

デイヴィッド・ヒューム「寛容についての書簡」（生松敬三訳）「人性論」（土岐邦夫
　訳）、「原始契約について」（小西嘉四郎訳）、大槻春彦責任編集『世界の名著　ロッ
　ク・ヒューム』中央公論社、1968年所収

ゲオルク・イェリネク他（初宿正典編訳）『人権宣言論争』みすず書房、1981年

イマニュエル・カント（加藤新平・三島淑臣訳）『人倫の形而上学』〈法論〉野田又夫責
　任編集『世界の名著66　カント』中央公論社、1972年

ジョン・ロック（伊藤宏之訳）『統治論』柏書房、1997年

ジョン・スチュアート・ミル「功利主義論」伊原吉之助訳、『世界の名著38』所収

ジャン・ジャック・ルソー（桑原武夫・前川貞二郎訳）『社会契約論』岩波文庫、1954
　年

同（本田喜代治・平岡昇訳）『人間不平等起源論』岩波文庫、1933／1972年

エリー・メチニコフ（中瀬古六郎譯述）『人性論』大日本文明協會、1915年

ジョン・モラル（柴田平三郎訳）『中世の政治思想』平凡社、2002年

Peter Garnsey, Thinking about Property, Cambridge University Press, 2007

プラトン（藤沢令夫訳）『国家（上）（下）』岩波文庫、1979年

同（種山恭子訳）『ティマイオス』『プラトン全集12　ティマイオス・クリティアス』、
　岩波書店、1975年

リチャード・タック（田中浩・重森臣広訳）『トマス・ホッブズ』未来社、1995年

ソポクレス（中務哲郎訳）『アンティゴネ』岩波文庫、2014年

第3章　公と知識人

この章で学ぶこと

　この章では、ふたたび日本に視点を移し、「公共性」に関わる幕末から明治初期の考え方を概観する。公や公議に関わるのは誰か。社会から公は立ち上がるのか。一方で民間団体はそれを拡張する方向をとりながら、他方で現実の世論を支える人々の未熟や、公への意識の反面でそれを支えるはずの私がおろそかにされることへの批判も展開された。社会契約論批判は、公の問題が歴史に投射され、「国体」の観念と連続することになる。

第1節　明治初期の憲法論と「公」「公議」「公論」

御誓文　1868年、『御誓文』が発せられた。その1条「広く会議を興し万機公論に決すべし」はよく知られている。この「公論」の理解には、当時の政治状況の移り変わりが映し出されている。御誓文は、明治新政府が公議として、その基本方針を示すため、木戸孝允がまとめ、天皇の裁可を受けたものである。

　御誓文の成立過程をみると、福井藩士で参与の由利公正による「議事之体大意」（1868年）に、土佐藩士で制度取調掛の福岡孝弟（幕府中心の公議政体論、大政奉還を主張）が加筆し、それに木戸が手を入れて起草された。福岡は由利の案文の趣旨を明確化するため、「盟約」とし、会盟式の形、つまり天皇と諸侯（大名）の約束とした。福岡案では、由利案5条（万機公論に決し、私に論ずるなかれ）が1条に移され、1条冒頭に「列侯会議を興し」を付け加えた上で「万機公論に決すべし」とされたのも、このためである。なお由利案にある「万機公論」は坂本龍馬「船中八策」（1867年）の第二「上下議政局を設け、議員を置きて万機を参賛せしめ、万機宜しく公議に決すべき事」に由来するとされる。

第3章　公と知識人

会盟式から会誓式へ

福岡案は、天皇と諸侯を同等に置いていて、また中国式だと批判された。この草案を手にした総裁局顧問の木戸は、諸侯との「会盟式」ではなく、天皇が天地の神々（天神地祇）の前で公卿・諸侯を従え誓い署名する形（会誓式）にし、「盟約」は「誓」と改められた（副総裁三条実美による）。また福岡案5条「徴士〔地方有力者から政府に登用された者〕期限を以て賢才に譲るべし」を削除し、新たに4条として「旧来の陋習を破り宇内の通義に従うべし」とした。その上で最終的に、「列侯会議を興し」が「広く会議を興し」とより一般的な表現に改められるなどした。由利案・福岡案は列侯会議の議事書を予定していたのに対し、木戸は4条にあるように、新政府の基本方針の声明を目的としていたので、両者の間には趣旨に断絶があるといわれる。もっとも、ここで一般に議会の開設ではなく、開国に対する正当化や国家・国民的アイデンティティの確立が目指されていたといわれるが、後に明治政府・民権派ともに議会開設の根拠、さらには士族が政府や有司専制に反発する動機ともなる。

幕末公論の源流と大政委任論

だが、そもそも「公論」とは何だったのか。幕末には開明的儒学者横井小楠が公論を軸に据えた構想を展開していたが、横井の理念は由利に影響を与えており、広い意味で誓文にあらわれた「公論」の源流の1つといえる。横井をはじめとして「公論」が強調され、それが広く受け入れられるに至った理由としては、同時代の政治的背景とともに、それまでの政治的実践や社会的伝統の存在も指摘されている。

徳川の平和のなかで、幕府の体制は、本居宣長らに発する大政委任（御任）論に依拠し、固有の正統化をせず、政治運営も「先格古例」に準拠したものとなっていた。しかし、開国という外圧と混乱を前に、さまざまな意見が噴出する。そのなかで個々の藩の私益を離れた天下国家のための主張が「公論」とされた。挙国一致を目標に、朝廷・各藩の意見をききながら、国の方針を決するという公論の体制（公武合体・公議政体）、その意図は現体制の基盤強化にあったが、結果として幕府批判の根拠を提供することにもなった。

＊　大久保利謙「五ヶ条の誓文に関する一考察」『大久保利謙歴史著作集1』吉川弘文館、1986年によれば、この修正が木戸によるものかどうかは資料的に確認できないという。

41

第1部　近代へ

　維新に至る過程では、土佐藩に代表される公武合体派が議事堂を設置するなど、公議政体がめざされていた。徳川慶喜の「大政奉還上表」にも「天下之公議ヲ尽シ」の文言が見られる。ところで上表の前日、慶喜は西周にイギリス議院制度についての諮問を行っていた。海外の諸制度は（「君主」の位置づけとともに）「公論」の制度化をめざすにあたって、すでに一定の知的資源となっていた。まだ社会一般に広がっていたわけではないとはいえ、それより前すでに1825年ごろからオランダ語や漢文の書物を通じて、欧米の議会制度についての知識が入っていたという。また、それまでの幕府や各藩での合議制の実践が、こうした動きの基礎だったという指摘もある（尾藤正英「明治維新と武士」）。

公論と輿論　　現実の政治過程は、大政奉還から王政復古の大号令というクーデタへと急変するが、その基本方針を示した『御誓文』の１条や、立法機関としての左院の設置（1871年）など、維新初期の合議制の試みにこうした流れは連なるものと考えられる。確かに、そこから一直線に議会の開設へと結びつくわけではない。しかし、有司専制を批判する士族反乱や民権運動は、こうした考え方を理念として受け継ぎ、その正当化根拠とした。

　もともと公論は、宋（朱子）学の影響下で、私に流されない正しい主張・判断のできる、君主の徳につながるものでもあった。さらに、天の観念と結びつけられた天下の公論が、最高規範性をもつ一方で、輿論の方は天と人心の、人心の意味が変容し、国（挙国）構成員の意見となったともいわれる（井上勲「幕末・維新期における『公議輿論』概念の諸相」『思想』609号、1975年）。だが、輿論が経験的に衆議と等置されるなら、儒教的な「公」論との離齬が生まれる。公論と輿論の対立である。これは大久保の「公論採用に関する意見書」に現れているとされる。衆議は天下の公論を採るための方策である。だが、結果として衆議が正しくない＝公論ではない結論となる可能性も否定できない。したがって、公論により輿論を指導しなければならないという。これは、規範的な公に

＊　尾佐竹猛『維新前後における立憲思想』文化生活研究會、1925年、14頁以下。オランダ書では青地林宗訳『輿地誌畧』1827年、漢書では陳逢衡、荒木譽之進訓『暎咭唎紀畧』1814年、魏源『海國圖志』1842年など。なお西「議題草案」（『全集』第２巻167頁以下。諸侯上院と藩士等の下院）、津田「日本国総制度」（『全集』（上）263頁以下。大名上院と国民総代の下院）は大政奉還前後の意見書。

42

経験的な衆議がいかにして至るかという、社会契約論や民主制の基本問題でもある。議会開設尚早論は、おおむねこの点への懐疑をその理由としている。

第2節　明六社のひとびと

結社と構成員　明六社はその名の通り1873年に結成された啓蒙的知識人団体で、幕末より洋学や洋行の経験者からなる。薩摩藩イギリス留学生で維新のころはアメリカに滞在していた森有礼が中心となり、福澤諭吉、加藤弘之、西周、津田真道、箕作麟祥ら、これまで登場した人々がほぼ属していた。「社を設立する主旨は、我国の教育を進めんがために有志の徒会同して、その手段を商議するにあり。また、同志集会して異見を交換し、知を広め識を明にするにあり」（明六社制規）。啓蒙のための意見交換・議論の場として、洋学知識人により明六社は設立された。

学者の職分と公私　だが、その知識人観は一様ではない。明六社のなかで、民撰議院設立建白書が出される直前、福沢の「学者職分論」とその書評により論争が繰り広げられた（1874年）。「学問のすすめ」もこの時期に執筆されている。そこでのテーマは、一般的にいって公私の関係だが、国家と私人、政府と私人など、それぞれの論者の線引きが多少異なっているようにみえる。

福澤は次のように主張した。政治とは関わらない独立の人間の生活領域は人民に固有の領域である。政治は政府のつとめであり、洋学者が率先している。多くの学者は官職に就く途を選び、民間の立場で民権を主張することはない。これは「卑屈の気風」であって、日本には政府はあるが国民はない。法を守ったうえで、批判をためらうことなく、政府に問題があれば、旧弊を除き、民権を恢復するよう努めるのが、国民の立場である（「学問のすゝめ」1872-1876年、『全集』第3巻、51-53頁）。福澤は当時の公益中心主義に対して、「私利は公益の基にして、公益は能く私利を営むものあるに依て起こる可きものなり。要する所私利と公益と相混合して一体となるこそ実に望む可き所なれ」（「私の利を営む可き事」1877年、『全集』第19巻、633-634頁）という。この「私立」、つまり私の自立の立場が知識人にも求められている。

43

第1部　近代へ

　こうした福澤の主張に対して、西・森・加藤・津田が論評を加えた。いずれも、福澤の説の意義を認めつつも、「私」の側に偏りすぎている、との見解で共通している。たしかに、福澤説を墨守すれば、国家政府の側はいかにして有為な人材を確保できるのかという疑問がわいてくる。

　西は、専制政府や無気無力の愚民という福澤の現状分析に賛同しながら、学術のなお不十分なこと、青年の経済状況などを指摘し、また外物の刺激（人民の力）が甚だしくなると、かえって（政府の）病を招くとする。森は、官吏も貴族も平民もみな民であり、それぞれがその意のかなう場で、民としての義務を果たし、世の公益を促進すべきだという。その意味で福澤説を「民権を立るの一篇」ととらえた。加藤はさらに進んで、国権への参加としての民権が伸張することの危険性を危惧した。加藤は福澤のようなリベラル党は、「務めて国権を縮減し務めて民権を拡充せんと欲す。」そのため公衆に関することすべてを人民に任せ、政府の関与がないのが良いとする。しかしこうしたリベラル党は、その反対のコミュニスト党ともども、「国権と民権の相分かるる所以を知ら」ないという（「福沢先生ノ論ニ答フ」）。加藤は「民権」を政治的権利ととらえるため民権の伸張を危惧し、政府と人民が「双方に分かれて相制する」国権のとらえ方（福澤「国権可分の説」1875年）とは違い、国家と社会との分離論に立っている。一方津田は、有機体論的立場から、人民に私立の気性が乏しく、国力の弱体化を招いているという現状認識のもと、人民に政府の不正を主張してもよいと理解させ、「自主自由の気象」を人民につくりだすべきで、この点で在官と私立に違いはないという（「学者職分論の評」）。このように、慎重論ながらほぼ福澤の見解に近い。

　このような知識人の役割と人民の位置のとらえ方は、福澤が主導した私立学校とそこから輩出される政治青年に対抗する、独逸学協会を中心とした官立学校設立で中心的役割を担った加藤や西との方向性の違いとともに、政治的スタンスの違いにも反映する。

**明六社における時期　　**　加藤の「民撰議院を設立するの疑問」は、代表的な時
尚早論とその批判　　　期尚早論である。公と私を分離する加藤は、私的な権
利は推進するが、公権は人民が未開の間は（智識のある）有司に委ねるべきであり、またその人民の程度を判断するのも有司だとした。政府とはなにか、臣

民とはなにか、徴税権や軍役の根拠といったごく簡単なことすらほとんどの人民が知らない。ここで議会を開けば、愚論が公議となるばかりか、国家の大害、自暴自棄により治安を損ないかねないという。

同じく慎重論では、西（「公議一題」『全集』第2巻）が、科学・技術と違い、法や政治制度は人民開化の程度を検討し、それぞれの属する時や土地に適したものとする必要があるが、その検討がなされていない、権理を保護し国民的一体感をつくりだす「演習」の場として議会を開くのではなく、学識ある人による国民教育と、司法による権利保護を先立たせるべきだとする。

森は、民撰議院は人民が随意に興すものであり、建白書提出の仕方に問題があるとした（「民撰議院建設建言之評」『憲政編』410頁）。福澤も「又彼の上書建白書を見れば其の文常に卑劣を極め、妄に政府を尊崇すること鬼神の如く、自ら賎ずること罪人のごとくし、同等の人間世界にある可らざる虚文を用ひ、として恥る者なし。此文を讀て其人を想へば唯狂人を以て許すべきのみ」（「学者ノ職分ヲ論ズ」1874年、121頁）といっそう厳しかった。

だが、福澤は議会開設に反対だったわけではない。たとえば、加藤の尚早論に対し、福澤は、廃藩置県の成果をみれば、民会創立もその「時期」は予め定まるものではなく、開いた門があるならそこから進むべきであり、1919年は「民会創立の好時節」だとした。一方、森は廃藩置県は精神力の萎縮をもたらし、時期尚早だったと対照的な評価をしており、議会開設についても同様の考えであることがうかがえる（「明六社会談論筆記」〔1875年5月1日〕）。

津田は、長く自由の気象の欠けた日本人民の元気を旺盛にするには、国事に関与させるのがよく、それには民撰議院を設立すべきだ、とする（「民撰議院ニ付テノ意見」『全集』上、372頁）。議会は法の審議を「特権」とするが、最終判断は天皇の帝権だとしている（「政論ノ三」『全集』（上）329頁）。明治憲法で、議論の末、立法に対する議会の関与が「協賛」として落ち着いたのと同様の構成だが、人民に対する議会の意義については、福澤と同じ立場に立っている。

このように、明六社内部でも「設立建白書」への態度、議会開設への賛否は一様ではないが、議会制の原理的意義と人民の現状については、おおむね共通理解がある。

それでは明六社の外部ではどうだろうか。箕作に師事し、大学南校でフラン

45

第1部　近代へ

ス学を学んだ大井憲太郎は、即時開設論の立場から加藤と論争した。世襲士族
と人民には利害の違いや相互の無理解がある以上、人民に関する重大の事件は
これを人民の議論に委ねるべきであり、「議院を開きて以て人民の国事に與す
る権利あるを知らしめる」(「馬上台二郎批駁 (加藤弘之に質すの書)」1874年、『憲
政編』387頁) ことが、法令への信頼を増し、人民の気概をも高める。教育の成
果を待つのではその間の有司専制や人民の不満の高まりをもたらす、とする。
ただし議会は諮問機関とされる。「若し高論十中八九愚に居るとせんか、愚論
何そ之れを聴用するの理あらん」というわけである (同390頁)。

第3節　共存同衆とイギリス法思想

共存同衆の起源　　明六社に集った啓蒙的知識人に対して、おおむねその一世
代あとの洋行知識人たちは新たな知的結社を設立した。英
米で学んだ馬場辰猪と小野梓が中心となった共存同衆 (1874年) はその代表で
ある。馬場と小野は留学時代のロンドンで知り合い、日本人留学生たちと「日
本学生会」を組織する。これが共存同衆の起源となる。その目的である討論を
通じた言論の自由という、馬場の理想とする公議輿論の理念が反映されてい
る。同会の設立にあたり、「会長」の是非が議論されたように、明六社とは会
の性質が違っていた。馬場は、1866年から1年間、福澤のもとで学び、またそ
こで兆民とも知り合ったという。だが、ここに見える師福澤との本質的な違い
に、後の政治方針の違い、つまりより徹底した民権論を唱える馬場の立場の萌
芽がある。

結社の方針　　このような方針は、共存同衆結社にも生かされていた。小野
はいう。「我同衆は不偏不党なる成立にて種々の人種を以て
経緯組織し……世の社会には大抵その頭取酋長なるもの或は顕れ或は隠れ必ら
ず一社の政事を統一せるものなれども、特り我共存同衆には有形には云も更な
り無形にも頭とてあることなし……是衆に入る者は皆な同権同主の人なりと云
ふ所以にして実に我同衆は平等の権利を自主せる者の結会なり。」(「共存同衆の
歴史」『全集』第5巻) ここに会員の同権平等の強調には閉鎖性や権威性に対す
る批判が込められているが、それは社会のあり方への見方にも通じている。

46

第3章 公と知識人

馬場辰猪とイギリス　馬場は在英中、法律の勉強だけでなく、議会に足を運び、その利点を自らの目で認識した。また改良主義的な「社会科学協会」にも出席した。同協会は日本学生会のモデルとなったものである。また1873年には『日本語基礎文法』（『全集』第1巻）を出版する。同年にはミルが亡くなるが、著名な人々の追悼文を読み、感銘を受けたという。1874年に帰国し、共存同衆を設立するが翌年再度渡英し、社会科学協会での演説「日本におけるイギリス人」で、治外法権やイギリス人の偏見を批判、翌年には人類学協会での討論で「日英条約論」により不平等条約を批判し、関税自主権など自主独立した日本と日本人の権利を主張した（「条約改正論」『全集』第2巻、『外交編』）。

歴史主義と法実証主義　1878年に帰国、入門書である『法律一斑』（1879年、『全集』第1巻）を公刊する。同書の「法律起源」は、メインの『古代法』（1861年）における法の段階的発展法則によっているという。メインは、ベンサムに連なる法実証主義者オースティンの主権者命令説を、その妥当範囲を限定する形で批判したことで知られる。オースティンがドイツの公法実証主義者ラーバント（穂積八束の師）の影響を受けた一方で、メインはドイツの歴史主義者でローマ史家、ガイウスの『法学提要』写本を発見したニーブールに影響を受けているという。ニーブールはサヴィニーと親交が深く、また明治期に官民問わずよく読まれたドイツ系アメリカ人自由主義者のリーバーの恩師でもある。ともあれ、馬場は実証主義と歴史主義の対立する場で学び、歴史主義の側から影響を受けたことになる。

　1879年に馬場は共存雑誌（第20号）に「羅馬律略」（『全集』第1巻）を発表した。日本人は西洋の文化を慕い、その法律に倣って法制の体面を一新しようとしているが、その源を知らねばならない。ナポレオン法典にせよプロイセン一般ラント法にせよ、英米法にせよ、その源泉はローマの古律だから、ローマ法とその沿革を紹介する必要があると考えた。その発想法には、歴史主義の影響を見てとることができるかも知れない。馬場はメインの『古代法』によって「法律史」の講義を共存同衆や明治義塾法律学校（三菱財閥系の夜間学校）で行っていた（「メイン法律史」『全集』第2巻）。

　馬場は、むしろ民権運動家として盛んな活動を続けることになる。同法律学

47

第1部　近代へ

校もその拠点と目されていた。1883年には加藤弘之の『人権新説』を批判した「天賦人権論」を著す。馬場はベンサム、オースティンの天賦人権説批判からはじめ、オースティンの「ある法の説明」と「あるべき法」との区別をもとにすれば、自然の道理に反する法律であっても、それが現にあるという事実からすれば、有効といえる。だが、それが無効である「べき」はずだ（有効性はあっても妥当性がない）という点には、オースティンにも異論はないだろう、としている。

**小野梓と功利主義
：法制の要件と目的**　小野の法理論は、ベンサム的な主権者命令説に立つ。それを具体化して「法制に必要なる六箇の要事」をまとめている。それらは、①政権を保有し法制を創立する者なからずべからず、②主治者の予め発布する命令なからざるべからず、③命令を遵守する被治者なからずべからず、④被治者をして命令を遵守するの義務を負はしめざるべからず、⑤被治者の遵守を強迫する裁定の威力なからずべからず、⑥斯裁定の威力を維持し之を必行するものなからざるべからず、である。これらは命令説にとどまらず、法制度の組織や形式に関する要件も含まれており、それにより立法の第一目的、国家の本務である平和と権利の確保（保固）がはかられる。

　さらにそれを基礎にして、内容に関わる法制定の目的として、「人生の三大要事」である生存・富周・平等が続く（「国憲汎論」1882年、『全集』第1巻、33頁以下。なお「国権論綱」1879–1880年、上巻、『全集』第2巻、435頁以下では人生の四大事を活度・富周・安固・平等）。これらはベンサムによっており、その名前を挙げながら、人生の保固が真利（utility）だとする「最多衆の最大快楽」に言及している。

社交の自由、政体論　小野にとり、功利主義は他者との関係性の維持を含意しており、権理自由についても、弱肉強食をもたらす天性上の権理自由ではなく、通義＝義務を必要とする交際上の権理自由に立つべきことを強調する。これは急進的民権運動に対する批判だが（この点で天賦人権説を採る馬場とすれ違う）、同時に政府による弾圧にも向けられる。「我が政府の疑罪をし、租税を偏重し、刊行の自由を許さず、議政の制度を立てざる等皆人民の歓楽をし自ら政府たるの通義を忘れたるものなれば、之を責めて之を正すは日本人民の権理なり」（「権理の賊」『全集』第3巻、15頁）自立していない

華士族は権理に値せず、農工商の人民が権理を愛すること、政府（と華士族）が通義に則ることが必要だという。

政体論では、政本・議政・行政・司法の四政権の最初にある「政本」において、選挙する国民と解散権をもつ天皇という君民同治に立つ。「法律の無上」という立法行政における法的手続の遵守とそれを前提にした人民の遵法を強調し、国民には権理を愛する立憲国民としての資質を求める。愛国の公心、多数決に従う気風、政治を改良前進する精神、剛毅正直にして憲法を固執するの実力である（『国憲汎論』571頁以下）。これらが上述の法制の6ヶ条の1つを支えるものになることはいうまでもない。

結社への圧力　共存同衆などの結社には、小野、金子堅太郎、ロンドンに留学し太政官で法制整備にあたった尾崎三良ら少壮官僚を含む多くの若手知識人が集まり、官吏たちも政府批判の演説を行った。馬場によれば、自分以外の講師は皆役人だったという（『馬場辰猪自伝』『全集』第3巻）。これに対して政府は官吏の公開演説を禁止する通達を出す（1879年。小野は井上毅の策謀だという）。結社の活動にこれは痛手となり、結社は解散するか政治的中立性を余儀なくされる。共存雑誌は集会条例の発布された翌1880年に最終号となり、小野と馬場は、福澤や西と交詢社の設立（1880年）に向かう。その後、小野は立憲改進党、馬場は自由党の結党（1881年）に関わる。小野は立憲改進党結党（1882年）の主意である「何以結党」で、中等人への期待を述べている。小野は、「上等人」ではなく中等人が輿論を制しているとの認識に立って、これを涵養すれば、社会全体から党への適切な支持が得られるという。ここにも明六社知識人とは違ったスタンスがある。三大要事の1つも知恵（西）ではなく平等とされている。

第4節　社会契約論：ルソーの受容

王政批判の哲学者たち　加藤弘之は、初期の『立憲政体略』で、王政（王が天下を私有すること）を批判する論者として、イギリスのミルトン、ロック、フランスのモンテスキュー、ルソー、ドイツのカント、フィヒテの名を挙げている。自然権論や社会契約論の論者たちが、その名

49

第1部　近代へ

前を当時より知られていたことがわかる。さらに『真政大意』では、ドイツの
ヴォルフが「万民同一」の説を論じていると紹介した。津田は『泰西国法論』
で、モンテスキュー、ルソーに触れ、フランス革命の展開を経て、これらの説
が各国に広まり、制定法の成長をもたらした、といっている。

ルソーの受容　自然権論については第2章で触れたが、日本の憲政思想では
「天賦人権論」と訳され、そのなかで民権派に強い影響を与
えたのが、中江兆民によって紹介されたルソーの『社会契約論』だったことは
よく知られている。そのあたりの事情をよく示しているのが、『自由党史』に
よる回顧である。

　「越へて十四年に至り、気運は更に一進し、自由主義は全国の地層を縫ふて
益々広延し、政界の中央、新に一異彩の生ずるを見る。何ぞや。即仏蘭西学派
自由主義の宣伝なり。是時に当り民間の政論は、始め専ら英国の学説を祖述
し、ベンザム、ミル等より転化し、スペンサーを憲章せしが、今や仏派の新旌
旗出づるに及んで、国民の思想は一段大いに霊活を逞ふせり。……〔西園寺公
望がパリより帰国し、兆民らと東洋自由新聞を創刊した。〕尋いで中江篤介は
幃を府下番町に下し、仏学塾を興し、徒を聚めて盛んに自由主義を講ず。……
其の自由主義を講ずるや、専らルソーの民約論を祖述し、人爵を排し、階級を
撃ち、議論奔放、天馬の空を行くが如く、青年の徒、風を聞いて来り遊ぶ者多
し。」((中)、37頁)

　この回顧のように、欧米思想の代表として当初広く人気のあったのは、功利
主義者たち、そしてスペンサーのような進化論だった。進化論は、加藤弘之や
穂積陳重らにも影響を与えている。だが、民権運動が盛んになるにつれ、一気
にルソーも「自由主義」として受け入れられていった。そこには明治初期の洋
行知識人サークルとは違った次の世代の政治的知識人・集団が民間に育ってい
たことも与かっている。反面で、すでに1876年頃には、フランス革命の原因を
ルソーに求める革命家イメージがあったといわれる。後の加藤がルソーの主張
を「妄説」として斥けたほか（第4章参照）、金子堅太郎など、民権派への対抗
はルソー批判の形をとるようになった。

社会契約論　ルソーの『社会契約論』（1762年）もまた、自然状態から社会契
約を経た国家の設立が論じられるが、『人間不平等起源論』と

50

は異なり、自然状態はさまざまな障害を抱えていることから出発する。そのなかであるべき法律を導くこと、正義と有用性、権利と利害とを一致させることを課題としている。権利は自然によってではなく、約束によって与えられる。力に依拠した自然的自由は一般意志により制約された市民的自由に、先占による占有は法律による所有権に、移行する。こうした一般意志は、直接民主制による人民主権の実施により得られるはずである。しかし人民は誤り得る。十分な情報が得られ、部分利益を掲げる団体がないこと、さらには天才的立法者などが、一般意志を得るための条件とされる。ルソーは、ブルジョア社会における自尊心の利己的働きによる、「あることと見えること」の対立（『人間不平等起源論』101頁）にある障害を、一般意志と社会契約により消し去り、一気に透明な状態へと変革しようとした。

こうしたルソーの主張が急進的改革につながるものと捉えられたとしても、不思議ではない。兆民訳でルソーを学んだ植木枝盛は、維新政府や福澤を批判して人民主権論を唱えた中心人物である。その『民権自由論』（1879年、『集』第1巻）では、ルソーをあげながら、「人の生まるるや自由なり」としている。

兆民と漸進主義　一方訳者中江兆民（篤介）自身は急進派ではない。兆民は岩倉使節団に加わり、留学中の第三共和政フランスで西園寺公望と知己になった。ロンドンでは馬場と再会している。1874年の帰国後は、1875年より元老院権少書記官、翌年より井上毅等と憲法調査に携わる。その後1877年官界を離れ、1881年に西園寺とともに『東洋自由新聞』を創刊する。同新聞で兆民は次のように書いている。

「共和政治の字面たる語の『レスピュブリカー』を訳せるなり。『レス』は物なり、『ピュブリカー』は公衆なり。故に『レスピュブリカー』は即ち公衆の物なり、公有物の義なり。この公有の義を推して政体の上に及ぼし共和共治の名と為せるなり。その本義かくの如し。故にいやしくも政権を以て全国人民の公有物となし一二有司に私せざるときは皆『レスピュブリカー』なり。君主の有無はその問はざる所なり」（「君民共治の説」1881年：『評論集』21-22頁）

兆民は、公衆の物としての国家、政治として「公」を理解し、それが成り立っていれば政体の形は二次的な問題となる。君主が存在していても構わない、という君民共治論としての読みかたである。そして、公衆の物であるとは

第1部 近代へ

一般意思による法の成立、そしてそれによる自律＝自治としての「道徳的自由」の重視である。『民約訳解』（1882年）では、兆民はその「解〔釈〕」にあたり、社会契約は現実に存在しない、とのベンサムによるルソー批判をとりあげながら、ベンサムは用、末、利を論じ、ルソーは体、本、義を論ず、と対置し、政治道徳の本質論としてルソーを弁護している（『全集』第1巻、158頁）。

　兆民自身の穏健なある種の漸進主義は、『三酔人経綸問答』（1887年）の南海先生にあらわれている。先生は「恩賜の民権」を「回復の民権」に変える（洋学紳士君の主張）のではなく、「回復の民権」へと育成しようと述べていた。一方、進化論をもとに、回復の民権への改変を主張し、アメリカに旅立った「洋学紳士」は、友人の馬場辰猪がモデルだともいわれる。兆民と馬場の関係では、ルソーを学んだ兆民ではなく、イギリスで歴史主義に触れた馬場の方が（もちろん議会の実際を見聞したこともあるが）、むしろより急進的だった。

第5節　保守派

王政と公　　明治新体制は、公議とともに王政がもう1つの軸である。王政、天皇親政をどう理解し、天皇をどのように政治上位置づけるかは、宮中と府中（政府）の関係に関わり、これをめぐって政府側と宮中側の侍講たちとの対立が生み出される。天皇の意思を「公」ととらえる場合、その意思・能力の如何という難問にぶつかる。加藤弘之の立憲政体論（『真政大意』）は、この危惧から権力の恣意性を防ぐ制度を構想し、それによって人民保護を実現しようとした。新政府は、天皇に「強い君主」のイメージを与えようとしたが、同時に独立した政治的意思をもつことを期待していなかった。しかし天皇親政運動を進める宮中派は、民撰議院論が盛んになる中で、加藤らの危惧があたらないような、政治的にも道徳的にも成熟した「公」としての天皇を育成することが必要だと考えた。後に教育勅語の起草に参加する元田永孚は、「万機公論」を前提に、民智が開けない段階では衆議が公論とならないことを見越し、王政復古で「国体」を回復した天皇が「公論」を見分けねばならない、衆論のなかの条理にかなったものをとらねばならない、とした。そのためには君徳輔導が必要だという。「人君の道は任用賢を得るより大なるはな

く、人君の徳は聡明人を知るより先なるはなし」（徳富蘇峰『元田先生進講録』緒言15）。

君徳輔導の方針　元田は大久保の推挙で1871年より天皇の侍読となり、論語や日本外史を講じた。天皇の教育は、最初期は国学者が担ったが、これと並んで儒学、さらに洋学も進講された。この頃洋学を講じていた侍講が、国学者流国体論の批判者だった加藤（『国体新論』）である。この方針には、開明派としての木戸の影響があったという（中野目徹「洋学者と明治天皇」『明治天皇と政治家群像』）。岩倉具視も、洋学と儒学（を含んだ国学）を妥協させることで、国体を維持しながら近代的体制をつくり、最終的決定権を天皇がもつ天皇親裁を構想したが、元田や佐々木高行のいわゆる侍補グループの介入には警戒していた。

　木戸は長州藩時代に正義派に属し（開国・公武合体を主張する保守派＝俗論派と対立）、尊王攘夷の強硬路線をめざしていた。後に開国派に転ずるが、天皇親政論であり、侍従とも近く、天皇の信頼も厚かったという。木戸は開明派官僚として、平田派国学者が天皇侍講を務めることに批判的だったが、君徳輔導の必要性を意識しており、元田とも連携しながら宮中改革に取り組んだ。1874年に木戸は宮内庁出仕輔導となり、元田の講義にも出席した。

　元田は洋学との内容的妥協には不満で、君徳輔導における主導権を儒学派が握るべきだと考えた。元田はその素養からも洋学を否定しないが、儒学をもとに帝王学を目指し、侍補に支えられた天皇が政府を監督する体制を望んだ。また輔導における学問と政治の連関を意識し、1873年頃より政府要人に君徳輔導の必要性を説いた。なかでも当時高官の木戸に期待していたが、1877年に木戸は死去し、士族反乱により政情も不安ななかで、元田は大久保の賛同を経て設置された侍補に任命される。元田は立憲制への移行と天皇親政に矛盾が生じないよう、国体と政体の二分論を持ち出している（『明治天皇紀』第4巻、第5章691頁）。

宮中派と府中の対立　宮中の「帝王学」は、公儀の理念を実現する方策と評価することができる。だが、木戸に続いて大久保とい

＊　平田鉄胤と福羽美静。

第1部　近代へ

う政府宮中共通の後ろ盾を相次いで失ったこともあり、伊藤を中心とした近代化を志向する政府首脳も、宮中を中心とした保守派も、よって立つ人物と理論的道具立てを必要としていた。伊藤の方はいわゆる明治14年の政変後の洋行によって、後者を獲得し、自らが中心人物となる。

　一方、木戸の死後元田とともに侍補に任ぜられ、ともに「天皇親政運動」を支えたのは、宮中顧問官や枢密顧問官を務め、後に出雲の千家尊福らと神祇官再興運動をおこした佐々木高行である。彼らは有司専制を批判し、岩倉や伊藤とは対立関係にあった。彼らは大臣の会議に天皇が臨席し、侍補も同席するよう求めたが、伊藤らは天皇の内閣への臨御のみを定め（1878年）、翌年には侍補そのものを廃止した。

　だが宮中派は、天皇との人格的信頼関係をむしろ強化し、独自の政治的意志を示すようになっていた天皇に進言を続けた。その意味で宮中派の政治的影響力は強まった。彼らは立憲政体への移行を前に、民権派に対抗できるとともに、政府との関係でも国体を基礎に据えた構想を展開しようとした。その流れの中で佐々木にバークを紹介したのは、金子堅太郎だった。

金子堅太郎とバーク　　1880年、元老院少書記官だった金子は元老院副議長佐々木の求めに応じ、民権論者のルソーに「保守漸進学説」をもって対抗すべく、穏健・中正普遍・平和主義をとる「百世の師」としてバークをあげたところ、早速その翻訳を命じられたという。金子は『フランス革命の省察』（1790年）『新ウィッグから旧ウィッグへの訴え』（1791年）などを抄訳した、『政治略論』（1881年）で応えた。なお、バークの著書は、元田を通じて天皇に奉呈されたという。

　金子は6年間のハーバード大学などでのアメリカ留学中にバークに触れていた。渡米の際に金子は、岩倉使節団に随行した佐々木（理事官・司法：当時）と同船し、帰国後も両者には親交が続いていた。金子が留学前より水戸学の影響を受けていたことも、この関係の背景にある。後年（1884年）、「時勢に応じて国体が変わる」という伊藤の意見に対して、『弘道館記』などをもとに政体に日本固有の国体が対置されるべきだと佐々木に述べた金子は、ここでも欧米でバークのみが「国体」にあたる「国制の基本原理 fundamental political principle」を相続すべきものと理解している、と評価した。金子が伊藤の秘書

官となり、憲法制定に携わるようになった直後のことである。後日佐々木が伊藤に反論すると、それが金子によると佐々木からきいた伊藤は、すぐに金子のもとを訪れ、国体は国の組織（national organization）であり、憲法体制とともに変わるのだと議論したという。もっとも、伊藤はこの国体＝政体説を後に戦略的に棚上げする。

バークの保守主義　バークは政治弁論家として知られていた。彼はイギリス伝統の国制を支持し、フランス革命を批判して、海を越えた革命の波及を恐れた（『フランス革命の省察』1790年）。これはウィッグ党内での対立とも関係している。フランス革命の人民主権を支持する党員から、バークは同革命を批判した『省察』により、党の主義から離れたと非難された。これをきっかけに、革命支持の「新ウィッグ党員」と革命批判の「旧ウィッグ党員」の間で党内対立が起こる。バークは、フランス革命ではなく、マグナ・カルタ（1215年）以来の国制をもとに、クロムウェル後の王政復古（1660年）と名誉革命（1688-1689年）を、それぞれ王権の回復と人民の権利を王から回復したものとして、支持した。その体制とは、国王・上院・下院という３つの組織がそれぞれ意味をもつ、制限君主制の混合政体であり、これが「相続財産」として、時間とともに正当化された自然の秩序だとする。名誉革命は、こうした憲法体制から逸脱した王ジェイムズ二世を追放し、古来の本源的契約（とそれ以降は黙示の契約であり、個人の意思による社会契約ではない）を回復したと捉えられる。旧ウィッグの政治原理は、こうした国家組織、議会特権、人民の自由を子孫に伝えていくことにある。人民主権を突き詰めれば、どのような反道徳的秩序も正当化される。これに対し、本源的契約による自然な秩序とは、階層的秩序であり、政治的・軍事的判断力や権威を備えた貴族の存在が不可欠だとする。

　バークに対して、ペイン『人間の権利』（1791-1792年）は、自然権論に依拠して批判を加えたが、逆にバークは、アメリカの体制を評価しつつ、ペインの天賦人権論を批判した（「新ホイッグ党員から旧ホイッグ党員への訴え」）。これと似た対立は、バークの主張に皇統一系の国体とのアナロジーを見た金子らと、「勃爾号ヲ殺ス」と題した『政治略論』への反論で（1882年）、社会秩序の維持のため権利主張を抑えるバークの議論は人間同等の大義を破壊するものだと主

第1部　近代へ

張した植木枝盛の間にも、見て取ることができる。このように、「公」の問題
は、一方で「国体」の理解と、他方で議会開設と参政権による人民の公への参
与の是非をめぐって、両者絡み合いながら展開されていった。

【参考文献】

＊学者職分論と論評は、『明治文化全集　雑誌編』日本評論社、1992年、および松本三
　之介・山室信一編『近代日本思想体系10　学問と知識人』、岩波書店、1988年（福沢
　諭吉「学者ノの職分ヲ論ズ」、加藤弘之「福沢先生ノ論ニ答フ」、森有礼「学者職分論
　ノ評」、津田真道「学者職分論ノ評」、西周「非学者職分論」）

『植木枝盛集』第一巻、岩波書店、1990年
植木枝盛「勃爾号ヲ殺ス」『土陽新聞』明治15年3月7日–『言論自由論・勃爾号ヲ殺ス
　（近代日本文化叢書）』実業之日本社、1948年（近デ）
大井憲太郎「馬上台二郎批駁（加藤弘之に質すの書）」、「民撰議院集説」『明治文化全集
　憲政編』
尾佐竹猛『日本憲政史の研究』一元社、1943年
『小野梓全集』全五巻、早稲田大学出版局、1978-1982年
加藤弘之『立憲政体略』1876年
同『国体新論』1875年
同『真政大意』1870年
金子堅太郎訳『憲法制定と欧米人の評論』金子伯爵功績顕彰会、1938年
同『政治略論』忠愛社、1881年（近デ）
宮内庁『明治天皇紀』第四巻、吉川弘文館、1968年
坂本一登『伊藤博文と明治国家形成』講談社学術文庫、2012年
『自由党史（上）（中）（下）』岩波文庫、1957-1958年
高瀬暢彦『金子堅太郎自叙伝』第一集、日本大学精神文化研究所、2003年
『津田真道全集（上）』みすず書房、2001年
津田真道『泰西国法論』文徳堂、1876年
徳富蘇峰『元田先生進講録』民友社、1910年、緒言15（近デ）
中江兆民「君民共治の説」松永昌三編『中江兆民評論集』岩波文庫、1993年
同『民約訳解』『中江兆民全集』第一巻、岩波書店、1983年
同『三酔人経綸問答』桑原・島田訳・校注、岩波文庫、1965年
『西周全集』第二巻、宗高書房、1979年
沼田哲編『明治天皇と政治家群像』吉川弘文館、2002年
『馬場辰猪全集』全四巻、岩波書店、1987-1988年

馬場辰猪『条約改正論』大阪興文館、1890年、『全集』第二巻、『明治文化全集　外交編』（近デ）

同『天賦人権論』1883年『全集』第二巻、『明治文化全集　自由民権編』（近デ）

『福澤諭吉全集』全21巻、岩波書店、1958-1964年

『福澤諭吉資料館』人物編「馬場辰猪」『福沢諭吉著作集』付録、慶応義塾大学出版会、2003年

森有礼「民撰議院建設建言之評」『明治文化全集　憲政編』日本評論社、1928／1992年（近デ）

山室信一『法制官僚の時代』木鐸社、1999年

柳愛林「エドマンド・バークと明治日本」『国家学会雑誌』127（9・10）、2014年

エドムント・バーク『フランス革命の省察』（半澤孝麿訳）みすず書房、1978年

トマス・ペイン（西川正身訳）『人間の権利』岩波文庫、1971年

ルソー（桑原武夫・前川貞二郎訳）『社会契約論』岩波文庫、1954年

同『人間不平等起源論』

第4章　憲法と自治

この章で学ぶこと

　この章では、前章の公をめぐる議論を受けて、国会と地方議会の開設を素材に、自治の制度に対する政府側・民権派の主張を見る。それは、天賦人権説と進化論、自治を通じた民主主義基盤の拡大への民権派の希望と、伊藤の憲法調査につながる社会問題をも見据えた官僚養成のためのドイツ学への傾斜といった対抗関係を形づくる。

第1節　議会の開設と自治論争

民主主義の学校　　前章で見たように、民撰議院設立建白書に対して、明六社の啓蒙知識人の多くは、むしろ慎重な態度をとった。尚早論者たちは、理論上では議会開設の意義を認めていたが、なお日本の人民や社会はそれを支えるほど成熟していない、と判断したのである。公的判断の能力の成熟が先か、制度が先か。成熟させるのは何か。知識人かそれとも実践か。こうした論争は、地方における自治をめぐっても繰り広げられた。

　先の問いに対する1つの答え方が、「民主主義の学校」としての地方自治である。これは、ブライス（『近代民主政治』第1巻、1921年、160頁）の言葉として知られるが、考え方としては19世紀なかばより見られる。日本でも、郡県、市町村はより人々の生活に近く、また民意の基盤でもある。直接の参加が相対的に容易なこうした地方自治での経験は、民主主義のルールや私益と公益の関係、行政的な知識を身につける上で貴重な場である。しかしここでも、すでにミルが構成員の公的判断の資質を問題にし、知的な監督と指導を要求していたように同じ問題は繰り返される。

第4章　憲法と自治

「アメリカの
デモクラシー」　トクヴィルは、自分の観察をもとに、地方自治に着目した『アメリカのデモクラシー』（1巻：1835年、2巻：1840年）を著した。彼も「タウンミーティングの諸制度と自由との関係は、小学校と科学の関係のようなものである」と述べる（『アメリカのデモクラシー』第5章第2節、61頁）。トクヴィルの同書は、『学問のすゝめ』（1872年）初編の共著者小幡篤次郎により、1873年に『上木自由之論』として出版の自由に関する部分訳がされており、その意図は政府による言論弾圧批判だったという。また、1881-82年には、民権派で東京府知事や衆議院副議長をつとめた肥塚龍訳による『自由原論』がある（近デ、タウンミーティングに関する部分は第2巻13頁）。明治初期から中期には、トクヴィルの主張は、福澤や徳富蘇峰などをはじめ、アメリカの政治制度と精神性、より一般的に自治精神の必要性、理念を支える現実的基盤の意義などについて、相当程度広まっていた。

　トクヴィルによれば、中世的中間団体の崩壊は、人々の平等とともに国家による中央集権化をもたらした。その結果として各人は個人となり、国家に対して無力化し、自己利益を追求するようになる。また、政治への関与が可能となったとしても、「感情的な」判断により「多数者の専制」が生ずる。それでは成熟した判断はどのようにして生まれるのか。伝統的ヨーロッパ社会とは異なり、アメリカでは出発点から平等主義と民主主義の道を進んだが、それを安定させたのは、自発的団体であるアソシエーションの存在で、地方分権の制度がそれを支えた。ニューイングランド州にある直接民主主義的なタウンミーティングがその例である。こうしたアメリカは政治的には中央集権だが、特定地域の行政についてはそれぞれの地域に委ねる分権の仕組みをとっている。住民による自主的な問題解決が習慣化し、この習慣がアソシエーションの形成を促し、行政的分権を支える。これに対して、政治とともに行政も中央集権化しているのがフランスなどの例である。前章で見たバークはフランス革命の観念性・急進性を伝統からの切断に見てそれを批判していたが、トクヴィルも同じ原因を指摘する。だが、イギリス国制の基礎にある伝統的ヨーロッパ公法がなお生き延びていると考えたバークとは違い、すでにこうした知的権威は崩壊しているという。にもかかわらず、また専門的知的エリートにも頼らず、民主的自治と政治的判断力に近代の道筋を見ていた。それがトクヴィルのいうアメリ

59

第1部　近　代　へ

カのデモクラシーだった。

「惑溺」と「名分論」（福澤）　福澤はトクヴィルに共鳴し、「分権論」（1877年：『全集』第4巻）を執筆した。それに先立つ「西洋事情外編」（巻之二、1868年：『全集』第1巻）ですでにヨーロッパの自治都市に関心を抱き、多元的な国家の構成がフランス革命のような騒乱を防ぐ役割を担い、また自由の場であると述べた。「文明論之概略」（1875年：『全集』第4巻）は再び自治都市を取り上げ、そのなかで独立した市民としての中間階層を社会的主体として評価し、文明発展を促す相互尊重に着目した。だが日本人民の現状は、無批判な画一性という「惑溺」、親子的上下関係という「名分論」にあると指摘する。これに対して、規則に基づく権限の分割と、規則に則った競争を促す必要があると考えていた。この国権可分の説は、加藤弘之の議会開設尚早論に対する批判でもある。

三新法体制とその評価　「分権論」の1877年ごろは、明治地方自治制度の導入がはじまる時期だった。1871年より、戸籍作成のために導入された区制が敷かれていた。だが、自治制度としては出先機関としての区が地方の実情と合わなかったこともあり、三新法（1878年：郡区町村編制法・府県会規則・地方税規則）により区制は廃止され、また府県会という地方議会が設置された。三新法は大久保利通の発案によるもので（1878年「地方之体制等改正之上申」）、西南戦争後の士族民権運動と豪農民権運動の連携を背景に、大区小区制は「頗る人心に適せず」「汎く行政上の便を謀りたるものにあらず」との認識から、府県都市は行政の区画とともに住民社会独立の区画とし、町村には後者のみを認め、その地域の事務に限定するものだった。行政機構の末端を町村に置き、府県会が住民の不満の緩衝材となり国政の安寧が目指されるとともに、住民社会独立の区画による旧慣の尊重を通じて民力の養成が図られた。*

この時期福澤は、士族の反乱が終結した後、中央集権化が進むことを警戒していた。「分権論」で福澤は、トクヴィルにより、「政権」の集権と「治権」（行政）の分権により、国民が治権への関与を通じて自律性を備え、郷土愛を

＊　前者は山中永之佑『近代日本自治制と国家』弘文堂、1999年、勝田政治『内務省と明治国家形成』吉川弘文館、2002年は後者を大久保による内務省設立の理念（征韓論勅書の民力養成論に遡る）と関連させる。

足がかりに公共観念を備えた国民が形成される方向を示した。私権に支えられ、治権・政権へと、人々がその場に応じた力を発揮できるためには、「一人に権理あれば一村一町にも権理あり」（「通俗民権論」1878年：『全集』第4巻）というわけである。この時期の福澤は、西洋の市民にかえて、町人等も含めた「士族」、つまり財産ある知識人を自治の主体として期待していた。

　府県会規則による府県会開設は日本初めての制度的地方議会だった。開設は当然ながら天皇の意思表示によるわけで、中江兆民はこれを「立憲は即ち吾輩の所謂君民同治なり。尋るで府県の民に聴し議員を票選して以て会を開かしむ。聖主の慈仁是に至る。」（「東洋新聞第二号社説」19-20頁）と受けとめた。兆民は、ルソーのレスプブリカ res publique（公共体、共和国）を君民同治と読みかえたが、地方議会をその現実的あらわれと見た。いうまでもなくこの時期、政局や国会の開設をめぐって大きな変動と論争がある。以下では少し遡ってこの点を見ておこう。

政府側の立憲論　明治6年の政変で下野した板垣退助ら元参議の提出した民撰議院設立建白書（1874年）とそれをめぐる論争についてはすでに触れたが（第3章）、政府の側も政変直後から政体取調参議（伊藤と寺島宗則）を任命し、木戸や大久保は伊藤に意見書を提出している。いずれも人民の現状に合わせた漸進主義で、いたずらな欧米化を回避するものだった。大久保の「立憲政体に関する意見書」（1873年）では、民主政治を「天理の本然を完具する者」としながら、これはアメリカやスイスのような新国民には合致するものの、フランスの例に見られるように、古い国民には適さないとする。そして長く圧政に慣れた日本は、当面はともかく、人為の君主政体を固守すべきではなく、「定律国法」（憲法）による君主制、君民共治の立憲政体に進むべきだとした。大久保は岩倉使節団で渡欧したさい、イギリスの立憲政治とそれが自治制度を基礎にしていることを知り、三新法に至る自治制度への関心をもつようになった。一方で大久保は、天皇中心の国体に適したプロイセン型の立憲君主制構想から、議会開設については尚早論を採った。

　このような基本方針のもと、左院では1873年に「国憲民法の編纂」を職制に定めており、民撰議院設立建白書が提出されると、これを公表するとともに、地方官会議から始めて逐次民撰議院に及ぼすと述べ、国憲編纂局を設置した。

第1部　近代へ

この立場は加藤らの尚早論により代弁されていたことになる。

　翌年の大阪会議で木戸や板垣が復帰すると、急進論と漸進論の協調体制がとられ、1875年4月に漸次立憲体制樹立の詔勅が下される。続いて第1回地方官会議が開かれる一方で、讒謗律（もともとは個人の名誉保護を目的にした共存同衆の建白による）と新聞紙条例が発せられる。司法卿大木喬任より憲法草案起草を命ぜられたボアソナードも「憲法備考」を書いている。1876年には元老院に国憲起草の勅命が下り、元老院は2年ごとに3つの草案を作成した。前年より元老院調査局に勤務していた中江兆民もこれに携わった。同案は国体を尊重しつつ、各国の憲法を参考にしながら議会と立法に配慮したものだった。なお、1878年に上述の地方三新法が発布される。

**民権派の
国会開設運動**　　一方の民権派の運動には、いくつかの流れがある。所有権保障は地租改正などを通じて実現されたが、農民たちからは外債償却問題などを契機に、所有への課税（あるいは徴兵）には自分たちの同意が必要だという主張が生まれてくる。一方財産をもたない士族は征韓論をもって糾号していたが、そのエネルギーは方向を変えて民権へと向かった。彼らの自己主張は、その所有の点で租税協議権によると基盤が弱くなるため、有司と平等の立場で国政への関与を求めるには、人民一般の参政権に進まざるを得なかった。征韓論以降、西南戦争の勝利にもかかわらず、政府は財政的困難を抱え、また近衛兵部隊の反乱（竹橋事件：1878年）によって治安の維持と自己の正当性について大きな不安を抱えることになる。これにより、政府は軍部統制と国民の臣民化へと舵を取らざるを得なくなる。

　社会秩序への不安は、政府と反対の方向を民権派が正当化する理由を与えた。1877年には提出された立志社の建白書では、有司専制ではなく、議会開設こそが人民の安寧につながる、と主張されたのである。地方では、すでに民会が開かれる例が増えていた。これらを前にして地方三新法は構想された。同法による府県会には限界があったものの、それが政治的関心の広がりをもたらしたのは事実で、また都市では私立の法律学校や啓蒙団体が活動し、国会開設運動が盛んに繰り広げられた。

**さまざまな憲法
案の登場**　　三新法が発布された年、大久保利通が有司専制を批判する志士により暗殺される（紀尾井坂の変）。そのあとを、伊藤

博文と大隈重信が引き継ぎ政権の安定を模索する。政権と社会の間に緊張が継続していたこの時期、とくに1880年ごろは、さまざまな憲法案が示された。第2回国会期成同盟ではそれぞれ草案を持ち寄るよう決議され、それにより在野の民権団体の盛んな草案作成が促進された。一方、同時にそれへの対応として、政府や宮中でも憲法構想が練られた。1879年に共存同衆や嚶鳴社の案、1880年に元老院第三次案、元田の国憲大綱、民間のいわゆる五日市憲法、1881年には井上 毅による岩倉憲法綱領、植木枝盛の日本憲法見込案など。これらは、さまざまな立場から出された憲法案の一部に過ぎない。

　政府側では、元老院の草案は岩倉と伊藤により拒否され、日の目を見ることはなかった。伊藤は岩倉にあてた書簡で、元老院案は欧米憲法の焼き直しであり、皮相だと決めつけている。元老院の憲法調査局も廃止された。しかし政府内部では、民権派の憲法構想に対抗すべく、各参議に意見書の提出が求められた。最後まで案を提出していなかった大隈重信は、密奏という形で有栖川宮親王にイギリス型立憲君主制、2年後の議会開設と早期憲法制定を内容とする意見書を提出した。これが岩倉らに漏れると、岩倉らは対抗する憲法案を練るとともに、大隈の追放に動く。開拓使払い下げ事件も相まって、大隈一派は下野する。小野 梓もそれに従った（明治14年の政変）。

第2節　独逸学と進化論

プロイセン型憲法構想と公式学問　この政変は、学問分野での大きな変動と並行している。憲法構想では、イギリス型、より急進的な民間のフランス型に対して、岩倉や井上毅がプロイセン型を対置した。同じ君主制でも、王室が政府の外にあるイギリスと異なり、プロイセンでは内部にあるという類似性からである。公的な学問・大学教育においても、こうした転換が企てられた。井上は、用いる外国語が思想傾向に影響し、政治的態度にも反映すると考え、プロイセン・ドイツの学を基本にすべきだと主張した（「進大臣」第五策：1881年『悟陰文庫』A-386）。そこで、すでにドイツ語を用いていた医学のみならず、これまで英仏語によっていた法学・文学もドイツ（語）化するよう求めた。

　井上はシュルツェ＝ゲヴェーニッツ、ブルンチュリをあげて、彼らがモンテ

第1部 近代へ

スキュー、さらに仏伊ベルギー英などの王政党とも異なる「主権帰一の論」を
とることを強調した（「独逸書籍翻訳意見」明治14年）。井上のドイツ学称揚は多
分に戦略的であり、その日本との近さを基準にしながら、漢学とのバランスを
勧める。したがって、その態度は、国体を強調しても反近代化ではなく、強固
な法治主義への変わらぬ関心があった。この点は教学聖旨問題（第5章参照）と
関連している。

独逸学協会　井上の意見に示されていた方針が広く政府で共有されていたこ
とは、独逸学協会の設立（1881）年にあたり、7年に及ぶプロ
イセン留学経験のある陸軍軍人の北白川 宮能久親王が会長、初代委員長に内
務官僚品川弥二郎、発起人に桂太郎、西周ら、名誉会員として伊藤博文、井
上 馨、山県有朋、西郷 従道、井上毅、青木周蔵、諸法の編纂に寄与した御雇
外国人ロェスラー、会員に加藤弘之、穂積陳重などといった顔ぶれからもうか
がわれる。こうした動きの関心事は、民権派に対抗する知的・人的資源の供給
であり、独逸学協会は西周を初代校長に、協会学校を立ち上げる（1883年）。さ
らに法学の専修科が政府の肝いりで設置されたところにも、それはあらわれて
いる（1885年、後の獨協大学）。

　加藤弘之はこうした流れの中で大学改革を進めようとした。1880年当時の文
部卿河野利謙は、嚶鳴社社員を文部省に登用し、自身も同社で民権的演説を
行っていた。加藤はその更迭を岩倉らに求めた。農商務省設立にともなう河野
の農商務卿転出にともない、後任の福岡孝弟（五ヶ条御誓文起草者の一人）と結
託し、加藤は大学改革に乗り出し、自らが東京大学初代総理となるとともに、
総合大学化、洋学と和漢の学を併用する方針を取った。なお、明治14年の政変
のさい河野も辞職している。

ブルンチュリの影響　上述のように、加藤は1869年より侍講をつとめ、1872
年にはブルンチュリの『国家学』を進講し、1872年よ
り『国法汎論』翻訳を出版した（原著：1852年）。その他多数の著作が主に官僚
により翻訳された。ブルンチュリはスイス生まれ、ベルリンでサヴィニー（第
6章参照）に学んだ。研究者としてのみならず、議員としても活動し、急進・
守旧両派に対抗して穏健自由主義による改革をめざした。主著『一般国法学
（国法汎論）』は、国家有機体論を基礎とし、そこから社会契約説を批判、絶対

64

君主論と人民主権論の両極に対して、主権問題を回避すべく、法人たる国家に主権を帰属させる国家主権説を主張した。

このようにブルンチュリの立場は、理論・実践ともに自由主義的側面を含んでおり、杉亨二訳『国政党派論』（1877年、近デ）の序では、やや極端に「国会を開設することを務め終始民権を拡張することを謀」った人物として紹介されている。

かくして明治初期にブルンチュリは、官僚層と民権派双方に影響を与えた。明治14年政変にともなう学問の方向転換期には、上述のように井上毅が「主権帰一の説」として取り上げたが、ロェスラー（「独逸学方針」1884年：独逸学協会『学林』1（2））は、ブルンチュリを民権派として、グナイストらと一括りにしている。その英訳は、各大学で教科書として、『国法汎論』は民権結社で用いられたという。たとえば1882年の新聞紙上での「主権論争」では、「主権在君」派（東京日日）、「主権在国会」派（東京横浜毎日）ともにブルンチュリを典拠にしていた（『主権論纂』）。もっとも、植木枝盛は主権の作用（執行権の所在）を論ずるにはブルンチュリの国家主権説の論旨と不適合だとする。

加藤弘之は『国体新論』（1875年）で私権に限定しながら天賦の自由を主張し、抵抗権を「人民の義務」とまで述べたが、これらの点はギリシャローマ的な公的自由を否定し、ゲルマン的自由の方向で近代立憲主義が発展したとするブルンチュリの『一般国法学』（＝『国法汎論』）における見通しを踏襲したものだった。さらに、「人民ノ為メニ君主アリ政府アル」とし、天皇を敬戴するのは臣民の義務だが、「天皇の御心を自分の心とせよ」というのは卑屈心、奴隷の状態であり、天皇もわれわれも等しく人類なのだから、それぞれ自由の精神をもつ、と述べていた（1875年『国体新論』26）[*]。もっとも、ブルンチュリには、近代の人民国家 Volksstaat が古代の公共体 res publica の再興だとするもう1つの文脈があったが、加藤はこちらの公共性の側面には十分な配慮を払っていない。この点は第2章で見た、加藤の権利観にも反映されている。

---

[*]　村上淳一『〈法〉の歴史』東京大学出版会、1997年は、加藤の「転向」を進化論による天賦人権説批判にではなく、後の自由の精神から国体論への転換に見る。

第1部　近代へ

**加藤の進化論と
天賦人権説批判**　ところで、加藤は1879年に「天賦人権ナキノ説善悪ノ別天然ニアラザルノ説」と題した講演で、進化論的に天賦人権説を否定した。「天賦人権」は、「自然権」の明治期における訳語といっていい。したがって、「自然」の理解とそこから権利が導き出されるかどうかが争点である。加藤の趣旨は、自然の関係では人間間の強弱により各人の幸福に格差が生ずる、それをできるだけ等しくするには社会の共同が必要であり、実定法により権利義務が定められる。そうした社会や国家はより強力なものとなる、というものだった。公共的意思形成の観点を欠落させ、制度形成に傾斜しているところは、一貫している。

　その3年後、加藤は天賦人権説や立憲制を紹介していた旧著『真政大意』『国体新論』を圧力に屈して絶版し、『人権新説』を出版した。自由権をなお天賦の権利としていた旧著の主張は、『人権新説』で進化主義により、その基礎が加藤のいう「実理」＝実証から覆される（「進化」は加藤の和製漢語といわれる）。そして、真の権利を得て確保する条件として自由の精神が精神力と読みかえられ、これに知識も付け加えられる。権利が恩賜されていても、それを護る力がない人民にとり、その権利は有名無実だという。

**馬場と植木の
加藤批判**　『人権新説』に対しては、「主権論争」のなかで、馬場や植木といった民権派より厳しい批判が向けられた。1883年、馬場（『天賦人権論』『全集』第2巻）は、進化論的に権利平等を主張した。つまり、人間の進化の方向が自由権利の伸張であり、それに沿って政府も転化するというのが「優勝劣敗生存競争の法則」だという。植木枝盛（『天賦人権弁』）も世界人類が自由同権に傾いているのは、優勝劣敗のあらわれ、天理だとする。これは理論的な対立というより、現状分析の違いによる面も強い。つまり、加藤が財産のある平民はいても、社会に通じた「上等平民」が少ないとしたのに対して、馬場はイギリスの上等平民は日本の普通の平民であり、地方名望家を過小評価している、と批判する（「読加藤弘之君人権新説」＝『天賦人権論』）。

イェーリング批判　加藤はさらに、イェーリングの『権利のための闘争』を引き合いに出す。権利は競争によって進歩する、という理解である。イェーリングは、第1章でみたような法と権利との両義性に立っており、たしかに権利の上での惰眠を戒めているが、それはたんなる自己利益

の自力での追求と競争を求めるのではなく、権利の積極的主張には国家を正し
い（法にかなった）方向へ進める義務も含意されていた。しかし、加藤はこれ
を強者の自己利益の拡大（という真理）のため、ととらえ、後に『強者の権利
の競争』（1893年）では、権力の争いに公正な性質を与える権利の役割という
イェーリングの主張を誤りだとし、力の強い者がつくったものが正当だとされ
るだけで、そこに公正の要素はないとしている。

　権利の基礎は事実的な力と理解されるために、欧米の人民と比較して、日本
の人民に、あるいはそのどこに事実的な力があるか、という問題が出てくる。
議会開設尚早論と同様、加藤はこれに否定的だった。このような政治的主体の
有無は、その「政治性」の理解も相まって、地方自治の可能性に対する評価に
も及ぶが、その点については、第4節で触れる。

第3節　伊藤の憲法調査

　さて、明治14年の政変を落着させた後、伊藤は憲法調査のため欧州へ向かっ
た。そこでビスマルクに謁見し、強い印象を受けたことが知られている。ま
た、憲法調査という点では、ベルリンのグナイストとウィーンのシュタインか
ら講義を受けた。グナイストの講義には、その内容がかなり放談風であり、ま
た憲法自体の講義を弟子で弁護士のモッセに委ね、モッセの講義も逐条的な解
釈論だったことから、よい印象を受けなかったといわれる。グナイストは「自
国の歴史も満足に知らない輩が憲法を作るなど銅器に鍍金するようなもの」と
語ったという。ちなみに、モッセはのちに御雇外国人として来日し、憲法制定
やとくに地方自治制度の改革の過程で貢献することになる。

　グナイスト　グナイストは、ドイツに法治国家と自治の理念を定着させた人
物である。その基本的な態度として、フランス懐疑とイギリス
偏愛があげられる。グナイストはイギリスで研究調査を行い、それをドイツに
移植しようとした。つまり、人民の司法と行政への関与が法を保護する、とい
うイギリス的理念を、ドイツ型法治国家の自治理念へと読みかえた。彼のみた
イギリスの「自治」は、「地方の法律に従い、上層と中間身分による地方土地
税を介した郡と地方市町村の行政」だった。自治は行政への参加であり、参加

67

第1部 近代へ

者は財産を基礎としていた。制度としては政府の任命による名誉職制である。活動の内容は、間接的国家行政であり、それを通じて公益への配慮と義務エトスが培われると考えた。こうした形の自治理解は保守的なものであり、議会制という国政における自治の拡大に対して抑制的な立場を導いた。

なおグナイストの日本人に対する講義録は、植木枝盛（『西哲夢物語』）の一部として秘密出版されていた。これは伊藤らへの講義ではないが、内容的にはかなり重なると想像される。

シュタイン　グナイストのもとで落胆し、ウィーンに移った伊藤は、シュタインの講義を聴講する。それとは別の海江田信義への講義が1889年に宮内省より「須多因氏講義筆記」として出版されていた。シュタインの業績は多方面に及んでおり、伊藤らが学んだ憲法、国家学、行政学のほかに、社会運動の研究などから社会学の創始者とみられることもある。

シュタインは大学卒業後フランスに滞在し、同地で社会運動、社会主義・共産主義を直接見聞・研究した（『平等原理と社会主義』1842年）。そこから階級社会を克服されるべきものととらえ、個別的人格の上に立つ一般的人格たる国家が積極的に介入するという社会問題の解決策を提示した（『社会の概念と運動法則』）。社会は階級闘争の社会から国家的市民の社会へ発展するという理論により、公共生活を支えるために、一方での公民の創出と、他方での行政活動の優位による官僚養成の必要性が求められる。後者を担うのが、パンデクテン（ローマ法『学説彙纂』に由来する体系教育）にかわる国家学、ことに行政学だという。

このような階級社会観のなかで、民主制は多数の私利によって動かされる危険性があると、批判的に捉えられる。これに対して、君主は中立権力として、社会的利害対立から独立した存在、機関としての「人格的首長」と位置づけられる（そして、国民の福祉と自由の名において、社会改良の先頭に立つことが期待される。憲法は、君主、立法、行政の三機関の関係を調和させるものであるが、行政権の活動に狭い制限を課すのは合理的ではない）、と主張する。

シュタインは伊藤らに懇切丁寧に講義を行い、国家学、行政学や社会王政、官僚養成の必要性と方法などの知見を与えた。

帰国と憲法制定　伊藤はシュタインの講義から自分の方向性について自信を深め、いわば上からの改革を進める上で、民権派に対抗する最新の理論を獲得したと感じた。伊藤は、憲法制定に先立って、大学の帝国大学への改編を進め、法学部に文学部から政治学科を編入し、またいわゆる「国家学会」設立を後押しする。これらが政府を支える行政官の養成を目指したものであることはいうまでもない。

　伊藤は帰国すると、1885年に内閣制度を創設し初代総理大臣となる。宮内庁に制度取調局を設置し、欽定憲法の方針を固め、宮内卿に就任し、政権を安定化させる。1887年に宮内卿を辞任するとともに憲法案の作成に入り、いわゆる夏島会議で、井上毅、伊東巳代治、金子堅太郎とともに、ロェスラーの意見も参照しながら起草作業を進めた。その間、「西哲夢物語」としてロェスラー案やグナイスト講義などが「漏洩」、地下出版される事件もあったが、翌年憲法草案を上奏し、1889年に枢密院を経て公布に至る。伊藤は制限君主制を志向し、君徳輔導により天皇親政をめざす宮中を抑え、天皇の信任も得て、内閣を中心にした政府権威の強化をめざし、天皇との結びつきをその支えとした。天皇の万世一系と永遠性が前文と1条に示されたが、天皇の実質的介入を排除する立憲君主制がとられた。伊藤は憲法政治を君主主権の制限とし（『枢密院会議議事録』1、173頁）、君主は国家をリプレゼントする、代表ではなく表彰する、と述べていた（『秘録・続』97頁）。内閣についての規定は削除されたが、各大臣は天皇を補弼し、責任を負い（55条）、またすべての法律制定について議会の協賛を要するなど（37条）権限が明記された。

第4節　府県制・市町村制をめぐる論争

府県会の現状　憲法制定や議会開設と並行して、自治をめぐる論争が盛んに展開されたことはすでに見た。地方議会については、三新法による地方議会の開設が、ともかく国会開設の前段階として評価されていたことをすでに見た。しかし地方議会は、少なくとも漸進的改革派にとって、議会制の学校としては機能しなかった。1つには、松方デフレによる地方名望家層の地力の低下であり、他方では急進民権派、あるいは「不満分子」が跋扈する

第1部　近代へ

場を提供することになったためである。府県会は議論のための議論に終始し、行政の円滑な活動を妨げている、という。1881年以降、政府も、府県会側の人民負担軽減、権限強化などの要求に対して、地方議会の権限を相次いで制限する方向をとって対抗した。分権論を主張していた福澤は、府県会の闘争を前にして、その開設そのものは評価しながらも、「民情甚だ穏やかならざるの近因」と批判するに至った。さらに福澤は「廃県論」（『全集』第4巻）を唱えるようになる（1882年）。明治20年代になると、福澤は書生的政治青年に対して、私権を重視し、自立した地方名望家が外見のための公務ではなく、独立の家業を営みながら地方行政を兼職すべきだと主張する。そして寄生地主が、日本に本来あった地方自治の姿にとって妨げになっていることをも指摘した。

**内閣原案と
モッセの構想**　　この時期には、府県制・市町村制の制定をめぐって、政府内部でも論争が展開されていた。1887年、内務大臣だった山県有朋は地方制度編纂委員会を設置、翌年内閣原案を提出する。山県は、封建制のような分権とは異なり、地方活性化策として、府県制・郡制・市町村制をもって自治体の積み上げを図ろうとした。その起草にあたったのは、ベルリンで伊藤らに憲法の講義を行った後1886年に来日した、御雇外国人モッセだった（モッセの意見の翻訳をしていたのは当時内務省に入省したての一木喜徳郎だった）。したがって、グナイスト的な名望家自治をモデルにしていたことがうかがわれる。モッセはフランス型中央集権を機械的国家と呼んで批判し、英独のように国家と人民の間に中間機関を介在させる分権国家の利を主張する（「モッセ氏自治論」『自治立法集成2』1886年）。分権国家の地方自治体は、住民の貧富の差に対応し、意見集約を行い、国に対する緩衝材となる。また公共心を通じた愛国心の形成と行政参加により参政権のための能力を養成する。モッセは、町村・郡・府県の三段階で行政上の分権が行われるとともに、個人の権利保護を目的とする法治国のなかで自治の果たす役割を強調する。住民が行政に参加する方法は名誉職（無給）の吏員としてであり、これは義務として制度化される。地方議会とともに、それと地方行政を監視する参事会が予定され、そこに名誉職として住民は参加する。この監視により権利保護がはかられるとともに、行政裁判の始審としての機能も考えられていた。

　こうしたモッセの考えに立って、市町村・郡・府県三段階の自治原理を骨格

としながら、名誉職制度・等級選挙制などにより、地方有力者が地方行政を担い、同時に政府の支持基盤を形成することが、内務省で構想され、府県制・郡制および市制町村制の原案として示されることになった。

井上毅・ロェスラーの批判と自治の限定　市制・町村制は1888年に成立するが、府県制案に対して、井上毅らは厳しい批判を加えた。市町村と府県とは成り立ちが異なり、市町村には伝統的自治の基盤があるが、それをもたない府県は自治体として構成すべきではない、府県会や条例制定権を認める案は、純然たる自治をいうもので、共和制化を招くというのである（井上毅「府県制ニ対スルノ杞憂」、ロェスラー「県庁合議制二関スル問議」『自治立法集成2』1888年）。ここで、参事会の導入とともに、府県会の現状が念頭に置かれていることはいうまでもない。井上はいう。「……府県の自治体会議場は、取りも直さず国会議事堂の有様を写し、ポリチツクの学校となって、党派の争ひ紛雑は絶えないことになるで有ろう。」（井上毅「自治制に関する演説」同、1888年）自治と共和制を直結して理解する井上にとり、府県会はまさに政治（民主主義・共和制）の学校であるがゆえに、現状では否定されねばならなかった。

　もちろん山県も共和制を目指しているのではなく、中央集権を前提に、それを支え、利害対立を直接政府に向けないための策として、府県制を考えていた。だが、井上の「杞憂」が功を奏し、自治は市町村に限定されるかたちで制度化された。議会の活動を通じた国民の育成ではなく、政権を支える基盤が地方に求められ、その限りで自治は容認されたのである。大正期には、山県に近い一木喜徳郎（第5章参照）が構想した、報徳を基礎にした地方青年団も、こうした流れのなかで見ることができる（第9章参照）。

【参考文献】

石川一三夫『日本的自治の探求』名古屋大学出版会、1995年
伊東巳代治筆記「大博士斯丁氏講義筆記」243、353
井上毅「進大臣」1881年、『悟陰文庫』
伊藤之雄『伊藤博文』講談社、2009年、2015年
植木枝盛『天賦人権弁』『明治文化全集　自由民権編上巻』（近デ）
同「国家主権論」『高知新聞』明治15年3月23日－5月12日、『植木枝盛集』第4巻、岩

第1部　近代へ

波書店、1990年

大石眞『日本憲法史（第2版）』有斐閣、2005年

大久保利通「立憲政体に関する意見書」松本三之介編集『近代日本思想体系30　明治思想集1』筑摩書房、1976年

同「地方之体制等改正之上申」日本史籍協会編『大久保利通文書　九』東京大学出版会、1969年

居石正和『府県制成立過程の研究』法律文化社、2010年

堅田剛『独逸学協会と明治法制』木鐸社、1992年

同『明治文化研究会と明治憲法』御茶の水書房、2008年

同『独逸法学の受容過程』御茶の水書房、2010年

加藤弘之『強者の権利の競争』哲学書院、1893年（近デ）

同『人権新説』『明治文化全集　自由民権編上巻』谷山楼、1882年（近デ）

坂本一登『伊藤博文と明治国家形成』講談社学術文庫、2012年

柴田隆行『シュタインの社会と国家』御茶の水書房、2006年

清水伸『独墺に於ける伊藤博文の憲法取調と日本憲法』岩波書店、1939年（近デ）

枢密院『枢密院会議議事録（1）』東京大学出版会、1984年

長宗宗太郎編『主権論纂』『明治文化全集　自由民権編下巻』日本評論社、1992年

瀧井一博『ドイツ国家学と明治国制』ミネルヴァ書房、1999年

馬場辰猪「天賦人権論」1883年、『明治文化全集　自由民権編上巻』（近デ）

平塚篤編『伊藤博文秘録・続』原書房、1982年

『福澤諭吉全集』第4巻、岩波書店、1959年（『文明論之概略』「通俗民権論」「分権論」「廃県論」）

同『西洋事情外編』『全集』第1巻、岩波書店、1958年

松本礼二・三浦信孝・宇野重規編『トクヴィルとデモクラシーの現在』東京大学出版会、2009年

勝田政治『内務省と明治国家形成』吉川弘文館、2002年

森田勉『ローレンツ・シュタイン研究』ミネルヴァ書房、2001年

山中永之佑『日本近代自治制と国家』弘文堂、1999年

山中永之佑編『近代日本地方自治立法集成2』弘文堂、1994年、

ヨハン・K・ブルンチュリ（杉亨二訳）『国政党派論』1877年（近デ）

同（加藤弘之訳）『一般国法学（国法汎論）』1872年

ジェームズ・ブライス（松山武訳）『近代民主政治』岩波文庫、1929年

ルドルフ・フォン・イェーリング（村上淳一訳）『権利のための闘争』1872年、岩波書店、1984年

J. S. Mill、Considerations on Representative Government, People's Edition, Longhams Green and Co. 1886

H・リョースレル〔ロェスラー〕（江木衷訳述）『社会行政法論　明治23年3版』信山

社、2013年

ヨハネス・ジーメス（本間英世訳）『日本国家の近代化とロェスラー』未来社、1970年

ヘルマン・ロェスラー「独逸学方針」『学林1（2）』独逸学協会、1889年

ロレンツ・シュタイン「須多因氏講義筆記」『明治文化全集　憲政編』日本評論社、
　1992年（近デ）

同（森田勉訳）『社会の概念と運動法則』ミネルヴァ書房、1991年

同（石川三義・石塚正英・柴田隆行訳）『平等原理と社会主義』法政大学出版会、1990
　年

同 Die Verwaltungslehre, 1869, Teil 1, Abt. 1, S. 147f

同　Geschichite der socialen Bewegung in Frankreich vom 1789 bis auf unsere
　Tage,1850, III, S. 22, 46

アレクシ・ド・トクヴィル（小幡篤次郎訳）『上木自由之論』『明治文化全集　自由民権
　編上巻』、日本評論社、1992年（近デ）

同（肥塚龍訳）『自由言論』1881-1882年（近デ）

同（松本礼二訳）『アメリカのデモクラシー』（1巻1835年、2巻1840年）岩波文庫、
　2005-2008年

第5章　初期明治憲法理論

この章で学ぶこと

　体制が確立していくなか、制定された憲法をもとにいかに運用していくかは政治の問題であるとともに、学問や言論の対象にもなる。そもそも憲法が何を意味しているのか、憲法に先立つ秩序との関係はどうか。明治憲法体制は、それを安定・成熟させるために理論的な正当化を必要としたが、それは同時に、体制自体に内在していた緊張を憲法論争として表面化させることにもなった。こうした緊張は、最初期の穂積八束や一木喜徳郎にも、西欧型立憲主義との関係で意識されていたが、次の世代の美濃部達吉と上杉慎吉の国体をめぐる論争で顕在化する。なお、上杉についてはその後の活動について触れるが、美濃部の「事件」については後述する（第12章）。

第1節　国家法人説、穂積八束と一木喜徳郎

日本公法学の確立と留学　　1889年憲法が公布されると、憲法をどう読み、どう運用するかが課題となる。つまり憲法学の確立である。政府側は、同年に先手を打って、主に井上 毅による枢密院における草案審議の説明書をもとに、伊藤博文名で『帝国憲法皇室典範義解』（1889年）を出版し、半公定解釈を示した。同書の検討作業には、病床の金子を除く原案起草者に穂積陳重や公法学者の末岡精一らが加わった。

　それまで憲法学や国法学はどのような状況だったのか。憲法公布以前、憲法の授業は東京大学法学部で1877年頃からイギリス憲法の講義、それ以前には司法省法学校でフランス法をもとに講義が行われていた。また私立法律学校も1879年ごろから開設されたが、その目的は法曹実務家養成だった。そのためこれらの学校では日本の憲法学は展開されていない。一方、東京大学文学部には政治学や理財学の講義があり、穂積八束までの最初期の憲法学者を輩出した。

第5章　初期明治憲法理論

　ドイツ学への転換とともに、東京大学法学部では、1882年イギリス憲法講義の廃止、英語に加えドイツ語を必修化し（以前はフランス語との選択）、1882年には国法学の開講が続いた。法学だけでなく、哲学の流行もイギリス流功利主義や進化論から、カント、ヘーゲルに移行したといわれる。この国法学講座最初の担当者は、ドイツのラートゲンだった。ラートゲンは国民経済学者であり、政治学・統計学・財政学を教え、帰国後の日本分析によりヴェーバーの日本論（古在由重訳『ヒンドゥー教と仏教』）への情報源となったという。ラートゲンの後任は、伊藤が憲法調査に出発した年にドイツ・オーストリアに留学した末岡だった。その文学部同級生には、ジャーナリストや議員としても活動したイギリス憲法系の高田早苗や、シュタインのもとに留学し、ドイツ国法学を基礎に社会学など多方面の業績を残した有賀長雄がおり、何れも東京専門学校（後の早稲田大学）で教鞭をとった。

　高田や有賀と同年生まれの穂積八束、一木喜徳郎、美濃部達吉、上杉慎吉はみな主にドイツで学び、多かれ少なかれ当時のドイツ公法学から影響を受けている。当時のドイツ公法学は、ヘーゲル的な哲学的国家論から離れ、法律学的手法により公法を扱ういわゆる公法実証主義が成立していた。その代表はラーバントだが、それに続いてイェリネクが登場していた。イェリネクは後により多角的な大著『一般国家学』をまとめる。一方で『ドイツ団体法論』（1868年）で知られるギールケにより、ラーバント的形式主義や個人主義などへの批判も展開されていた（第11章参照）。

　上述のように、穂積八束の帰国した帝国憲法公布時にはすでに専門国法学者が講義を開始していた。1889年には、伊藤『憲法義解』、有賀『国家学』、『帝国憲法篇』、『帝国憲法講義：完』が出版され、同年穂積八束は「帝国憲法の法理」（『国家学会雑誌』3（25））を連載した。だが、まだ帝国憲法を素材とした研究の蓄積は始まったばかりで、穂積八束の帰国直後に留学した一木は「先輩の著述にして参考に供することを得たるものは伊藤伯の憲法義解あるのみ」と記している（『日本法令予算論』1892年、13頁）。

　一木を公法の研究と留学に促した動機を通じて、当時の様子を垣間見ておこう。一木は内務官僚、文部大臣、内務大臣、枢密院議長などを務めた。一木は1887年帝大卒業後内務省に入るが、1890年より休職してドイツに私費留学し、

第1部 近代へ

ベルリンではギールケの講義以外は書物を通じて勉学に励んだという。研究の成果を在独中にまとめたのが『日本法令予算論』だった。1893年に帰国、復職する。翌年より法科大学教授として、内務省兼任で国法学と行政法を講じた。内務官僚となったころ、何か不明点があるごとに御雇外国人モッセらに質問に走った内務官僚としての自身の経験、加えて1890年に開かれた第一、第二帝国議会での（無用に見えた）憲法論争や法律論争への危惧が、一木の研究・留学を促した。その議会の模様について、ジャーナリストで立憲改進党系の議員島田三郎は、当時議会で七分の力を財政に、三分の力を立法に用いたとしている（議院集会所編『第一国会始末』1頁、大石眞『日本憲法史』269頁）。第一議会では条約改正問題、新聞紙条例改正・保安条例廃止、商法典施行延期などの問題に加え、松方財相の財政演説、衆議院予算委員会による政費廃除と減額が取り上げられた。そこでは1割減額要求もあり、予算減額は官制変更に及ぶ規模にまで認められるかが論争になった（大石眞『日本憲法史』268頁、穂積八束「帝国憲法の法理」『集』51頁）。こうした民党側の民力休養による減額・地租軽減要求に対し、山県内閣は民党を切り崩して妥協を図り、予算通過後山県は辞職する。第二議会では切り崩しに失敗、海軍予算減額決議がなされ、後継の松方内閣は衆議院解散、71条により前年度予算執行となった。

　『日本法令予算論』の緒言によれば、これら議会で問題になった命令違反に対する罰則規定（明治23年法律第84号）、裁判官の法令審査権などは、法律と命令の性質に関するものである（11頁）。そしてこの点の解明を通じて、予算の位置づけが可能になるという。

プロイセン憲法争議と予算法論　予算と法律の関係については、1862年から66年のプロイセン憲法争議としてドイツでも大論争となっていた。一木や穂積八束が方法論的に依拠するラーバントの『予算法論』（1871年）が政府側の代表的理論だった。憲法争議とは、軍制改革を進めるプロイセン王ヴィルヘルム一世と予算削減を求める自由主義者が多数の議会との対立である。王は議会を解散したが、新議会も自由主義者優位で政府予算を承認しなかった。憲法上この場合の措置に規定がなく、ヴィルヘルムは無予算のまま軍制改革を進め、宰相オットー・フォン・ビスマルクの力を借り、普墺戦争勝利の1866年までこれを継続させた。この間の統治の正当性、つまり予算に対する議会の権限と統

治の主体が争われ、ビスマルクは、予算不成立の場合に憲法の欠缺を埋めるの
は最高決定権者である君主の権利であり義務だ（欠缺理論）、とした。これに対
して議会側は、議会の予算承認権を否定する政府は憲法に反しているとし、解
散後国民の支持を得られない政府に退陣を迫った。だがビスマルクが外政的に
成功すると自由主義者側に分裂が生じ、議会にこの間の統治を事後承認させる
「免責法」が成立して、政府側が勝利を収めた。

　ラーバントは、ビスマルク政府の正当性を次のように論じた。法律には国家
や個人の権利を左右する実質的意義の法律と、議会の承認を要する形式的意義
の法律という２つの概念規定がある、予算は形式的なだけの法律である、こう
した予算の成立不成立と財政の合法違法は無関係である、予算への政府と議会
の合意が不成立の場合については憲法の「欠缺」があるため、憲法秩序の一般
原理に依拠すべきである、それは国家の維持・発展であり、政府・議会とも互
いにその意志を押しつけられないのが立憲主義の原理だ、とした。ラーバント
の理論は、法学的に国家を捉えようとする結果、解釈学では現行体制の支持と
なったが、他方で行政行為に対する法律の留保を主張し、君主権を強化しなが
らも議会に対して君主権の法的制限を加える面もあった。

一木の「法令予算論」　だがプロイセンと日本ではそもそも憲法の規定が異
　　　　　　　　　　　なっていた。明治憲法は、議会は予算に協賛するとの
み規定し、法律とは別形式とした。これは欧米の例と異なり、「会計予算は法
律に非ず」とのロェスラーの意見をとった井上　毅によるという。明治憲法の
「予算」は実質的には法律執行のための歳入計画である。プロイセン憲法99条
は支出面での拘束力を２項で法律により規定した。それをしなかった明治憲法
ではこれに別の議決形式が必要になった。では、法律と予算の関係はどう理解
すべきか、協賛による議会の権限はどのような範囲に及ぶのか。これは政治体
制の基本構造の問題である。『憲法義解』は、予算への議会の協賛を定めた64
条につき、予算は行政官の遵守すべき準縄にすぎず、協賛を要するが法律では
ないとした。そして、予算に対する議会の協賛と超過支出に事後承認を求めて
いるのは、予算を正当にし、またその正しさを公衆に示す、立憲制の成果だと
する。一木は『憲法義解』と同じく予算と法律を区別するが、予算は議会の議
決で成立し、行政内部の訓令とは異なる、予算の執行は元首の命令により、予

算そのものとは区別される。また、法律も予算も国家の命令としては同じだが、その効力の強さで法律は予算・命令と区別され、予算は法律に劣後する（後法とはならない）という。一方、法律と命令の権限配分が原則相対化された結果、命令による法律事項の規定を可能にする、行政権優位の正当化につながった。

　こうした関心は官吏としての立場や経験もあるだろうが、その学問的関心とそのために選んだ方法論にもよる。一木は立法史に通暁した『憲法義解』の作者とは違い、「憲法の正条より日本国法の根拠たる法理」を追求し、「普通国法の原則と憲法の正条」とより論断するのが自らの方法だとする（同12-13頁）。このように、帝国憲法発布を契機に、おもにドイツ型の公法学を基礎にして、日本に固有の公法学を確立しようとする努力が始まった。

穂積八束の法実証主義　時間は前後するが、穂積八束は大学在学中に、前出（第4章参照）の主権論争に関与し、政府系の立場から民権派と対立した。多数党の専制を抑えるべく二院制を支持し（1882年：「國會議院ハ兩局ノ設立ヲ要ス」『集』2頁）、憲法制定権は主権者天皇にあり、主権者は憲法に拘束されず、諮詢はともかく国民には制定に参加する「権理（法律により保護された私利とする）」はないとした（1882年：「憲法制定権ノ所在ヲ論ズ」同13頁）。穂積八束は1883年に東京大学文学部を卒業しドイツ留学に向かうが、帰国後は帝国大学で公定的解釈論を展開することが、井上毅などから期待されていた。

　八束は留学当初、井上が評価するシュルツェ＝ゲヴェーニッツのもとに向かったが、その後シュトラスブルクのラーバントのもとで研鑽を積んだ。もともと在学中にオースティンの影響を受けたテリーより分析法学的法実証主義を学んだことが、ラーバントの方法論に親近感を抱かせたといわれる。なお、オースティン自身がドイツでラーバント流の実証主義を学んでいた。「凡ソ国法ハ主権者ヨリ出ツ、憲法法律命令ハ君主ノ制定スル所ニシテ君主ハ国法ノ源泉タリ、法ハ王言ナリ」（『国民教育憲法大意』16頁、「欧州立憲政体の名称を我国に流用するは非なり」『論文集』206頁、「帝国憲法ノ法理」『集』85頁）と、八束は基本的に主権者命令説に立ち、「保護と服従」を国家観の要とした。

　公法実証主義の中心的テーゼは国家法人説である。1889年帰国とともに憲法学講座初代教授となった穂積八束は、ブルンチュリ、シュルチェら有機体論に

第5章　初期明治憲法理論

国家法人説を対置し、国家が有機的かどうかは法律論ではないが、法律上、国家とは権利義務をもちうる「無形人」だとし、ラーバント等の研究法を採用して、日本憲法の「法理」を論ずるとしている（「帝国憲法の法理」『集』87頁）。

　もっとも、有機体論を批判してラーバントらの国家法人説を信奉したわけではないが、家産国家説批判、社会契約説批判、個人主義批判、そして私に対する公の優位は一致している。その方法論については、その適用を本人が述べており、その意味で帝国憲法を「実証主義的に」解釈した。八束はしばしば法理と政理を対置し、研究者としては政治的主張、道徳的主張を行わないと繰り返しているのもそれである。

　対象となる帝国憲法には、天皇の地位に関する規定と、それに続いて国家諸機関の権限に関する法治主義的・立憲主義的な規定がある。八束は前者を国体、後者を政体書（1868年）に由来する「政体」とよぶ。政体書は五箇条の御誓文の方針の下、副島種臣と福岡孝弟が欧米をも参考にしながら起草したものだった。その意味でも国体と政体を二元論的に把握する必要があり、これが近代国体論の基本枠組みだといわれる。これらの理解が、初期憲法学から、国体明徴運動と天皇機関説事件（1935年）、「国体の本義」（1937年）まで、公法学と政治にとって最大の問題となっていく（第12章参照）。

第2節　国体論の由来

尊皇と儒教、覇道と王道　少し歴史を遡り、国体論に至る経緯を見てみよう。幕末期における開国や通商をめぐる幕府の威信失墜により、尊王攘夷を主張する反幕派のみならず、幕府の側も朝廷の権威を必要とした。武家政権と朝廷禁裏の並存には緊張関係が存在した。維新に至る過程では、孝明天皇や公家、井伊大老以後の幕府、長州の長井雅楽らの公武合体運動と、朝廷反主流派だった岩倉具視の朝権回復＝反幕府思想、尊攘派、倒幕派との２つの流れがあり、前者は慶喜の大政奉還、後者は王政復古クーデタにつながったとされる（大久保利謙「幕末政治と政権委任問題」『歴史著作集1』）。現実の権力関係をどうとらえ、正統化するか、国王は誰か。こうした問いに答える知的資源は、朱子学の原理、あるいはその日本的読み替えだった。

79

第1部 近代へ

　尊王思想の１つの源流は儒教にあり、武力による覇道に対して徳による王道を高く位置づける考え方である。徳川幕府は朱子学者をある程度重んじたが、このような儒学の教義は政権の本質的正統化に元々そぐわなかった。家康による「武家諸法度」の「法を以て理を破るも、理を以て法を破ら」ず（1616年）には、儒教的な観念を受け入れる余地がないといわれる。戦乱期の武士社会から抜け切れていない江戸初期には、武士的行動様式にせよ、仏教や民間信仰にせよ（仏教の「法」は生活規範）、儒教的観念は抽象的で形式的なものと映っていた。

　そもそも覇道に基づく武家政権をそのまま儒教で正統化するには無理がある。そこで、山鹿素行は、朱子学を批判し、湯武放伐論（孔子）や易姓革命説に対して、王朝から武朝への転換を「政治的能力（としての徳）」の得喪から正統化する改釈を施した。ただし、それに加えて古代王朝の智徳により社会における上下の分が確立されたことを重視し、武朝もまた天皇への「勤王」により、社会秩序の安寧をはかってきた（『中朝事実』：1669年、『全集・思想篇』）。儒教でも将軍を王として自立させようとする新井白石や、将軍の政治的能力に対して天皇の宗教性を政治的効用にみる荻生徂徠も、こうした流れに位置づけられる。

　江戸初期の儒学者・神道家山崎闇斎は、素行の政治秩序論とは違い、臣下個人の忠誠という道徳観念を基本とする。闇斎は『拘幽操』（1670年代『日本思想体系31』）で、唐の文人が記した文王の言葉に絶対的な忠の表現を見た。姫昌（のちの周文王）は、自らの仕える商の暴君紂王による虐殺に嘆息したのを不満と讒言され幽閉された。そのさい「嗚呼臣が罪、誅に当たりぬ、天王は聖明なり」と述べたといわれている。こうした絶対的尊王理念は、易姓革命の否定につながる。闇斎の弟子、浅見は、これを一貫させ、湯武放伐論を否定し、万世一系の天皇という不変の正統性を主張した。そして、君臣の大義を絶対化しながら、将軍を天子の御名代と位置づけた。それは家来たちの将軍に対する服従を正統化し、北条氏、源頼朝などは逆賊となる。では徳川幕府はどうなのかという問題が出てくる（渡辺浩『近世日本社会と宋学』）。

皇国と大政委任　　浅見絅斎は、幕府の権威を天皇から将軍に委任されたものととらえ、そこから幕府法令の遵守根拠を導き、民や国へ

の大名役人の政治責任を説明した。一方、儒学を「漢意」としてしりぞける国学では、本居宣長が、天壌無窮の神勅をもとに、天皇の不変的地位を日本政治の基礎に位置づけた。宣長は『古事記』の内容を史実とし、日本は「皇統のしろしめす御国」であり、世界の国々が尊び信服すべきだと主張した。こうした考え方は当時の人びとに尊王の風潮として広まり、それ自体には幕府も反対できなかった。同様の皇国思想は、儒学系の水戸学で展開された。藤田幽谷は、松平定信の求めに応じて書いた『正名論』（1791年：『日本思想体系53』）で、儒学的な「名」と「実」の一致、つまり徳性と権限を兼ね備える徳治主義（や上記白石の立場）をとらず、「名」としての「王」＝天皇を敬い、「実」として将軍が王道を実践すべきだと主張した。老中定信は、尊王派への牽制のため、「六十余州は禁廷より御預かり遊ばされ候御事」（「御心得之箇条」1788年：『有所不為斎雑録』第三集）と徳川家斉に大政委任論を述べ、天皇との関係をもとに政治不安を回避するとともに、大政は委任済みであるとの主張で幕府支配を正統化した。

「国体」の歴史的起源　水戸派のなかで「国体」が登場する。漢語には、君主の手足たる重臣、国家の天章や制度、国の体面といった意味の「国体」があるが、辞書的には国家の統治体制が国体と言われる。思想としての「国体論」の代表として、幽谷の門人、会沢正志斎の『新論』（1825年成稿）の「国の体たる、其れ如何ぞや、夫れ四体具らざれば、以て人と為すべからず、国として体無くんば、何を以てか国と為さん」（「国体、上」『日本思想体系53』）があげられる。『新論』は外国船が到来し打ち払い令が発せられた時代に執筆され、西洋の威力、とりわけキリスト教の庶民に対する浸透（と仏教）への危機感がその動機であり、人心一致のために「攘夷論」を唱えた。後に加藤や穂積の議論にもこの構図はあらわれている。こうした危機に対し、礼を重んずる祭政一致により国情を安定させ、幕府の政治秩序を回復すること、対外的自己防御と藩をこえた国内統一が志向されていた。だが、「祖宗の国を建て基を開きし所以の大体」（同）である「国体」を、祀（民心統一）・戎（軍事）・食（経済）からなり、開国も完全に否定しない正志斎の現実主義的主張は、アヘン戦争の影響から幕府の対外政策が舵を切るなかで、吉田松陰らにも広く影響を与えた。だが水戸派の国体論は、もともと幕府による国内統一という正志斎の意図

第1部　近代へ

に反し、倒幕派の尊王攘夷論に影響を与えることになる。大政委任論や名実論
は、状況が変わるとその効果は反転する。

　水戸学や国学の復古主義は、明治維新に至る過程で、人心集約の基礎であり
続けた。そして、維新後の有司専制に対する批判にみられるように、明治体制
の確立にあたって藩閥政府と緊張関係に立つことになる。

　岩倉具視が1870年に新体制の方向を示すべく提出した「建国策」では、「万
世一系ノ天子統治スルノ国体」が「建国ノ体」だとしている。岩倉は、玉松
操や矢野玄道といった国学者から意見を受けており、これら平田派に近い考
え方を抱いていた。だが岩倉は、人材養成のために洋学も認め条約を容認する
現実主義の点で、国学者と距離をとるが、天皇親裁による国体の方針は堅持し
た。岩倉「国体昭明政体確立意見書」（1870年：『岩倉具視関係文書』）には国体政
体二分論も見られる。それはすでに、「皇国と外蕃〔外国〕とは御国体本より
同じからず、夫故に又御政体も異ならざる事を得ざる義と奉存候」と述べた佐
久間象山など（「上書」1862年：『日本思想体系』55）、幕末にすでにあった。岩
倉の主張は、元田（「祖宗ノ国体ハ永遠ニ確守セザル可カラザル也。歴朝ノ政体ハ時
ニ随テ変改セザル可カラザル也」1875年：『明治天皇記』第4、691頁）により明確に
定式化された。この枠組みは、参議大木喬任の立憲制への建議の例にも現れて
いるが（1881年、「乞定国体之疏」『岩倉公実記』下巻、689頁以下。「皇邦固有の国体」
と帝権・政体の欽定）、帝国憲法1条で示されるような意味をもった「国体」と
具体的政治体制を示す「政体」へと形を整えていく。

第3節　国体と法理

国体と憲法・教育　　一方、立憲主義の導入とともに、民間で進む欧化への危
機感もあり、儒教教育をめぐって元田永孚（「教学聖旨」）
と伊藤（「教育議」）の間で論争が繰り広げられた（1878年、何れも『教育勅語渙発
関係資料集』第1巻）。元田が儒教を元来の国教として欧化の問題を指摘したの
に対して、伊藤は天皇の懸念する風俗の弊は過渡期の現象であり、政府が関わ
るべき教育の失ではなく、一層の文明化と実学が必要だと主張した（「政府深く
意を留むべき所の者、歴史・文学・慣習・言語は、国体を組織するの元素なり」とす

る）。伊藤と佐々木との国体をめぐる議論の構図がここにも見て取れる（第3章参照）。もっとも、元田の主張は憲法制定には直接反映されず、井上毅による岩倉の憲法制定意見書も国家宗教否定のもとで天皇親裁を位置づけていた。伊藤も「国体」にこだわらず、内閣が中心となる憲法体制の確立に向かう。制定された帝国憲法には「國体」の語はない。とはいえ、1条から3条および統治権総覧の4条前半は天皇の地位を示す「国体」、それ以降が政体の規定とされる。天皇統治を意味する国体は、憲法をめぐる公式的思考様式のなかで維持されていく。「恭て按ずるに、天皇の寶祚〔皇位〕は之を祖宗に承け、之を子孫に傳ふ。國家統治權の存する所なり。而して憲法に殊に大權を掲げて之を條章に明記するは、憲法に依て新説の義を表するに非ずして、固有の國体は憲法に由て益〻鞏固なることを示すなり。」（『憲法義解』22頁）

　一方、元田と井上毅による教育勅語（1890年）には、「我カ臣民克ク忠ニ克ク孝ニ億兆心ヲ一ニシテ世々厥ノ美ヲ済セルハ此レ我カ國體ノ精華ニシテ教育ノ淵源亦實ニ此ニ存ス」とあるほか、全体として国柄を指す、非法律学的な「国体」を示している。そのため井上は「勅語」の公布に大臣副署によらない非政治的形式をとろうとした。この文部省英訳教育勅語が「我カ国体ノ精華」を、the glory of the fundamental character of Our Empire としたのも、それをくんでいる。ちなみに、美濃部達吉は国体を民族精神と重ねて理解しており（「帝国の国体と帝国憲法」『最近憲法論』296頁）、これに近いように見える。

**国体・天皇
即国家と法理**　このように必ずしも一義的ではない「国体」に、さらに法律学的「国体」概念が付け加わる。本来ここでいう国体は、各国の歴史的事情により異なる説明上の法的概念である。「国体ハ主権ノ所在ニ由リテ分カル。之ヲ分カツ者ハ各国ノ歴史ナリ。」（「憲法ノ精神」1900年：『集』20頁）。この穂積八束だけでなく、明治初期の公法学・国家学では、ドイツ国法学の Staatsform（国家形体）という分類概念を「国体」として取り入れた。一般に公法実証主義では、一般国家学、国法学的部分が少ない。たしかに穂積八束の師ラーバントの「教科書」はそのような構成をとっているが、「講義」

＊　英訳者は、原案を作成した菊池大麓、金子堅太郎、ジャーナリストで政治家の末松謙澄、帝大教授で英語学の神田乃武、同哲学者で勅語解説書（『勅語衍義叙』1891年）を書いた井上哲次郎、同倫理学者中島力造、新渡戸稲造ら。

83

第1部　近代へ

では国家形式を扱っていた。穂積八束は「主権論争」（第4章参照）のころより国体の語を用いているが、一般に明治憲法学への影響は、原語はともかくラートゲンによる講義やシュルツェの翻訳（『国権論』）などに由来があるとされている（長尾龍一『日本国家思想史研究』）。それを踏襲したのかもしれない。

　穂積八束によれば、この法理的国体は主権者の所在を示すが、主権者、統治権が憲法を制定する以上、その作用は憲法によるとしても、その「本質」は憲法により変更されない超憲法的なものである。したがって、およそ国家は法律上の人格をもつが、その師ラーバントらの国家法人説＝国家主権説とは異なり、主権の所在は国家ではなく、統治権者たる天皇であり、国家にある主権を天皇が手にする。連邦国家で民主化も進行していたドイツ帝国では、ラーバントは主権を国家に置き主権問題を回避する必要があったが、明治国家ではそれを直截に天皇を主権者とすることと重ね合わせることができた。そして日本国体は歴史上常にそうだったとされる。

　この天皇と国家との関係は、天皇即国家といわれる。その意味は、命令服従の関係には主権者の意思を要するとする法命令説の帰結であり、日本では国家の意思は天皇の自然意思となる（「條約法理問答」『論文集』757頁）。主権の所在とその構成が、君主制か民主制かという「国体」の区分、専制制か立憲制かが政体の区分となる。「神聖ニシテ侵スヘカラサル皇位ヲ以テ我君主国体タリ。民衆ヲ以テ主権ノ本位ト為ス、是レ民主国体タリ。専制ト謂ヒ立憲制ト謂フハ政体ノ末ヲ談スルノ区別ニシテ国体ノ異同ニ関セス。」（1899年：「立憲制ノ本旨」『論文集』454頁）

　主権の所在による分類概念は、由来の異なる一般の用語である国体との混同が起こりうるため、専門用語として不十分だと穂積八束（や上杉）自身も意識していた（『憲法提要』（上）1910年、52頁。なお上杉『国民教育帝国憲法講義』1911

＊　西村裕一「日本憲法学における国体概念の導入について」。ラーバントの「教科書」Das Staatsrecht des Deutschen Reiches, 1876, Bd. 1 , S. 87, では主権の担い手の違いを国家形式の違いと対応させている。一方「講義」（Bernd Schlüter（Bearbeitet u. hg.）, Staatsrechtliche Vorlesungen, Berlin 2004）では、S. 117f.;S.187ff. に国家形式に関する節がある。前者は国家権力の持ち主、後者は国家権力の担い手と表現している。なお、Staatsform, Regierungsform と併置したのは、上杉慎吉「国体及政体」1911年。『国体憲法及憲政』1916年、111頁。またシュルツェ（木下周一訳）『国権論』1882年（近デ）、2号7が訳語として用いている。

年、129-130頁）。

**穂積憲法学と
国体の基礎づけ**　つまり、問題はこの「国家形式」も「国体」という語で表現されたところにある。穂積八束や転向後の加藤弘之（転向前は国学者の国体に嘲笑的だった）のいう国体には、一方で分類概念としての統治形態、そしてそのなかで最も優れた日本の国体（国体の精華）の双方がある。「国家主権ハ万世一系ノ皇位ニ在ル之ヲ我千古ノ国体トス」（「憲法ノ精神」1900年：『集』18頁）。そしてその統治関係の（最も優れた）特質を示すなかで、道徳的な意味合いの日本の国体（国体の精華）に接近する。

　穂積八束は国体の起源を人間存在の社会性から説明する。生存の確保という点で、法の本質には倫理との一致がある。その倫理は普遍的ではなく、歴史や国により異なる。その社会進化のなかで国体の優劣がある（『憲法提要』47頁）。

　主権者の定義について、オースティンは服従の習慣を指摘した。穂積八束の国家論は命令と服従の関係を基礎とするが、それは家族内での父の「主力」の延長上に位置づけられる。あえていえば、主権者と服従の習慣は、歴史的な千古の国体で置き換えられる。国体論、あるいは国学では、皇国が神代より上下・君臣の位が定まっているとされる（本居宣長『葛花』下巻、1780年：『大日本思想全集』第9巻157頁）。穂積八束は万世一系の国体を血族の自然ととらえ、実力闘争のない、国権の本位を確実にする条理だとしている（『憲法提要』130頁）。その上で「祖先教」（第6章参照）にもとづく日本の君主制は家の発展したもので、血族は天然で利害を超えた団欒であり、祖先の威霊のもとで家長が保護するように、天皇は国民を統治する。皇統は民族同祖の直系正統の子孫、皇室は国民の宗家だからである（『国民教育愛国心』1897年、12、314頁、また「家制及国体」『論文集』274頁以下）。

　「民法出デテ忠孝亡フ」とはこうした社会観・国家観に発する危機感である。統治と法の目的は国民の保護、国体の維持である。現実の法令はどうか。それらは威霊による天皇の意思のため、定義上悪法は存在しない。それは、実

＊　加藤弘之は『国法汎論』などの訳書においてこのような「国体」と「政体」の使い分けはしていない（もともとブルンチュリがこのような分類を与えていない）。『国体新論』では「国体」「政体」の語を使用しているが、そこでの「国体」はむしろ国制（ポリティアー）の意味に近い。

85

第1部　近　代　へ

証主義とともに、王の徳性を問題にしない「国体」からの帰結である。しかし、天皇の自然意思とは何か。天皇個人の意思なのか。だが、上のような社会的内容を国体が含むなら、それが意思の内容となるはずで、定義上だけでなく、実際にもそのような意思が発せられるための手立てが必要になるのではないか。これらは立憲主義の「政体」論によるものであり、それは伊藤らが明治憲法体制を形作る上で抱いていた課題と重なる。

第4節　上杉・美濃部「国体」論争

経歴と方法論　上杉は穂積八束の誘いで後継者として大学に残った。最初期の上杉は、人定法のみを法とする実証主義をとり、後に自らが批判対象にする天皇機関説論者だった（『帝国憲法』1905年）。卒業後助教授に採用された上杉は、ドイツに私費留学し、ハイデルベルクでイェリネクに師事する。イェリネクは法実証主義に立ちながら現実的観点も取り込んだ多角的な公法学者で、「法は倫理の最小限」、憲法変遷論などでも知られる。だが、上杉はその後ルソー、ニーチェなどを読み、ラーバント的条文解釈にあきたらず、「我国体の万国無比なるを感じ」るに至った。そして、正統な穂積の後継者として1909年帰国した。実証主義は、明治憲法に内在した国体法に対するものとなっていく。

　一方の美濃部は1897年に大学卒業後、内務省に入る。本人の希望と一木の推薦で在職のまま大学院に入り比較法制史の研究を始めた。1899年より美濃部はヨーロッパに留学し、1902年に帰国すると同講座教授となった。1910年に行政法講座、1920年より前年増設された憲法第二講座教授となる。理論的には美濃部の方がイェリネクの影響を受けているが、留学中直接師事してはいない。美濃部の方法はむしろ法律実証主義に批判的で、法律解釈学を法文解釈学とするのは、主権者命令説という誤った見解に由来する、とする。この点で穂積憲法学への批判は明らかで、社会の事情の変遷に伴い法も進化発達する、立法者意思だけではなく、非制定法（慣習法と理法）も法の淵源だとする。（「非制定法小論」1909年『法の本質』、『憲法講話』1912年、501頁以下）。美濃部は欠缺ではない場合にも理法を斟酌して解釈すべきだという（『憲法講話』503-504頁）。かくし

て、美濃部は、帝国憲法を忠実に解釈した穂積に対して、自由主義的に帝国憲法を解釈しようとした（第12章参照）。

憲法講習会 美濃部は1911年ごろ、文部省の主催により中等教員夏期講習会で憲法講演を行った。同時期に上杉も県教育会の委嘱で憲法講義を行っている。それぞれ美濃部『憲法講話』、上杉『国民教育帝国憲法講義』として出版された。上杉は同書で前著『帝国憲法』が主意に違ったところもあるとし、ここでいわば転向を明らかにした。『帝国憲法』では、国家は人格、天皇はその意思を源泉たる「最高機関」「直接機関」とされ、「天皇ハ統治権ノ主体ニシテ国家ハ人格タリト云フ学説ハ之レヲ採用スルトコロニ非ラストノ明文アリヤ」と文言上この理解が排除されていないとするにとどまらず、「仮リニ此ノ如キ明文アリトスルモ学理ノ教ユルトコロニ従テ解釈スヘキコト解釈ノ本義タラン」（同155頁）とも述べていた。

　『国民教育』で上杉は、日本の国が家族から発達し、自然に生じたものだとし（同61頁）、家長と天皇を相似させ（162、165頁）、天皇即国家という。そして、国家の保護に対して臣民は国家権力に絶対的服従が条件となると、穂積八束の主張をなぞる立場を示している。道徳に反することも国家はできる、という点では違いがあるように見えるが、それも結局は直に道徳を完成するゆえんだという。国体については、それが Staatsform、Regierungsform（国家形体、統治形体）として西欧では政体と混用されていると指摘し（「国体及政体」1911年：『最近憲法論』111頁）、上述のイェリネクの「国家形体」も「純然たる形式的関係」であり「政治上実際の勢力を眼中に」置いていない、と批判した（同129頁）。国家学上、法律学上の統治権総覧者の数を示す概念と、国体の精華、つまり君主国体が何千年も続き、それが道徳上の基礎の上にあること、道徳の特色（同160頁：教育勅語とは必ずしも同じ意味ではないという）とを区別する（同129頁）。その上で帝国憲法は天皇統治の歴史的事実を確認して国体を文字にしただけで、法律は天皇の意思であり、天皇は正不正の判断の上に超越しているという（同156頁）。国体の永続のためには、国体と政体の混同にせよ、統治権を超然とした存在にするにせよ、何れもそれを危うくするとして斥けられ、さらに道徳的な基礎が必要だとする。歴代天皇は、「民の富むは朕の富むなり」という意味で、朕は国家であると考えてきた、だからこそ人民は慈父のように

第1部　近代へ

君主を仰ぐという（同163、166頁）。

国体論争
：主権と機関

国体論争は、美濃部「国民教育帝国憲法講義を評す」と上杉「国体に関する異説」という双方の論評（1912年、『最近憲法論』）からはじまった。もともと美濃部は、『憲法講話』で、憲法が公布されて20年を経過しても立憲主義を仮装して「言を国体に藉りてひたすらに専制的の思想を鼓舞し、国民の権利を抑へて其の絶対の服従を要求」する「変装的専制政治」の憲法論が見られる。こうした主張の排除を同書の目的としていた（『憲法講話』序、1-2頁）。ここでは穂積八束などが念頭に置かれているが、上杉のそれにも同様にこの批判は向けられる。

　美濃部の立場は、いわゆる天皇機関説である。国家は最高の権力を有する領土団体、団体とは共同目的により成り立ち、国家はその最も広い目的を持つものだとする（『憲法講話』15頁）。国家は法に則って活動せねばならないが、国内法にせよ、国際法（条約）にせよ、それは自己制限だとする。統治権は、「全団体の共同目的を達するがために存するところの権利」だから、団体自身、つまり国家に属する。つまり国体と政体をこの点で分けるなら、国体はつねに国家を示す。教育勅語の「国体」も国家の成り立ちをあらわすに過ぎず、統治権の所在を示すものではない（同47頁）。君主は国家の最高機関と位置づけられる（同22-23頁）。統治権行使主体を示すのは国体ではなく、政体であり、国体という語をこのような意味で用いるのは避けた方がよい、という。そして君主が統治権の主体だとするとかえって国体、団体的自覚に反する。なぜなら天皇君主が自分の利益のために権利を行使していることになるからだ、とする。これは日本の古来の歴史に反する。

国体と国家形式

美濃部が穂積らを批判するのは、国体を分類概念である国家形体の意味で法律学に取り込んだことにあった。美濃部は上杉の指摘した国家形体と統治形体の重なりをもとに、つまり上杉・穂積の分類概念である国体＝国家形式は、憲法・政治組織に基づく違いを指すなら、「我が普通の用語に於ては政体といふに相当す」るという（「帝国の国体と帝国憲法」1911年：『最近憲法論』297-298頁、後に穂積八束の「国家の体制」概念に対して『日本憲法の基本主義』日本評論社、1934年、15頁以下、なお川口暁弘「憲法学と国体論」）。さらに、ある意味で上杉が「異説」でも論じているように、こうした概

念を日本国体の精華と十分区別せず、その区別を保護と服従の絶対性としてすべりこませたことが美濃部にとって問題だった（「国体の観念は決して単純なる法律上の観念に非ず」、「帝国の国体と帝国憲法」296頁）。こうしてみると、美濃部は国体概念を日本固有の道徳概念として、憲法学から棚上げしたように見える。

美濃部は上杉の「講義」を国民教育にとって不適当なものと断ずるが、その批判にもこれは現れている（「帝国憲法講義を評す」『最近憲法論』）。不適当な理由として、国家団体説を民主主義と直結していること、天皇機関説は天皇を「使用人」としていることなどの短絡や「誣言」を挙げている。また天皇の聖意のみから統治される純粋なる、完全なる、欠点のない君主国は歴史的にも現実的にもあり得ない、議会の軽視、「君主国と民主国を国体の区別としないと民主国に変ずる」といった主張が理由不明で、学問上の区別を逸脱しているともいう。だが、「国体の区別とか政体の区別とかいふような観念の異同によってさながら此の〔万世一系の天皇統治への〕確信が覆へされるかの如き説を為すのは、我が国民を侮辱するもの」であり（同6頁）、かつて皇統断絶について『憲法の欠缺』があると論じ、断絶の可能性を示唆したことや、『天皇なるもの』といった表現が「不謹慎」だと難じてもいる。

上杉「国体に関する異説」は、国民全体の団体が統治の主体であれば、天皇は使用人とせざるをえず、これは民主国だということである。君主国ではもとより国会があることを要しない。国会があっても日本帝国の君主国の基礎は動かされない。そうでなければ憲法発布は建国の国体を革めたものとせざるを得ない。「大日本帝国は万世一系の天皇これを統治す。……主権はひとり天皇に属し、臣民はこれに服従す。主客の分離確定して斎るゝことなし。……これを予が帝国国体の解説となす。」（同20頁）これは憲法1条に明言されており、疑義の余地はないとしつつ、ここまでの「実証主義」をこえて、憲法制定によりこの国体が定まったのではなく、天皇統治の国体は「建国の初めに定まれる所万古変ふべからざるなり」（同）とする。

その後の反論・再反論もほぼ同じ枠組みによっている。美濃部は統治権の主体を国家とするのが法理にも日本の国体にもかない、天皇の一身上の権利とするなら、統治権の私有となり、それは歴史上も、また帝国憲法の明文上も認められない、とする（「国家及政体論」『最近憲法論』451-452頁）。いわゆる「国体の

第1部　近　代　へ

観念は決して単純なる法律上の観念に非ず。国法を以て定めうべきよりは遙か
に以上の価値を有する」のであり、「国体とは国の政治組織の意に非ずして国
家団結の基礎たる民族精神を意味する」。だが国体と政治組織（政体）とは決
して無関係でなく、国の政体が民族精神に影響するので、その限りでは国体
（民族精神）と政体（国の政治組織）とは分かちがたい関係にあるという（「帝国の
国体と帝国憲法」『最近憲法論』296-297、299頁）。もっとも、美濃部の自由法論的
解釈方法では、非法律的概念であっても「国体」は斟酌される余地がある。そ
の「国体」とは何だろうか。

美濃部の権威と事件　　国体論争は、美濃部の圧勝とみられた。美濃部はその
　　　　　　　　　　　　　後憲法学会の権威として君臨するが、「国体」を否定
したわけではなく、むしろ変わらずそれを信奉し続けた。だが、国体明徴運動
のなかで、法理論上の天皇機関説が貴族院などで批判される「事件」で世間の
注目を集めることになる。実定憲法のなかに、その基礎を憲法的に提供できな
い原理を取り込む場合、それは憲法学的に説明困難であり、憲法学の前提とし
て受け入れるしかない。それを内在させるのか、超越させるのかの違いはあ
る。美濃部の場合、「国体」に関わる部分の説明を直接には放棄・棚上げし、
社会の発展に沿った憲法論を展開した。穂積八束や上杉は、「実証主義的に」
これを憲法原理としてうけとめ、その由来（建国から変わらない普遍性）ととも
に、論じようとした。もともと憲法制定にさいして、ロェスラーは、夏島草案
１条の「日本帝国は万世一系の天皇之を統治す」に対して、「妄りに前途百年
を卜する断じて神人の怒を招くこと」になると批判したが、同条は明治憲法に
そのまま定められた。ロェスラーの批判は、国体と政体を混同したものという
ことになろう。

上杉と軍、　　　　上杉はその後、政治活動に関わり、その信ずる「国体」を実現
国体擁護　　　　する道を探る。国体論争は結果として上杉の名を世間に広め
た。さらに山県有朋・軍部による第二次西園寺内閣倒閣から第一次憲政擁護運
動による第三次桂内閣倒閣と続く、いわゆる大正政変（1913年）と、美濃部説
への世間の評価により、陸軍は社会不安と政党敵視の状態にあった。同年、上
杉は一木の紹介で山県と接触、山県等は上杉を高く評価し、上杉は山県による
賢人政治を志向する。上杉は陸軍大学教授となり、その国体論が陸軍正統の説

第5章　初期明治憲法理論

となる（浅野和生『大正デモクラシーと陸軍』）。さらに上杉は、木曜会・興国同志会・七生社といった学生団体、桐花学会・経綸学盟・建国会といった多くの大正期思想・政治団体と関係した。興国同志会は森戸事件（1920年）で、森戸辰男の「クロポトキンの社会思想の研究」を「無政府主義」と攻撃し、七生社は報国と左翼団体撲滅を掲げ、吉野作造の影響を受けた新人会に対して学内暴力事件を起こしていた。上杉自身は反暴力主義だったが、上杉の教え子のなかから、その死後、血盟団事件（1932年）や神兵隊事件（1933年）などのテロ計画者が出てくる。

皇道と相関連続　一方、「国体」のあり方を理論的に説明すべく社会学の研究に向かうとともに、神道とは異なる新たな「皇道」による、天祖の威霊を承伝体得する皇位にある現人神天皇の絶対的位置づけを行う（きっかけの1つが後述の筧 克彦への批判。筧については第11章参照）。上杉は、天皇への根拠を問わない服従の主張により、国体を祖先教によって正当化した穂積八束の議論をも批判の対象とする。国体は天皇が定めたもので、民族の確信ではなく、また歴史が国体を基礎に発展したと起源の詮索を拒否し、本居宣長のいう「言挙ゲ」「サカシラタテ」の拒否（『直毘霊』）にならい、理非善悪の批評判定を禁ずる国体法の「法実証主義」を主張する（「皇道概説＝古神道大義ヲ読ム」『国家学会雑誌』27巻1号、1913年、『帝国憲法述義』183頁以下）。国体は憲法の一部だが、憲法の条文の有無とは無関係で、それ自体を前提とすべきものとなる。

その天皇統治の国体は、「国家は最高の道徳なり」とする国家論のなかで、共時的・通時的な人間関係の連鎖を示す、それ自体は社会学である相関連続論を用いて論じられる。このある種ヘーゲル的な相関連続により、各人の「我」と「全体我」（国家）とが実現・完成される（『暴風来』1919年、10頁以下、『国家論』1925年、66頁以下）。日本の国体は、この相関連続に天皇統治という要をもち、それが「最高の道徳を実現し、不断に国家を創造し、日本人をして能く相関連続し、一斉に、永遠に、其の本性を充実発展せしむる」（『国家新論』1921年）という。そしてそれにより、「高天原」が日本という国で実現される。

一視同仁　上杉は1916年より普通選挙を主張するようになる（『普通選挙の精神』の述懐。なお『暴風来』128頁以下には普選制論あり）。上杉

91

第1部 近代へ

は、軍での経験にもとづき、無産者の立場から愛国の主張を展開したのと平仄を合わせている（「起てよ無産の愛国者」1923年：『政治上の国民総動員』）。そこでは、資本家、貴族、官僚、政党といった障害を取り除き、無産者が天皇と直結することを主張した。美濃部が議会を通じて結びつけようとし、また普通選挙には消極的だったのとは好対照である。そこには現実認識、社会認識の違いがある。上杉の悲観主義に対して、進歩を信ずる美濃部は楽観的ともいえる。そして上杉の悲観主義は、その宗教的心性やロマン主義的傾向（批判も多いがルソーの引用が頻出している）を背景に、絶対的合一や憑依に立つある種のユートピア志向と表裏の関係にあるといえよう。また、治安維持法制定と改正（1925年、1928年）に上杉は反対するが（「恐怖時代の製造」1928年：『日の本』）、その主旨は、同法が国体の変革と私有財産の否認を同列に扱い、またそもそも国体の危急を認め死刑を以て臨むこと自体が、「天皇の赤子たる、我が同朋国民をも仇敵の如くに見なし」ているという。そしてかつての自分の国体擁護団体の組織を、心得違いの者も日本国民本来の素質に戻ることを信じて指導すべき心得がなかったと反省している。だが、上杉の唱えた中間勢力排除論は上述のテロ事件首謀者たちの思考法に一定の影響を及ぼした。また、陸軍での国体論は、二・二六事件の皇道派青年将校に、北一輝とともに浸透していた（北の国体論については第11章参照）。

【参考文献】

浅野和生『大正デモクラシーと陸軍』慶應義塾大学出版会、1994年

有賀長雄『帝国憲法講義：完』講法会、1898年（近デ）

同『国家学』牧野書房、1889年（近デ）

同『帝国憲法篇』弌書房、1889年（近デ）

一木喜徳郎『日本法令予算論』信山社、1996年（近デ）

伊藤博文『憲法義解』岩波文庫、1940年

同『帝国憲法皇室典範義解』金港堂等、1889年

『岩倉具視関係文書』東京大学出版会、1968年

上杉慎吉『政治上の国民総動員』日本学術普及会、1927年（近デ）

同『国家論』有斐閣、1925年（近デ）

同『国家新論』敬文館、1921年（近デ）

第 5 章　初期明治憲法理論

同『暴風来』洛陽堂、1919年（近デ）

同『帝国憲法述義』有斐閣、1915年（近デ）

同『国民教育帝国憲法講義』有斐閣、1911年（近デ）

同『帝国憲法』日本大学、1905年（近デ）

同（上杉正一郎編）『日の本』1930年

同『普通選挙の精神』敬文館、1925年

同『国体憲法及憲政』有斐閣、1916年

同「皇道概説＝古神道大義ヲ読ム」『国家学会雑誌』27-1、1913年

大石眞『日本憲法史』第2版、有斐閣、2005年

『大久保利謙歴史著作集1　明治維新の政治過程』吉川弘文館、1986年

川口曉弘「憲法学と国体論」『史学雑誌』108（7）、1999年

議院集会所編『第一期国会始末』博文館、1891年

宮内庁臨時帝室編修局編『明治天皇紀第4』吉川弘文館、2000年

国民精神文化研究所編『教育勅語渙発関係資料集 第一巻』コンパニオン出版、1985年

添川栗『有所不為斎雑録　第三集』中野同子、1942年

多田良問編『岩倉公実記』原書房、1968年（近デ）

長尾龍一編『穂積八束集』信山社、2001年

長尾龍一「八束の髄から明治史覗く」『穂積八束集』信山社、2001年、所収

同『思想としての日本憲法史』信山社、1997年

同『憲法思想史』講談社学術文庫、1996年

同『日本法思想史研究』講談社学術文庫、1996年

同「法思想における「国体論」」『日本国家思想史研究』創文社、1982年

西村裕一「日本憲法学における国体概念の導入について」高橋和之編『日中における西
　　欧立憲主義の継受と伝統』岩波書店、2014年

『日本思想体系31　山崎闇斎学派』岩波書店、1980年

『日本思想体系53　水戸学』岩波書店、1973年

『日本思想体系55　渡辺崋山・高野長英・佐久間象山・横井小楠・橋本左内』岩波書
　　店、1971年

尾藤正英『日本の国家主義』岩波書店、2014年

広瀬豊編『山鹿素行全集　思想篇』岩波書店、1940年

星島二郎編『最近憲法論──上杉慎吉体美濃部達吉──』みすず書房、1989年

穂積八束（上杉慎吉編）『穂積八束博士論文集』有斐閣、1913年（近デ）

同『憲法提要（上）』有斐閣、1910年（近デ）

同『国民教育憲法大意』八尾書店、1898年（近デ）

同『国民教育愛国心』八尾新助、1897年（近デ）

前川理子『近代日本の宗教論と国家』東京大学出版会、2015年

美濃部達吉『法の本質』日本評論社、1935年（近デ）

93

第1部　近代へ

美濃部『日本憲法の基本主義』日本評論社、1934年

同『憲法講話』有斐閣、1912年（近デ）

宮沢俊義『天皇機関説事件（上）』有斐閣、2003年

本居宣長『直毘霊・玉鉾百首』岩波文庫、1936年（近デ）

同『葛花（下巻）』『大日本思想全集　第九巻』大日本思想全集刊行会、1933年

文部省『漢英佛獨教育勅語譯纂』1909年（近デ）

渡辺浩『近世日本社会と宋学』東京大学出版会、2010年

ゲオルグ・イェリネク（芦辺信喜他訳）『一般国家学』学陽書房、1974年

パウル・ラーバント、内閣法制局訳『歳計豫算論』丸善、1890年

カール・ラートゲン講述、山崎哲藏訳述『政治学　一名国家学・上巻国家篇』明法堂、
　　1891-93年、（近デ）

ヘルマン・シュルツェ＝ゲヴェーニッツ（木下周一訳）『国権論』独逸協会、1882年
　　（近デ）

マックス・ヴェーバー（古在由重訳）『ヒンドゥー教と仏教』大月書店、2009年

第 **2** 部

社会とデモクラシー

　第1部では江戸期から明治期にかけての日本の法思想の受容、特に憲法などの公法を中心に扱った。第2部では、外国から受けた法学の影響を日本社会に適合するように取り込もうと奮闘した時期を扱う。ここでは、現在の法学部で学ぶ主要な実定法の形成過程を見ることになる。すなわち第6章では民法、第7章では刑法、第8章では日本法の基礎の一部となっているデモクラシー・労働者の権利・女性の権利に関わる思想、第9章では社会法、第10章では国際法などが対象である。

　なぜ日本の大学で外国の法律や判例、さらには思想や歴史を学ぶのだろうと疑問に思ったことはないだろうか。その答えがここにある。現在の法を正しく知るには、その変遷を理解していることが必要だ。

　日本に今までなかった近代的法典を作る作業は、学説の対立を通じて進められた。学説の対立というものは、法典が存在することを前提に生じるのではなく、法典そのものを生み出す時から始まっているのだ。まずは、近代日本初期において、もっとも激しく学説が対立した民法の分野を見てみよう。

第6章　明治民法学

この章で学ぶこと

　我が国の民法典は、時代の変化に直面して大きく変わろうとしている。国民の日常生活を規定する民法は、その時の国民、あるいは国際社会の在り方に適しているべきとの要請は他の法規よりも強い。

　それまでの徳川幕府支配から維新という変革を経て、明治政府は新しい政治を始めた。国民は明治政府の下で新しい生活を構築していくことになった。政府はどのようなビジョンをもって民法典編纂を目指したのだろうか。

第1節　法典論争からドイツ法学へ

民法典編纂事業　明治政府は1869年、すなわち政府設立直後から民法典編纂作業をスタートさせている。それは箕作麟祥による1804年フランス民法典の翻訳から始まった。箕作はフランス語のドロワ・シヴィル droit civil を「民権」と訳したが（現在では「私権」と訳す）、当時は「民が権を持つとは何事ぞ」と批判された。日本の伝統社会には、西洋の「私権」「権利」に相当する概念が存在しなかった。

　1872年に来日したフランス人弁護士ジョルジュ・ブスケ（1876年帰国）が箕作を助けたが、ブスケと混同される人物としてジュ・ブスケがいる。ジュ・ブスケは1867年、幕府が招聘したフランス軍人の1名として来日しており、その後も明治政府下の左院御雇外人として滞在していたが、司法省における民法編纂作業に際して日本語に通じるジュ・ブスケがジョルジュ・ブスケを助けている。

　1870年には江藤新平が太政官制度局に民法会議を設置し、1871年7月には民法決議が完成した。これはフランス民法人事編の一部をほぼそのまま採用したものであった。8月になると江藤は左院副議長になり、民法典編纂作業も左院

97

第2部　社会とデモクラシー

へ継承される。さらに1872年、江藤が司法卿として司法省に移ると民法典編纂作業の中心も司法省へ移される。1873年、江藤が司法卿を辞任し、大木喬任(たかとう)が後を継ぐのだが作業は進まず、1876年に再開される。1878年に民法草案が完成する。大木は時間をかけ、日本の慣習を考慮するという方針を掲げたがそれが活かされず、フランス民法翻訳そのものであった。その後、大木はフランスから招いたボアソナード（1873年来日、1895年帰国）に起草を付託する。

　ボアソナードは司法制度の視察にきた日本人に憲法や刑法の講義を行ったことが縁となり、駐仏鮫島(さめじま)公使の懇請によって来日する。当初は極東の島国へ赴くことに難色を示したボアソナードだが、結局22年も日本に滞在することとなった。彼は来日後、明法寮・法学校の教師としてフランス法の講義を開いた。また明治法律学校（現在の明治大学）や和仏法律学校（法政大学）等にも出講し、多くの弁護士や司法官を育てている。ボアソナード来日後初めての講義の受講生の回想によると、その教授方法は次のようなものであった。ボアソナードは何も携帯せずに教室に来て、前日に講義した最後の項目を学生に尋ね、その続きを話し出すというものであり、その学識と豊富な話題から、講義は横道に逸れることもあった。翻って先に来日していたブスケはボアソナードより若く、メモを用意して講義をしたので初学者にもわかりやすかった。ブスケの一年半の薫陶がなかったら、ボアソナードの講義を理解することができなかったであろう。

　ボアソナードの立法作業に話を戻そう。1880年以降は元老院の民法編纂局が作業を担うこととなり、ボアソナードによって財産法に相当する部分の草案が作成された。また熊野敏(びん)三、磯部四郎（パリ大学留学同期、双方とも官職を辞した後に東京弁護士会会長を務めている）らによって家族法に相当する部分の草案が書かれた。彼らはボアソナードの影響を大きく受けていた。

　1886年、条約改正の条件として日本の法典整備を急いでいた外務省は、省内に法律取調委員会を設置し、各種の法典編纂作業を引き受けようとした。しかし条約改正の為に法典編纂をさせられるというのは国権の侵犯であるという反対論が出たので、翌年に外務省から司法省に法律取調委員会が移管され、そこで草案の審議が続けられた。ボアソナードらの草案は内閣提出後、元老院での審議・修正などを受け、1890年に公布された（4月21日に財産法部分、10月7日

に家族法部分)。これを旧民法典と呼ぶ。

日本の法学教育 当初、司法省下の法学校(1871年明法寮創立、1875年に司法省法学校、1884年に文部省に移管し東京法学校、85年に東京大学法学部に統合)ではブスケやボアソナードらがフランス法を講じていた。他方で東京大学(以下、「東大」)はイギリス法を中心にしていた。帝国大学になる前の東大法学部では、イギリス憲法・民刑事法・手続法が中心であった。創設時(1877年)の学科編成は、旧開成学校のものを継承したものだった。初年の学科課程前文には、日本法の他、中国・イギリス・フランス法を講義するとある。後、1880年改正では、中国法が前文から削除される。翌年は明治14年政変とそれに伴う政治のドイツ法転向が起こった。翌1882年、東大法学部は学科課程改正を行い、イギリス憲法の講座を廃止し、国法学が設置された。国法学最初の担当者は1882年にドイツから来日し、翌年から講義を開始したラートゲンである(第5章を参照)。

この時期は私立大学発足期であり、司法省法学校卒業生たちは明治法律学校、和仏法律学校(東大法学部に統合された組織とは別の東京法学校と東京仏学校が合併)、関西法律学校(関西大学)を設立、東大卒業生たちは東京専門学校(早稲田大学)、英吉利法律学校(中央大学)、遅れて日本法律学校(日本大学)を設立した。英吉利法律学校は1889年10月、東京法学院と改称、イギリス法学の看板を降ろす。日本法律学校の創立者には、ドイツ留学経験者が多かった。創立者の中に穂積八束がいる。

法典論争 旧民法典は、1893年から施行される予定であった。しかしここにきて、旧民法典は批判にさらされることになる。そして批判に対して、民法典を予定通り施行すべしとの主張が応戦する。これを法典論争と呼ぶ。なお、民法典に関する論争より前に、商法典に関する論争が起こっていたが、経済的・実利的理由から民法典の場合のような大論争は起こらなかった。修正案の起草には、民法典でも活躍する梅謙次郎が関わっている。

旧民法典の批判者たちは日本固有の家父長的な社会構造の維持という観点から、フランス流近代的原理の民法施行延期を主張した。前の章で見た通り、当時は憲法典編纂が行われており、ドイツ法理論が勢いをもっていた。フランス法の理論は当時の日本の実情とは合わないと考えられたのである。

第2部　社会とデモクラシー

　1889年5月、東大法学部出身者による法学士会「法典編纂ニ関スル法学士会ノ意見」が公表されるが、これは編纂そのものに反対したのではなく、慎重論と言える（法典編纂事業は困難で慎重を要する／商法・訴訟法はドイツ人、民法はフランス人の草案で一貫していない／民情風俗が定まるまで法典全部の完成を待つべき）。1885年設立の英吉利法律学校も延期派に立っていたのだが、1890年に法学士会は英吉利法律学校機関誌『法理精華』に「新法典概評」を2回に分けて掲載し、民法典が共和主義フランスの民法典を継受したことを、「諸君ハ日本帝国臣民ナル観念ヲ放擲セザルベカラザルナリ」と述べて非難した（『法理精華』は主張の過激さゆえ、同年の第36号で発行禁止処分を受けている）。

　翌1891年、穂積八束は『法理精華』の後継雑誌である『法学新報』創刊号に「国家的民法」を載せる。八束はそこで「個人本意ノ民法ハ富者ヲシテ愈々富ミ、貧者ヲシテ愈々貧ナラシムルノ成績アル事ハ証シ得テ明カナリ」と論じ、民法典導入により貧富の格差が拡大する恐れがあるとした。続いて有名な「民法出デテ忠孝亡ブ」（『法学新報』第5号）では「我国ハ祖先教ノ国ナリ家制ノ郷ナリ権力ト法トハ家ニ生レタリ」と論じ、更に翌年の「家制及国体」（『法学新報』第13号）では、「我国ノ彼レニ異ナル所ハ唯ニ万世一系ノ不易ノ君主ヲ戴クト云フノミナラズ、祖先教ヲ以テ社会ノ秩序ヲ正フシ祖先ヲ崇拝スルノ教ハ即民族ノ宗家タル皇室ヲ奉戴シテ一国一社会ヲ団結スルト云フノ歴史ニ稀ナルノ法則ヲ数千年間ノ下ニ維持シ得タリト云フ点ニ在リ」と述べて、日本社会の特殊性を指摘することで個人の権利を重視する民法の思想を攻撃した。なお、「民法出デテ忠孝亡ブ」という言葉は、八束の発案ではなく、江木衷（英吉利法律学校創立者の1人）が考えたものという研究がある。

　『法学新報』第14号には、英吉利法律学校から改称した東京法学院による「法典実施延期意見」が掲載され、そこでは自由主義・個人主義的経済競争及び法制が「弱肉強食」の弊害を生むとされた。

　民法典施行派も黙っておらず、上のような批判に応戦した。たとえば法治協会「法典実施断行意見」（『法治協会雑誌号外』他）（1892年）では、「弱肉強食」は法律の不備が原因だと主張されている。また梅らによって「法典実施意見」（1892年）も出されている。

　なお注意が必要なのは、延期派が弱者の味方、または社会主義的思想家とは

100

限らないということである。施行延期できれば理由は何でも良かった、とも考えられる。

さて民法典施行についての議論はアカデミズムから政治の場へ移る。1892年の第3回帝国議会（第一次松方内閣）で議論され、延期法案が可決される。これは政府の漸進的開明主義が保守派と自由民権運動の流れをくむ民党ら延期派とに屈したと評価できる。なお、富井政章は貴族院で旧民法延期案賛成演説をしている。

このように旧民法は施行されることはなかったのだが、当時の実状を見ると、その編纂は必ずしも無駄な作業ではなかったことがわかる。旧民法は、草案の時から「書かれた条理」として裁判官によって用いられていたし、また国家試験科目にも採用されていた。すなわち、事実的には当時の法源の1つであった。このような事情から、我が国最初の民法は施行された明治民法典ではなくボアソナード法典だと論じる者もいる。

1893年に伊藤博文の下に法典調査会が置かれ、八束の兄である穂積陳重、民法学と刑法学（第7章）に足跡を残した富井政章、リヨン大学に提出した博士論文「和解論」が今なおフランス民法解釈論において参照される梅の3人が新しい民法典の起草に当たった（陳重と富井は施行延期派、梅は施行派）。梅と富井はフランス留学をしており、梅はドイツのベルリンにも1年滞在している。富井はドイツ留学経験こそないがドイツ法重視であった。延期派の富井は旧民法を煩雑だと批判したが、施行派の梅も、定義規定は多くなくて良いとする。

新草案は法典調査会の査定委員によって検討が加えられたが、査定委員には八束が加わっていた。法典調査会の速記録の中には、新草案に対しての八束の発言に対し、梅が強く反論に出ている個所などがあって面白い。

従来の研究では1888年に発表されたばかりのドイツ民法典第一草案を参照したとされたが、近年の研究から、法典調査会議事録からそれ以降の草案を参照した可能性（特に総則部分）が出てきた（ただ、合致しない部分も多い）。いわゆる第二草案は1895年発表だが、1891年からの審議の内容が1892年より順次ドイツの「帝国官報」に掲載されていた。

八束の「家」思想　　八束は法典論争終結後も民法の論文を発表し、自身が査定委員として関与した明治民法にも批判を加えた。八束

第 2 部　社会とデモクラシー

の主張は、ローマ法的個人主義を脱し、人民の生存保障に資するよう民法を構築すべし、というものだった。八束の留学中、ドイツ民法典第一草案への批判が起こっており、ローマ法的個人主義の色彩をもつ草案に対する異議は、ゲルマン法的団体主義を援用した民法修正（ギールケ）、という形で現れた。八束はギールケの議論を参照していたと思われる。

　八束は日本の文化を「祖先教」（日本的家制度）と捉え、これをキリスト教以前のヨーロッパ文化と似ているとし、キリスト教導入後の個人主義的民法と日本の文化は相容れないとする（ただし日本文化とキリスト教以前のヨーロッパ文化が類似しているという八束の見解自体には疑問が残る）。八束とギールケは、社会福祉の実現という点において似ているが、ギールケはローマ法を前提としそこにゲルマン法精神を付加しようとする試みであり、団体内部での自由を重視したのに対し、八束はその家制を、祖先・子孫間及び家長・家族間の権力関係と見た。八束によれば公法は権力関係の規定である以上、親族法も公法とされる。

　八束とギールケの違いは①日独社会の相違、②両者の前近代に対する認識の相違、を反映している。①につき、ドイツには法典編纂こそ遅れたもののローマ法学を基礎にした私法体系が既に存在し、資本主義経済が展開されていた。②において、八束は「万世一系ノ不易ノ君主」が前近代にあったとするのに対し、ギールケはかつて存在した「フォルク（Volk）の自由」の原理を、16-19世紀の「官憲国家形成の時代」後の現代に再生させるべしとした（なおギールケのゲルマン法認識自体、一種の理想であったとされる）。

ドイツ民法学への傾斜　新しい草案は総則・物権・債権・親族・相続の体系を採った構成であり、また近代的な財産法と家父長的な家族法の接合であった。こうして1896年に財産法、1898年に親族・相続法が公布され、同年7月16日に施行された（法典の条文自体にはドイツ以外からの影響があった）。なお、財産法部分に関して、富井と本野一郎（外交官）によるフランス語訳が存在する（1898年）。このような翻訳の刊行には不平等条約改正の環境を整える外交目的のため、日本の法的整備状況を海外に示す役割があった（家族法部分に関しても外国人の手によるフランス語訳がある）。

　穂積陳重は上の一連の論争をドイツにおける法典論争（「自然法派と歴史派との争論」）と同じであるとしたが（『法窓夜話』）、別の論者によれば、勢力争いだ

という。つまり、東京法学院はイギリス法だったので、フランス法モデルの民法ができると学校が潰れると恐れたのである。しかし延期派は陳重のような国立の東大教授やドイツ法系の八束がいたし、東京法学院も代言人・官僚をしながら講師をしている者がほとんどなので、勢力争いの側面を強調しすぎると正しい理解につながらない。

　この後、日本の民法学はドイツ法理論が主流となっていくのだが、外国法を継受する技術として模範とされたのが、ローマ法継受を体験したドイツ民法学であったという事実から、民法典そのものがドイツ法に由来するという錯覚が起こったことに注意をしておきたい。

第2節　ドイツ法典論争

19世紀初頭のドイツ　前節で穂積陳重が「自然法派と歴史派との争論」と述べたのは、それより以前ドイツでも法典に関する論争があったことを意識したがためである。

　ドイツの法典論争はハイデルベルク大学のティボーによる『ドイツにおける一般市民法典の必要性について』（1814年、以下『必要性』）と、それに対するベルリン大学のサヴィニーによる『立法と法学に対する現代の使命』（1814年、以下『使命』）の公刊による応酬を指している。もっとも、サヴィニーの『使命』の内容はティボーの『必要性』に触発されたというより、1810年頃から形成されていたと考えられる。

　1814年のナポレオン戦争の勝利から、ドイツとしての一体感が高まった。そして法典編纂運動は自然法論を思想的土台にし、理性の法による完全無欠の法典を作成するという理想を掲げていた。ティボーはフランス革命によって実現された合理的規範を取り入れたフランス民法典を評価していた。

ティボー　ティボーは多くの労苦が伴うことを認めつつも、統一法典を作ることの意義を訴えた。「我々の民法（ここで私は常に民法という名称に私法、刑法及び訴訟法を入れたい）は完全かつ迅速な改正が必要であり、ドイツ人がその市民関係において幸福になるには、全てのドイツ内の政府が力を合わせて、個々の政府の恣意から自由な、ドイツ全土に公布される法典の起

第2部　社会とデモクラシー

草を試みる他はない。」

　しかしティボーが法典編纂に積極的だったことと、その担い手が一般市民であったこととは別である。ティボーは一般市民の政治的主体性を否定し、法典編纂の主体とは認めない。確かにティボーは勃興しつつあったドイツ市民階級の利益の代弁者であったといえるかもしれない。『必要性』においては各所で官吏の問題性が指摘されている。臣民は瑣事にこだわるような顧問官に抵抗し、君主に助けを求めることができると述べているし、国民の声は抑えられてはならず、偏狭な顧問官が譲歩しなければ時代の力は下から上へと向かう抵抗し難いものとして現れるだろうともいう。

　他方で彼は、一般的・抽象的立法を為すのに相応しい能力は、官吏や学識者層でも有していることは稀であるという。立法という困難な事業に要求されるのは「純粋な、偉大な男らしい高潔な精神と、誤った同情と了見の狭い取るに足らない事情とに動じないだけの無条件の不屈、及び無限の慎重さと知識の多様性」である。ティボーにおいては、法典編纂作業には実務家の活躍が期待されていたと考えられる。

サヴィニー　『使命』においてサヴィニーは、法は人間の理性や目的志向的意思によって一挙に創出されるものではなく、民族生活の発展過程の中で自ずと有機的に生成していくものであるとした。法と民族との有機的関係において、「法は民族と共に成長し、民族と共に発達し、最終的には、民族が自らの特性を失う様に、死ぬ。」法は、まず習俗や民族信仰、次いで法学によって生み出されるものであり「立法者の恣意によるものではない」。

　サヴィニーは立法が民法に与える影響を論じる。まず立法者が既存の法を変革することを企図するものであるが、これは悪影響の方が多い。他方、個々の法規が疑わしいものであるか、消滅時効のように司法の場で明確な境界線が必要とされているが流動的で不確かな時は、立法の可能性がある。

　しかしサヴィニーは自らの時代に、立法を行う資格なしと診断するのである。たとえばこのようにいう、「不幸なことに、ドイツの18世紀全般において偉大な法律家は非常に少ない。確かに勤勉な者は数多く見られ、彼らによって相当貴重な準備作業がなされはしたが、その域を超える者は極めて少なかった。法律家にとって不可欠なのは次の2つの感覚である。すなわち、各時代と

各法形式との特徴を鋭く把握する為の歴史的感覚と、各概念と各命題とが法体系全体と如何に生き生きと結びつき、相互に作用を及ぼし合っているかを捉える、すなわちそれらの唯一の真実で自然な関係を捉える為の体系的感覚である」。このような感覚は18世紀よりは良くなっているものの、サヴィニーの時代においてもなお完全には程遠いのである。

　興味深いのは、サヴィニーは過去の法を採録する形の法典も拒否していることである。彼は法典編纂時点の学説法を固定化することにより、後の法発見・法形成を阻害するものであると考えていたと思われる。これには次のような事情を考慮する必要がある。サヴィニーはドイツ統一が強く望まれている当時における立法の政治的意味を理解していた。ティボーの主張は実現困難であり、仮に法典編纂が可能になったとすれば、その内容は封建的内容を反映したものになる可能性が高かった。そこでサヴィニーはローマ法の合理的再構成、すなわち法律学による法統一を目指すことによって、市民階級の要請に応えようとしたのである。

　サヴィニーは法の生成の源泉を民族においたが、彼の時代にあっては、法が学問的傾向を帯びるにつれ、法律家の手に委ねられることになる。この法の担い手に関する議論は、彼の歴史法学における民族および教養概念と関連付けて論じるのが有益である。

**平野義太郎による　　　**　なお、前節で穂積陳重が日本の法典論争をドイツの法
ドイツと日本の比較　典論争と重ねあわせて考えていたと述べたが、平野義太郎はマルクス主義法学の立場（第9章参照）から、陳重の見解を次のように批判している。日本とドイツの論争の背景にある資本主義の発展段階をそれぞれ具体的に分析しなくてはならない。この分析によって日本とドイツの論争を同一視してはならないことがわかる。ドイツの法典論争は「封建法制や封建慣習を回復せんとするか、否かの、淳風美俗論ではなく、ブルジョア化されたローマ法の普通法を急速に編纂するか、徐々に、ブルジョア的発展、ドイツ統一に適応して、編纂するかの論争にほかならなかった」。対して日本においては「官僚的ブルジョア自由主義派は、フランス自然法学説を理論として、ブルジョア法典編纂・断行を主張するに対し、絶対主義的官僚法学は、旧来の封建諸法制、封建的武士階級の慣習を基本として、法典編纂における封建主義の再

第2部　社会とデモクラシー

編成を試みたのである」（『平野義太郎選集』第1巻129、131頁）。

第3節　鳩山から末弘へ、ドイツから英米へ

鳩山秀夫の登場　日本の近代法がドイツに多くを学んだ結果、ドイツ法全盛期が訪れる。民法学におけるその頂点は、鳩山秀夫（鳩山兄弟の大叔父）の活躍期であろう。我妻栄によると「明治の末から大正の全時代にわたって、民法といえば鳩山、鳩山といえば民法」とまでいわれたという。鳩山の『法律行為乃至時効』（1912年）では解釈学の形式論理性が重視されている。しかし鳩山は徐々に形式論理性重視の立場から離れた。留学直後に公にした論文（1915年）から既にその傾向が見られる。

1924年に鳩山は「債権法に於ける信義誠実の原則」を発表するが、これは従来の条文の論理的適用を重視する立場を修正し、信義則による実質判断を個別問題に採用したものであった。このような展開の一因に、刑法学者牧野英一が民法において自由法論を展開し、公序良俗と信義則を強調したことにあるといわれる。また末弘厳太郎の批判も重要だろう。自由法論とは通常、概念法学と対にされる思想である。後者が実定法の条文から論理的に導き出されたものが正しい解釈であり、それを探究するのが法学の任務とするのに対して、前者はそれを批判し、法解釈の自由を強調するものである。牧野は法律解釈の方法論として、成文法の文言のみに依拠するのではなく、ここに社会的必要や社会理念を加味しようとした。牧野はフランスにおける自由法論の中心人物ジェニーと親交をもっており、また自由法論を刑法に組み込んだ新派理論の代表的論者、リスト（第7章参照）の刑法演習にも参加していた。

我妻の回想では、帰朝後の末弘の攻撃に接して自分の倦怠を破ろうと苦悩した鳩山は、我妻と手を取り合って泣いたこともあったという。なお鳩山は1926年に引退したので、その後の鳩山自身の学説展開は実現しなかった。我妻によれば、鳩山は学問をスポーツのように考えていた。同じくドイツ流の解釈学を日本に根付かせた石坂音四郎というライバルを失った後、鳩山は研究意欲を失ったという。

第6章 明治民法学

末弘厳太郎の
判例研究

鳩山の後、日本民法学を牽引したのが末弘である。第一次世界大戦により外国の法律書の輸入が困難になったという事情から、国内ではドイツの学説の研究から判例へと目が向けられるようになった。末弘自身、戦争の影響でドイツへの留学は叶わず、アメリカ、フランス、スイスに留学したが（1918-1920年）、その中で欧米社会の動揺を見た。日本の現実社会における「ある法」を明らかにし、それを基礎に「あるべき法」を構成することで、日本特有の民法解釈学を構築することを訴えた。

末弘は帰朝後、『物権法上巻』（1921年）を刊行する。そこにはドイツ追随を戒め、日本の労働・農村問題への社会立法の必要性を強調し、判例を重視する姿勢が表れていた。末弘は穂積重遠、我妻栄、中川善之助、平野義太郎らと民法判例研究会を作り、『判例民法』を創刊する（後に『判例民事法』となる）。ここには裁判所による法創造（裁判官毎の内容の異なる創造ではない、統一的創造）や判例法による法的安定性（予見可能性）といった思想が見て取れる。末弘の「研究の目的は具体的法律を知らむとするにある」という言葉は、形而上学的とまでいわれたそれまでのドイツ流民法学への批判であろう。末弘の思想には、アメリカ法に加え、オーストリアの法学者エールリッヒの利益衡量論（『法律的論理』1918年）の影響が見られる。エールリッヒは自由法学者の代表者の一人であるが、『法社会学の基礎理論』（1913年）を公刊した際、純粋法学の創始者ケルゼン（第8・10章を参照）から、規範的法学と説明的法社会学との混同について厳しく批判されている（もっとも、両者が当為規則という言葉に込めている意味には違いがある）。

民法判例研究会は学界・実務界に影響力を持った。1922年に大審院は、それまでの「大審院判決録」を「大審院判例集」に改めた。前者は資料集的な構成であったが、後者は判例を作るという目的意識の下に編集された。民法判例研究会はその編集方針を批判し、その影響が「判例集」第8巻の変化に見られる。もっとも、その後の判例研究は、『判例民法』大正10年度の「序」として掲載された末弘の思想を継承したものばかりとはいえなかった。

第2部　社会とデモクラシー

【参考文献】

浅古弘他編『日本法制史』青林書院、2010年

大久保泰甫『ボワソナアド』岩波書店、1977年

堅田剛『独逸法学の受容過程――加藤弘之・穂積陳重・牧野英一――』御茶の水書房、2010年

金山直樹『法典という近代――装置としての法――』勁草書房、2011年

白羽祐三『民法起草者穂積陳重論』中央大学出版部、1995年

長尾龍一編『穂積八束集』信山社出版、2001年

中村雄二郎『中村雄二郎著作集』第2期10（新編近代日本における制度と思想）岩波書店、2000年

鳩山秀夫『債権法における信義誠実の原則』有斐閣、1955年

平野義太郎『平野義太郎選集』第1巻（マルクス主義法学）、白石書店、1990年

星野通編著『民法典論争資料集（復刻増補版）』日本評論社、2013年

穂積八束『穂積八束博士論文集』有斐閣、1943年

吉永圭「法典論争から市民的公共圏へ」井上達夫編『立法学のフロンティア1――立法学の哲学的再編――』ナカニシヤ出版、2014年

第7章　刑法理論の対立

この章で学ぶこと

　刑法は国民の財産や身体の自由、さらには生命を奪う可能性をもつ法律である。立法上細心の注意が必要なのはもちろん、不当な刑罰が被告人に与えられないような解釈が必要である。私たちが刑法を学ぶ時、他の実定法以上に峻厳な態度を求められるのはそれが所以である。

　この章では、我が国での近代的刑法の導入から話を始め、学問的対立や刑罰に関わる監獄改革の議論を検討する。

第1節　日本における「刑法」の導入

律令的刑法から
近代的刑法へ
　明治初期は「王政復古」精神から、武家法以前の大宝律令・養老律令に復帰する試みであった。1868年には仮刑律が制定された。これは8世紀の大宝・養老律令によりつつ、唐・明・清の法律を参考にし、公事方御定書や熊本藩刑法草書を加味したもので、裁判準則にすぎず、公布も施行もされなかった。ただし地方からの伺いに対して中央から指令を発する場合の準拠として使用された。なお1869年には箕作麟祥によるフランス刑法翻訳が行われていたが、江藤新平の失脚や左院への法典編纂事業移管（第6章参照）によりこの流れは中断している。

　1870年には新律綱領が定められる。これは仮刑律と同様、日本の伝統的法体系を基礎にしている。官吏の執務準則という性格の法規であり、①罪刑法定主義の否定（類推許容、情理違反処罰、遡及効）、②身分による差別待遇（華族・士族といった封建身分、官吏・有官僧徒・無官僧徒といった官僚身分）、③復讐是認、④結果責任主義を部分的に採用、といった特徴であった。

　1873年には改定律例が制定された。これは新律綱領を補則するもので、新律

第2部　社会とデモクラシー

綱領と並び施行されている。僅かに西洋法の影響が見えるが（第○条という条文形式の導入、笞杖徒流という伝統的刑罰に代え、懲役・禁錮を導入）、基本は新律綱領と同じく暫定的措置法の性格であった。

　これらの法規は中国法系の律の系統であり、近代刑法の罪刑法定主義とは別物であると考えられる。刑罰は、たとえば盗みのタイプ（強盗、窃盗、ほか）と金額で自動的に決まる。犯罪類型を細分化し被害金額との相関で刑を定めるので、裁判官の裁量を認めない。拷問や残虐刑など囚人の過酷な処遇は前提とされているが、律型罪刑法定主義を示している。しかし、律型罪刑法定主義は刑罰を与える側の自己規律でしかなく、刑罰を受ける側のメリットはなかった。なぜなら、律は、社会に存在する規範全てを国家が掌握することを前提とし、その規範維持のために国家の広範な権力介入の機会を認めていたので、人民側からすると、わずかな習俗違反や単なる事故まで罪に問われ得るからである。近代刑法の罪刑法定主義は法と法以外の規範を峻別し、法によって非難される行為を予告するという論理であり、その守備範囲は限定されるべきとされている。

　維新の復古主義的側面を強調し、伝統的・東洋法的刑法を目指す動きもあった。太政官の一部である左院で「校正律例稿」が作成されていたのである。これは新立法ではなく、新律綱領・改定律例の改正、両者の統一を企図したものであった。しかし1875年、左院廃止とともに復古的刑法改正は頓挫し、以降は司法省が刑法制定の主導権を握る。

旧刑法　1882年に、いわゆる旧刑法典が施行された（1880年公布）（同年、治罪法（刑訴法）が施行されている）。これはボアソナードが日本人委員と協議して起草した「日本刑法草案」（1877年）を土台にしている。ボアソナードは1875年9月に司法省の刑法編纂委員となったのだが、1810年フランス刑法典（ナポレオン刑法典）を基礎に、ベルギー、イタリア、ドイツ等を参考にして草案を作成した。彼の学説的立場はパリ大学時代にオルトランから学んだ新古典学派（折衷主義理論）（後述114頁）と呼ばれるものであった。もっとも、内容的には日本人委員による修正も受けている（たとえば、斬首→絞首）。なお、ボアソナードは刑法典編纂作業とは別に、拷問廃止に関する貢献がある。彼は講義に向かう途中、偶然裁判所内で拷問が行われているところを目撃

し、ショックを受けた。ボアソナードの積極的な政府への申し入れの結果、1879年に拷問制度全面廃止に関する太政官布告が出された。なお1891年の大津事件の際、司法権擁護の意見書を出したことも重要であろう。

旧刑法典には「兇徒聚衆ノ罪」（社会運動鎮圧目的）や「皇室ニ対スル罪」（天皇等危害罪に死刑）があり、近代天皇制国家としての明治国家の特質に対応する側面があったといえる。しかし同時に、近代法的特徴ももっている。すなわち、①罪刑法定主義の宣言（２条、３条１項）、②犯罪の成立要件に故意・過失・責任能力を要求（責任主義　77-82条）③刑罰の身分上の差別的取り扱いの撤廃、である。

西欧法の中でフランス法が明治初期において選ばれた理由は以下の点に求められるだろう。①幕府とフランスとの間に友好的な外交関係が存在していた。②1810年フランス刑法典が西欧諸国の刑法の母法であった。すなわち、維新政府に課せられた使命は、対外的独立と国家統一の達成だったが、そのためには近代的統一法典の作成が急務であり、この点でナポレオンの統一法典が、形式の上でも、その保守的な実質面でも、当時の為政者にとって適当なモデルであった。③フランス刑法学の持つ特質。ボアソナードの師オルトランらに代表される新古典学派の進歩性、中庸、現実主義が我が国の法律家の心を捉えた。またフランスの註釈学が日本の伝統的な学問（律令学）と近似性をもっていた。

なお、現実の刑政を指導していたのは旧刑法典ではなく、新聞紙条例（1875年）を始めとする特別刑法だったという指摘がある。1884年太政官布告により爆発物取締罰則が制定され（翌年１月施行）、その１条は「治安ヲ妨ケ又ハ人ノ身体財産ヲ害セントスルノ目的ヲ以テ爆発物ヲ使用シタル者及ヒ人ヲシテ之ヲ使用セシメタル者ハ死刑又ハ無期若クハ七年以上ノ懲役又ハ禁錮ニ処ス」と書かれていた。この時期、加波山事件や秩父事件が起こっており、取締強化が急がれていたと思われる。

旧刑法典には、後にマルクス主義法学者の平野義太郎らからの批判があった。彼らによれば、旧刑法典は人権保障の法治主義を本質とするものではなく、条約改正の為の整備の意味しか持ち得ない。当法典は自由民権運動を抑圧し、半封建的奴隷制の上に立つ組織的国家権力により急速な資本主義的発展に奉仕したのである。

第2部　社会とデモクラシー

　旧刑法典の理論的基礎にあった折衷主義刑法理論に対する批判もあった。旧刑法典とその解釈理論では、急増する犯罪に無力だというのである。その急先鋒は新派刑法学（後述）の立場にあった富井政章、穂積陳重であった。彼らは旧刑法典の寛大化を否定し、社会防衛の為に刑法を厳格化することを主張した。新派刑法理論の導入には、勝本勘三郎や岡田朝太郎の功績が見逃せない。

現行刑法　　1900年には治安警察法が定められるなど特別刑法が増えていったが、これらの方向性に刑法典を合わせる形で1908年、現行の刑法典が施行された（前年公布）。新しい法典は旧刑法典を承継しつつも、当時の欧州刑法改正運動の主力であった新派刑法理論の影響を受けている。またドイツ法的法制度に再編成されつつあった日本の状況に合わせ、1871年ドイツ刑法典を参考にしている。その特徴は以下のとおりである。①旧刑法典に比して、犯罪類型をはるかに包括的・弾力的に規定し、法定刑の幅も広くすることにより、犯罪の成立範囲と量刑について裁判官に広い裁量を与えた。②未遂犯の刑を裁量的減軽とした。③執行猶予と仮釈放の条件の緩和、④累犯加重（かちょう）を厳格にし、社会防衛の為の保安刑としての性格を与えた。⑤旧刑法典にあった罪刑法定主義の条文を削除した。

　第一次世界大戦後の恐慌により労働争議・小作争議が増え、社会主義・共産主義が台頭してきた。この事態に対して支配者層による刑事政策的防衛の最前線として1925年に治安維持法が定められた。これは諸運動を弾圧しただけでなく、思想・信教・学問・結社の自由を奪った。

第2節　旧　　派

ベッカリーア　　我が国で言及される「旧派刑法理論」はより厳密に分けると前期と後期に分けられる。前期の理論から見ていこう。

　ヨーロッパにおいて18世紀後半から19世紀初頭にかけて近代市民社会が成立する中で、旧派刑法理論は形成されたが、その思想的バックボーンに啓蒙思想がある。アンシャン・レジーム期の刑法制度は、法と道徳・宗教が明確に分けられておらず、身分による処罰の不平等があった。これに対して啓蒙主義に影響を受けた刑法理論は、法と道徳・宗教の分離、処罰の平等、罪刑法定主義、

合理的・目的論的刑罰観を主張した。

　まず注目すべきはイタリアのベッカリーアである。彼の『犯罪と刑罰』（1764年）は社会契約説から刑罰権の制限を論じ、市民の行動の自由を保障する罪刑法定主義を訴えた。また犯罪の真の問題は社会に与える損害であって、犯罪者の意思ではないとする客観主義的な主張を行った。「刑罰の目的は、その犯罪者が仲間の市民たちに対して再び害を与えるのを阻止するということ、そして誰か他の者が同じことをしないように図るということ、これ以外ではありえないはずだ。したがってまた、刑罰、そして刑罰を科す方法は、なされた犯罪とのバランスを保ちつつ、人間の心に対して、より効果的でより長続きする印象を刻み込むよう案配されたものでなくてはならない。そして、犯罪者の身体に対しては、できる限り苦痛が小さいものでなければならない」（『犯罪と刑罰』41頁）。なおベッカリーアは、死刑その他の苛烈な刑罰には反対している。

　彼の『犯罪と刑罰』はフランスにおいては人権宣言や1791年刑法典に影響を与えたといわれる。イギリスにおいては英訳版が1767年に出ているが、これに影響を受け「最大多数の最大幸福」を論じたのが功利主義思想家ベンサムであった。我が国では、津田真道が1875年、『明六雑誌』にのせた「死刑論」において、将来の課題として死刑廃止を論じているが、その中でベッカリーアに言及している。なお、『犯罪と刑罰』が日本で訳出されたのは1929年のことである。

フォイエルバッハ　啓蒙主義的刑法思想の体系化に尽力したのが、ドイツのフォイエルバッハである。フォイエルバッハはカント哲学に従い法と道徳の領域を区別した。しかし注意すべきは、フォイエルバッハは実定法学たる刑法の領域から、形而上学的自由を排除しようとしている点である。このことは、彼の人間観に現れる。すなわち「人間自身もまた現象である」。自然の因果律に支配されている人間に、自由は存在しない。自由は「人間の絶対的能力であり、感性における一切の推進力に抗し、自らの力で精神的動向に反し、義務のために意思決定することができる。しかしこの能力は、国家目的のために利用することができない。その理由は元来、自由という概念は、自然の原因による一切の働きかけを否定するだけではなしに、一切の外的強制をも封じる点に、その本質を有するからである。したがって、いかなる者

第2部 社会とデモクラシー

も他人の自由に働きかけることはできないし、また、何人も、自由を行使する他人の意思を決定することができない。他人に対する働きかけによって現実に他人を決定付けた時には、他人はまさしく、自分を自由によって決定付けなかったということを指し示すことになる」。当時の犯罪者の可罰性を議論する中でその根拠を自由に置く論者に対し、フォイエルバッハは犯罪の原因は感性的衝動とし、また基準を権利侵害とその危険性に置いたのである。もっとも、フォイエルバッハがカント的道徳的人格論を全く無視していたわけではないことにも留意すべきであろう。彼が自由を刑法の領域から除きたかった理由は、哲学原理の名の下で行われる裁判官の恣意的判断を恐れたからである。

　フォイエルバッハは国家の目的を、市民が自己の権利行使を十全に行うことができ、侵害から守られている状態を維持することであると考えた。国家は、侵害が起こらないようにしなければならないが、そのためには犯罪を引き起こす感性的衝動を抑制しなければならない（一般予防論）。ここからフォイエルバッハは、「行為へと向かう感性的衝動を、他の感性的衝動によって相殺する」ことにより、犯罪を防止しようとする。つまり「感性的衝動は、各人が、その犯罪行為には、犯罪行為をしようとする衝動が満足されなかったことから生まれる不快よりも大きい害悪が不可避的に生じてくる、ということを知ることによって取りやめられる」。人間は快楽を選び苦痛を避ける存在であるから、刑罰を予告することで人々は犯罪をしないように心理的に強制されるはずである。この心理的強制の可能性があるがゆえに、予め法律で犯罪と刑罰を一般人に知らせる必要がある（罪刑法定主義）。そして、刑罰は確実に科されなくてはならない、すなわち「法律の執行は、法的秩序が単に観念的であるのみならず、現実的であることを規定する」のである。

　フォイエルバッハは客観主義的立場に位置しながら一般予防論を採ったが、当時、主観主義的立場から特別予防論を主張した者がいた。しかしフォイエルバッハは、行為者の心情・性格の危険性という不確実なものに処罰の基礎を求めるのは法と道徳の混同であり客観的基準を欠くとして、これを退けた。

新古典学派　啓蒙主義的刑法思想および前期旧派刑法理論はアンシャン・レジーム期の刑法に大きな改革をもたらしたが、刑罰の功利的な目的を一般予防の観点から追求する傾向が強いことから弊害が生じたことも事

実であった。特に、フランス革命の理念を反映した1791年フランス刑法典に対して、1810年刑法典は第一次帝政の反動的性格を反映し、犯罪鎮圧という目的を重視し、刑罰を強化した。1810年法典はベッカリーアよりもベンサムの影響が強かった。

　フランスでは、自由主義思想の発展に伴い、功利的な一般予防目的追究による刑罰の峻厳性を緩和する為に、刑罰の目的（社会的効用）と応報（正義）を結合し折衷しようとする新古典学派（折衷主義理論）が19世紀後半まで支配的学説となった。彼らは、犯罪を社会的害悪とすると同時に道徳的害悪と解することによる折衷を試みた。この学派は、前期旧派に修正を加えつつも、なお自由主義的理論であった。新古典学派の主張によって法定刑の引き下げ（1863年）や政治犯の特別処遇（特に1848年の死刑廃止）などが実施された。先に述べたように、ボアソナードによる新古典学派の立法の試みが、我が国の旧刑法典であった。新古典学派の理論は明法寮でボアソナードに学んだ宮城浩蔵（検事、判事などを経て明治法律学校（明治大学）創設に寄与）らに継承された。宮城は東洋のオルトランと呼ばれ、死刑存置論において廃止論のボアソナードと距離があったりもするが、師のボアソナードの学説からの影響は大きい。

後期旧派理論　1840年代以降、特にドイツで前期旧派刑法理論は、後期旧派へと変容していく（我が国で「旧派（古典学派）」と呼ばれてきたのは、主に後期旧派のことである）。形而上学的な応報思想が注目されるのだが、そこには啓蒙主義の合理的個人主義に対置されるロマン主義、法を民族精神の所産とする歴史法学派、形而上学的なカントの絶対的応報刑論やヘーゲルの観念論からの影響が見られる。

　後期旧派理論はドイツ第二帝政期、新派との対決を通じて、ビンディング、ビルクマイヤー、ベーリングらが形成した。大まかに見れば、自由意思によって犯罪をしたことにつき道義的責任を認め、その責任のある犯罪行為に対する応報として刑罰を加えるという共通点があるが、論者によって国家主義的側面が強かったり（刑罰は国家の犯罪者に対する服従要求権に基づいて法の権威を維持するものであると論じるビンディング）、自由主義的側面が強調されたりもした（社会秩序維持目的で応報を論じ、構成要件論を確立したベーリング）。なお、ビルクマイヤーは両者の中間に位置したといえる。

第2部　社会とデモクラシー

　後期旧派理論は前期旧派に比して、刑法と道徳との峻別が徹底されておらず、道義的責任を問う点では差異があると言えるが、他方で犯罪と刑罰の均衡を必要とし、犯罪理論を客観主義的に構築した点で、前期旧派理論との共通性も存在する。

第3節　新　　派

ロンブローゾの衝撃　　　貧富の格差の拡大などの社会問題から累犯や少年犯罪の増加という現象が起こった。このような事態に対して19世紀後半、後期旧派（応報刑）は犯罪防止に無力ではないのかとの批判が起こり、当時の自然科学的な知見を利用して実証主義的方法により犯罪を研究する方向性が現れた。

　刑法学に衝撃を与えたのがイタリアのロンブローゾである。彼は医学を修めた後、1862年からパドウア精神病院長を務めた。1859年にはダーウィンの『進化論』が出ており、ロンブローゾにも影響を与えている。ロンブローゾは監獄と精神病院において精神病患者と犯罪者の身体的比較の研究を行っていたが、1876年に『犯罪人論』を発表する。この中で彼は、犯罪者は生理的・心理的に特殊な人間類型であると考えた（生来性犯罪人説）。他方、通常の人間がたまたま犯罪に至る「偶発的犯罪者」や群集心理による「激情犯」、また「精神病的犯罪者」という類型も設けている。

　ロンブローゾも、刑罰の任務は犯罪から社会を防衛するという前提は共有している。しかし彼は、犯罪者に苦痛を与えても大した意味はないとする。「生来的犯罪者」に対しては、治療や教育によって改善可能かどうか判断しなくてはならない。改善不可能だと判断されれば、隔離（死刑を含む）することになる。そしてこのような判断を行うのは、法律家ではなく医師の方が向いているだろう。また、「何をしたか」ではなく「彼・彼女がどういう人間か」が重要になってくる。監獄も従来の見解と異なり、病院や学校に類似する施設として捉えられる。また、ロンブローゾの思想から罪刑法定主義の緩和が導き出されるだろう。なお、ロンブローゾの生来性犯罪人説は後の実証的研究により根拠なしとされた。

リスト　　　刑法理論上において注目すべきは1882年に「刑法の目的思想」という講演で既存の刑法理論を傲然と批判したリストである。彼はイェーリングの目的法学の影響を強く受け、刑罰は「目的を意識した法益保護」でなくてはならないとした。彼は刑事政策の領域において犯罪原因を個人的なものと社会的なものに分け、刑事政策固有の問題は犯罪の個人的原因を除去することであるとした（後者は社会政策に委ねる）。個人的原因の除去に際し、「行為」のみを考察する従来の刑法理論を批判し、罰せられるべきは「行為者」であり、行為者の「反社会的性格」とそれによって示された「法秩序に対する危険性」が刑罰の種類・分量を決定すると説いた（主観主義）。

　リストは犯罪者を「偶発犯人」と「状態犯人」に分類し、さらに後者を改善可能者と改善不能者に分けた。偶発犯人には警告の意味で威嚇し（罰金刑の拡充、執行猶予の導入）、改善可能な状態犯人は改善し（相対的不定期刑）、改善不能な状態犯人は無害化すべき（終身刑等）とされる。

　このようなリストの思想は応報刑論を主張する後期旧派とは対立する。彼は意思決定論の立場から他行為可能性を前提とする責任・応報概念を否定し、「刑罰は、社会に対する防衛手段以外のものではあり得ないし、また、あってはならない」と社会防衛論を主張した。リストの議論は、犯罪者の特性に応じた処遇によって再犯を防止するという、特別予防に重点を置いたものであった。

　しかしリストの学説からすれば、「行為」を待たずに刑罰が科されるということも許容されるのではないか。この疑問に対し、リストは、刑法典は犯罪者のマグナ・カルタである、と論じて現実的な妥当性を確保している。リストの学説は体系論・解釈論としては旧派的伝統と全く乖離しているわけではなかったのである。

　なお、新派に対して後期旧派からの反論があり、1890年代から1910年代にかけて学派の争いが生じた。特に20世紀初頭のビルクマイヤーとリストとの間の論争は有名である。しかし1920年代に入ると争いは下火になる。1つには、両学派の相違点が誇張されすぎていたことがわかったからである。また、各国の刑事立法において新派の刑事政策的提案がある程度まで採用され、立法的に両学派の妥協が成立しつつあったことも理由の1つである。その結果、理論的に

第2部 社会とデモクラシー

も双方の歩み寄りが見られた。また1919年にリスト、翌年にビルクマイヤーが没したことも関係があるだろう。

第4節 日本における新派の登場

富井政章　富井政章は第6章でみた通り民法典編纂で活躍した人物だが、フランス留学からの帰国後の1884年に東京大学に講師として勤務した時、彼の担当科目は刑法であった。当時、日本の刑法学界はボアソナードの弟子であった宮城浩蔵や磯部四郎ら新古典学派の勢力が強かった。また犯罪者の数は激増の一途を辿っていた。

富井が講義用教科書として出した『刑法論綱』は、フランスではなくドイツ刑法学を反映させたものと評価されている。同書の中で富井は「刑法ハ一国社会ノ秩序安寧ヲ維持スルノ要具」であると述べ、「立法者ハ常ニ其社会ノ秩序安寧ヲ維持スルノ必要ヲ尺度トシテ法律ヲ制定セサル可カラス」（同14-15頁）とする。犯罪からの社会防衛という視点から刑法を構築する富井の学説は、明らかに新古典学派を批判的に捉えている。

同じ新派でも牧野は国家の進化に適合するように刑法も柔軟に解釈すべしという学説であったが、富井は旧刑法2条を高く評価し、類推解釈について「律ニ正条ナキ場合ニハ有罪ノ判決ヲ下ス」（同23頁）ことは許されないとする。

牧野英一　1908年施行の刑法典を、新派刑法学の立場から解釈した人物として最も重要なのが、リストらに学んだ牧野英一である。牧野はリスト以上に、新派理論を解釈学に浸透させたと評価される。

牧野は進化論的発想から「応報刑論→教育刑論、特別予防」「客観主義→主観主義」の進展を主張した（もっともその進化論は、精密な方法論的検証を経たものではないという評価がある）。牧野の刑法学においては、教育刑の主体としての国家観が問題とされる。警察国家から法治国家をこえて「文化国家」の立場から教育刑の理念が推進される。すなわち国家は、国家における我々の共同生活を保全し、統制し、発展せしめ、繁栄ならしめることを、その任務とする。犯罪者も人間であり、個人として尊重され、最後の一人をも見捨ててはならない。

牧野によると、罪刑法定主義の条文が削られた理由は、刑法の進化（社会防衛、主観主義、特別予防、教育刑）にとって、罪刑の法定による制約が障害になったからである。ただし、牧野は罪刑法定主義を全否定・放棄したわけではなく、時代にあわせて修正し、内容の追加をすることを目指した。すなわち、彼は類推解釈を許容するがその理由は、類推は古い法律を新しい社会的要求に適合するための法解釈論理だからである。

牧野によれば「今日の裁判官司獄官は最早自働器械ではありませぬ。自己の自由なる判断を以て活動しなければならない所の立派な紳士であり、犯罪に対して社会のために奮闘しなければならない所の勇敢な戦士であります。もちろん、新刑法は著しく裁判官司獄官の職責を増大したので、其の仕事は従来に比し甚しく複雑にして且つ困難なものになったのでありますが、併し仕事が複雑困難であるといふことは明かに裁判官の地位を尊重することになった証拠と謂わなければなりませぬ」。旧刑法に比べて新刑法は条文が少なくなったが、「成文は減じて仕事は増した其の差引いた多大な領域は即ち不文の刑法であります。而も此の不文の部分が最も大切なのであることは今更繰返して謂うを要しませぬ」（『刑事学の新思潮と新刑法』107-108頁）。

なお牧野は「生存権」を議論するが、それは現代人権論のそれとは異なり、天皇の言説（五箇条の御誓文「官武一途庶民ニ至ル迄各其志ヲ遂ケ人心ヲシテ倦マサラシメン事ヲ要ス」）に由来することに注意が必要である。『法律と生存権』（1928年）に収録されている1924年の講演において牧野は、「最後の一人の生存権を保全しよう！　之を以て、われわれの国民的理想として新らしく押し立てて行くことができないであらうか。さうして、それは、やがて、最後の一人までに、国民としての能力を最大限度に拡充せしめることになるのである。――換言すれば、最後の一人の生存権を保全することに因って、最後の一人までを必要の場合に於て国家の犠牲たらしめることを得るのである。国家は、最後の一人の生存権を惜しむことに因って、最後の一人までを戦はしめ得るのである。最後の一人の生存権といふ原理は、最後の一人までを戦はしめるの原理を包容して、更に高次に位する原理であるのである。――国家をして更に強固ならしめ更に偉大ならしめ更に尊厳ならしめるの原理であるのである」（同72-73頁）と述べている。

第2部　社会とデモクラシー

第5節　日本における旧派の台頭

大場茂馬　新派理論に対して、現行刑法典成立直後にビルクマイヤーに師事した大場茂馬（後に大審院判事、衆議院議員など）が後期旧派理論の立場から論陣を張った。大場は罪刑法定主義を重視し、応報刑論を主張した。彼は法律で人々の道徳観念を支えることにより、刑法の目的である「法律秩序ノ維持」や「生活利益ノ保護」が実現すると説いた。この大場の旧派理論に続いたのが瀧川幸辰（京都帝大）や小野清一郎（東京帝大）であった。

瀧川幸辰　瀧川の理論は、前期旧派理論から後期旧派理論へと続く自由主義的側面を捉えたものであった。ただ同時に理論形成期において牧野の影響を受けていることにも注意が必要である（1921年以降は徐々に牧野理論への批判色を強める）。

応報刑論を擁護するが、他方で一般予防論につき、その可能性が測定しがたいと難じて、特別予防を評価する傾向にある（ただし、法治国思想に矛盾するとして教育刑までには至らず）。なお瀧川は、現行刑法で罪刑法定主義の条文がないのは、既に明治憲法に条文（23条「日本臣民ハ法律ニ依ルニ非スシテ逮捕監禁審問処罰ヲ受クルコトナシ」）があるという説明が通説だとする。しかし瀧川の罪刑法定主義は法源からの慣習法の除外しか指示しておらず、類推や遡及効は必ずしも禁じられないとし、不定期刑については言及がない。類推禁止に転換するのは論文「罪刑法定主義の再認識」（1935年）以降である。戦後の『刑法講話』（1951年）では類推禁止は明示されるが、遡及効などの議論はない。

なお瀧川は昭和初期に体験した社会問題からマルクス主義へ傾倒することになるが、このような姿勢が彼の刑法理論にも一定の影響を及ぼすことになると同時に、自身の運命をも急転させることになる（第9章参照）。

小野清一郎　小野もまた旧派に属する刑法学者と評価されるが、かなりユニークな学説である。その特徴は大まかにいえば、大正末期から東洋的・仏教的思想（小野自身は浄土真宗の信者）と新カント学派や新ヘーゲル主義などのドイツ哲学から強い影響を受け、「文化主義的正義観」を基礎に議論を展開した点である。さらに昭和戦時期には刑法の「国家的道義性」を強

120

調し「日本法理」を論じている。

小野は牧野門下であるが、その円熟期には師と学問的に対決する姿勢を選んだ。また学者としてのキャリアの前に実務経験があることにも注目したい。父親と幼い時に死別してから苦学の日々であったが、東京帝国大学法科大学法律学科に入学した。病のため2年間休学したが、牧野の下で研究をするため助手採用の内諾を得た。ところが在学中の病気を理由に採用されなかったので、小野は検察官の道へと進む。小野自身、自分の理論の実践性の源が2年に満たない実務経験にあると述べている。

検察官時代に書いた論文が契機となり1919年から東京帝国大学助教授となり、同年にフランス・ドイツへと留学する（1922年帰国）。この留学の最大の収穫はベーリングの「構成要件の理論」とそれを中心とした新しい犯罪論体系であろう。小野は帰国直後に大学では刑事訴訟法講座を担当し、後に刑法も分担している。1938年に牧野の定年退官後の刑法第一講座の担当となり、翌年には法理学講座を兼担する。

当時の新派の大物・牧野の下で研究生活を続けていたため、小野の新派理論批判が本格化するのは1932年からであった。この年に小野は『刑法講義総論』を出し、自らの立場を明確に打ち出し始める（応報刑論、道義的責任論、客観主義）（それ以前の判例評釈から始まっているとする論者もいる）。小野の応報刑論は道義的責任のある行為者に対する法律的制裁であり、その内容は国家による法益の剥奪すなわち害悪であるとする。小野の立場は基本的に後期旧派理論で、ドイツの理論以上に刑法の国家的道義性を強調したものであった。

小野の正義に関する見解としては先に述べた「文化主義的正義観」であり、先の『刑法講義総論』の中にも登場する概念だが、これは1925年からの連載論文をまとめた『法理学と「文化」の概念』（1928年）の中によく表れている。小野によると文化現象としての法律は「正義の実現に関係ある社会的規律又は秩序」である。正義は法独自の文化価値であり、客観的価値であるのだが、それは体験・直観によって発見されなくてはならない。ここに小野の東洋的・仏教的思想を見ることができる。別の著作に収録されたものでも、「如何なる理論をもって来ても全幅的に正義を示すことは出来ず、必ずこれを否定する契機に遭遇する。その意味において其は概念的に限定しがたきもの、即ち無自性であ

第2部　社会とデモクラシー

り、空である」(「刑法に於ける正義」『法学評論（下）』148頁) と論じている。そして小野によれば正義の究極原理は文化一般の価値体系に求められ、この立場から刑法理論の問題を論じるのである。

「日本法理」論　小野の「日本法理」論が強く出てくるのが1940年頃からである。小野の学説は、新派の処罰範囲拡大傾向を客観主義と道義的責任論で抑制する方向性をもっているという意味で自由主義的側面もあったのだが、「日本法理」論が強くなった時期の小野の学説には国家主義・権威主義的色彩が濃い。「日本法理」は、日本国家の事理、道理として、万世一系の天皇制国体と歴史と民族に内在する事理を離れてはあり得ないとされる。

　1930年代においては「凡そ刑法に於ける政治的なるものの優越は否定すべからざる事実であり、しかも政治は歴史的・流動的なるを其の本質とする……流転の実相に即してしかも一如の理を諦観し、歴史に即してしかも歴史を超ゆる普遍的価値を実現することこそは真の認識（さとり）である」(「「政治的」刑法学」『法学評論（下）』348頁) などと述べ、他国の理論を参照しつつも日本独自の刑法学の樹立を謳っていた。しかし1940年には「我々は今や外ならぬ我が日本民族の精神と歴史とを反省しなければならぬ時機に立っている」(「エリック・ヴォルフ「ドイツ精神史上の大法律思想家」」『日本法理の自覚的展開』315頁) や「我々は固より徒らにドイツとかイタリアとかにおける政治体制を追ふべきでない。しかし、其の思想的動向には参考と為る点がある。道義的共同体としての国家の自覚が今や刑法に於ても其の中心観念たるべきである。我々の刑法は我が日本国家の自覚に立って日本民族的・日本国民的道義を明徴ならしむるものであらねばならない」(「刑法に於ける道義と政策」『日本法理の自覚的展開』212-213頁) と論じている。小野はかつての文化至上主義に代えて、刑法の国民的道義の観念を持ち出している。

第6節　囚人の処遇問題

監獄行政の困難さ　江戸時代の人足寄場は明治以降の近代行刑理念の先駆けと評価できる。ここは拘禁によって犯罪を未然に防ぐ警

察行政的性格に加え、強制労働による懲戒だけでなく、再社会化に向けた教育をも目的としていた。もちろん、この制度を近代的監獄と同列に語ることは難しいが、西欧の制度の模倣・移植ではなく我が国独自の制度として注目すべきものであるし、また明治期以降の近代的自由刑に対して固有法的伝統として影響を与えたことも忘れてはならない。

幕末には外来思想の浸透と開国による社会情勢の激変により幕藩体制批判が生じ、それに伴って獄制も問題視された。しかし近代的監獄の導入は簡単ではなかった。

明治初期は人足寄場等の旧制度・慣習を地方ごとに踏襲していた。また身体刑を懲役刑に転換するために懲役法（1872年）が作られるなどした。しかし近代化のためには当時の刑法典である新律綱領に対応する刑の執行方法を定めた規定が必要であった。

新選組を斬ったことにより小伝馬 町 牢舎に繋がれた経験をもち、新政府下で司法官僚として出仕していた小原重哉が1869年に改革案を出している。そしてイギリス領香港・シンガポール視察後に小原が起草し、成立したのが1872年の監獄則である（フランス法の影響も見られると同時に、江戸期の制度も考慮に入れている）。

監獄則は囚人の処遇改善のために設備や教化に関する急進的・理想的立法であった。しかし地租改正前の政府の脆弱な財政状況では、監獄則の完全実施はほとんど不可能であった。大蔵省の強い申し入れによって、1873年には監獄則は施行停止されてしまう。また懲役法も、実施困難な場合は笞刑・杖刑の継続が認められた。

しかし小原の視察などで多大な労力・費用を費やした司法省は納得せず、同年に司法省達を出し、その範囲でのみ監獄則が有効になるようにした。これによって予算に支障がない限りで監獄則の精神に沿った任意の実施が許容されることになった。しかし実際は監獄則の理念からかけ離れた、非人道的な監獄運営が続けられた。また、改定律例により懲役終身刑が定められたことにより囚人数は激増し、放火・集団逃走などが頻発したことにより、明治10年代の監獄運営は困難をきわめた。

そこで1880年公布の旧刑法・治罪法に合わせて、1881年に監獄則が改正され

第2部　社会とデモクラシー

た。この改正では、監獄の安全管理を強化するために厳格な囚人隔離を基本方針としており、全国的統一と監獄管理体制の改善が実現するはずであった。しかし費用負担と在監者増加が問題として残っていた。そこで内容を大幅に改正した監獄則が1889年に制定された。この監獄則は当時の日本のドイツ法傾斜に合わせて、ドイツ法の影響を強く受けている。

ゼーバッハ　同年、ドイツ監獄学の権威であったクローネの高弟、ゼーバッハが内務省獄務顧問として来日している。ゼーバッハはドイツ語訳の日本の監獄則を研究し、全国の監獄の実状を見て回り、監獄構造の不完全さにより逃亡が多発しており、また衛生管理に失敗していると批判した。また罪名や男女による区別が徹底されていない監獄があったことを指摘した。旧刑法は条文により刑罰を細分化することで裁判官の裁量を狭めていたのだが、ゼーバッハの目にはそれに対応した現実が監獄には認められなかったようだ。ただゼーバッハは刑法の理念との関係というより、監獄自体の機能の観点から問題を眺めている。彼は犯罪を伝染病のように考えており、隔離拘禁しなければ監獄は犯罪の温床になってしまうと主張した。

　監獄運営の改善には構造上の障害を乗り越える必要があったが、同時に運営側の能力向上も焦眉の急であった。そこ監獄官練習所が東京集治監内に設置され、1890年に授業が開始された。ゼーバッハによるドイツ監獄法講義や穂積陳重（ほづみのぶしげ）による刑法講義などが行われた。しかしゼーバッハは全国の監獄を短期間で巡る過密スケジュールの中で腎臓病・心臓病を患い、1891年に亡くなってしまう。ゼーバッハの死と経費不足により監獄官練習所は閉鎖されてしまった。

小河滋次郎
と監獄法　ゼーバッハの後、日本の行刑改革を引き継いだのは、ゼーバッハに帯同して全国を回った小河滋次郎（おがわしげじろう）であった。小河は東京帝国大学法科大学において穂積陳重に監獄学の道を示され、内務省警保局の清浦奎吾（きようらけいご）の下で働くことになった監獄行政官僚であり、監獄行政から離れた後は貧困者救済にも活躍した人物である。

　小河の下で1899年に監獄則は改正される。ここには外国人拘禁に関する規定を盛り込むと共に、ゼーバッハ・小河の掲げる監獄作業の懲戒・収益主義から教化・職業訓練主義への転換が図られていた。なお小河は現行刑法が制定される以前（1902年）に刑法改正案に関する文書を発表しており、この中には死刑

廃止論が含まれていた。

　1908年、現行刑法が施行されるに合わせて、小河の起草による監獄法が制定された（この法律は21世紀に入っても残っていた）。監獄法は1902年プロイセン内務省所轄監獄則を元に作られている。当時、イギリスやオランダには独立した監獄法があったが、フランス、ベルギー、ドイツには監獄法がない状況であった。そのような状況下、新刑法の理念に沿った内容の法律が誕生したのである。たとえば刑法で自由刑の種類が整理されたのに合わせて在監者の収容場所を分類した（1-3条）。その拘禁目的は受刑者から社会を保護することおよび受刑者を社会復帰させることである。また以前から実務では行われていた教誨を明文化している（29条）。監獄作業は受刑者の社会復帰を促すものとされるが、工銭制度を廃止し作業賞与金制度とした。作業収入は国庫に帰属し、作業賞与金は国家から恩恵的に与えられるものとされた（27条）。つまり受刑者の労働に対する賃金ではなく、その使途は厳しく制限された。しかし同時に作業中の事故などに対して手当金が支給される制度も盛り込まれている（28条）。

【参考文献】

内田博文『日本刑法学のあゆみと課題』日本評論社、2008年

小野清一郎『法学評論（下）』弘文堂書房、1939年（近デ）

同『日本法理の自覚的展開』有斐閣、1942年（近デ）

芹沢一也『〈法〉から解放される権力——犯罪、狂気、貧困、そして大正デモクラシー
　　——』新曜社、2001年

津田真道（山室信一・中野目徹校注）「死刑論」『明六雑誌（下）』岩波書店、2009年

土屋恵一郎『怪物ベンサム——快楽主義者の予言した社会——』講談社、2012年

富井政章『刑法論綱』岡島宝文館、1889年（近デ）

内藤謙『刑法理論の史的展開』有斐閣、2007年

長尾龍一『法学に遊ぶ〔新版〕』慈学出版社、2009年

中山研一『刑法の基本思想〔増補版〕』成文堂、2003年

姫嶋瑞穂『明治監獄法成立史の研究——欧州監獄制度の導入と条約改正をめぐって
　　——』成文堂、2011年

牧野英一『刑事学の新思潮と新刑法』警眼社、1909年（近デ）

同『刑法の三十年』有斐閣、1938年

同『法律と生存権』有斐閣、1928年

第2部　社会とデモクラシー

吉川経夫他編著『刑法理論史の総合的研究』日本評論社、1994年

吉永圭「小野清一郎における法思想と仏教思想」大東法学29巻1号、2019年

チェーザレ・ベッカリーア（小谷眞男訳）『犯罪と刑罰』東京大学出版会、2011年

第8章　大正デモクラシー

この章で学ぶこと

　日本史において「大正デモクラシー」という時期は、実は年号としての「大正」と一致しない。その捉え方は論者によるものの大別して「1905年（明治38年：日露戦争講和条約反対運動）から1925年（大正14年：普通選挙制および合法無産政党成立）」と「1918年（大正7年：原敬内閣成立）から1932年（昭和7年：五・一五事件）」の2つである。

　それゆえ、「大正デモクラシー」という呼称を避けるべきだという意見も存在する。この概念が戦前の日本の民衆の思想・行動の複雑さの解明を阻害してきたという。このような意識から「インペリアル・デモクラシー」という語が提案されている。

第1節　吉野作造の民本主義

吉野の思想形成　　大正デモクラシー期で最も注目すべきは吉野作造であることに異論はないだろう。彼の活躍した領域は吉野自らが得意であると明言していた中国論、明治文化研究があるが、ここでは彼の民本主義思想を扱う。なお、吉野によれば、民本主義は彼の造語ではない。既に当時に多くの人が使っていたようで、吉野は茅原華山や上杉慎吉（第5章を参照）の名前を挙げている。

　吉野は二高を経て東京帝国大学法科大学へ進んだが、二高時代にキリスト教に入信し、大学時代には本郷教会の海老名弾正の指導を受けている。海老名は学生の勧誘のために雑誌『新人』を創刊したが、吉野はこの雑誌に文章を載せていた。海老名は自由神学に基づく歴史主義的聖書解釈という方法論を採ったが、これが吉野の政治学・歴史学を基礎づけている。海老名により吉野の中で信仰と科学的認識は結びつき得るものとされた。また海老名神学の基礎には

第2部　社会とデモクラシー

ヘーゲル哲学があるが、吉野にもヘーゲルの影響が見られる（穂積陳重の演習で
ヘーゲルをテーマに選び、後に『ヘーゲルの法律哲学の基礎』を刊行している）。

　大学では一木喜徳郎の講義を聴き、また社会主義にも接近したが、吉野の人
生を学問的に決定したのは政治学の小野塚喜平次であった。卒業後は大学院で
政治史を専攻したが、生活の糧を得る必要から、梅謙次郎の勧めで清国で3年
ほど働いた。梅は法政大学で総長として中国人留学生教育（清国留学生法政速成
科）を推進しており、中国側からの信頼も厚かった。梅は速成科開設を通じて
清国の有力者と関係を持っており、吉野はこの縁を頼ったものと思われる。こ
の時期は小野塚はまだ助教授で、吉野の指導教官ではなかった。先に見た法理
学演習で吉野に接し、学術出版を促したのは穂積陳重であった。吉野は梅や陳
重らから薫陶を受け、また法制史の中田薫、憲法の上杉慎吉、民法の鳩山秀
夫（第6章を参照）、刑法の牧野英一（第7章を参照）らと交流を深めた。

　1909年の帰国後に東京帝国大学助教授となり、欧州留学後に教授に昇進す
る。大学では政治史と政治学を講じた。1924年には大学を辞して一時新聞社に
顧問として関わったりしたが、大学での講義は続けていた。

民本主義　　　吉野によれば民本主義はキリスト教の政治的表現であるとされ
る。日露戦争は吉野から見れば専制に対する自由のための戦い
であったが、日露戦争によって吉野は民本主義の普遍性・必然性を認識したの
である。

　吉野によれば民本主義とは近代憲法の精神的根柢である。「憲政の本義を説
いてその有終の美を済すの途を論ず」（1916年）では、近代における憲法は「人
民権利の保障」「三権分立主義」「民選議院制度」を内容とするものであるが、
民本主義は君主制・共和制を問わず通用するものとされる。

　明治憲法下では、国民主権からデモクラシーを基礎づけること（民主主義）
は危険であった。そこで吉野は主権の所在という問題を棚上げし、主権の行使
の問題に焦点を当てた。「法律上、主権は君主にありとして、その主権者が主
権を行使するに当り、いかなる主義方針に拠るべきかという時に、民本主義は
現れ来るのである。」（「憲政の本義を説いてその有終の美を済すの途を論ず」63頁）
主権行使の中心的役割は、議会が担うものとされている。なお「憲政の……」
の2年後に出された「民本主義の意義を説いて再び憲政有終の美を済すの途を

論ず」においては、「人民の自由」を絶対的価値基準とするものではない、とされている（『選集2』101頁）。

　吉野は民本主義を政治的に捉えると同時に、人格主義として理解していた。個人を目的とする人格主義がデモクラシーの本質であり、政治的民本主義もここから由来する。そして人格主義は信仰によって裏打ちされているので、キリスト教の信仰が社会においてデモクラシーとなって現れる、とされる。吉野においては代議制も人格主義と政治的民本主義を媒介するものとして位置づけられる。

　なお吉野は民衆の意思を政治過程に導入することは認めながら、民衆自身を政治の前線に置くことには消極的であった。1914年の「民衆的示威運動を論ず」において吉野は、民衆的示威運動は一面で喜ぶべきものであるものとしつつも、否定的な評価を下している。「我国今日の民衆と云ふものは、……容易に野心家の利用する所となると云ふ傾向があると思ふ」（『選集3』31頁）。「実は民衆運動の盛んに起ると云ふことは畢竟するに憲政の失敗を意味すると信ずる」（同32頁）。民衆の意思は投票を通じて、議会で図られるべきである。吉野は民衆を政治の最終監督者の位置に起き、政治は政治家に委ねるのが良いと考えていた。

　　　　　吉野への敵意　　　　吉野の民本主義は言論界ではもちろん多くの反響を呼んだが、憲兵の機関誌であった『軍事警察雑誌』第18巻第1号（1924年）に載った野村昌靖の「廿糟大尉」という琵琶歌には、吉野への露骨な敵視が見て取れる。野村の琵琶歌は、関東大震災時に憲兵大尉の甘粕正彦が大杉栄らを殺害した事件によせて書かれており、甘粕への賛美の一方で「君万歳と壽きし　治る御代の大正も　時勢が生める新思想　社会主義又共産主義や無政府主義にはデモクラシー　相も継て勃興し　伝播力の凄まじや　其頭目は大過境」（同42頁）と新しい思想の脅威を表現している（「大過境」は大杉栄を指す）。そして「早まり給ふな大尉どの　大過夫妻のみにては　主義者の根絶思ひもよらず　博士阿久森始めとし　残徒どもの根を絶やし　其後ち死んも遅からじ」（同43頁）と続く（「阿久森」とは吉野を「吉→悪→阿久」、「野→森」ともじったものである）。

129

第2部　社会とデモクラシー

第2節　デモクラシーの思想

**デモクラシー
の思想史**　　　吉野は民本主義を普遍的原理とした。彼の立場はキリスト教
的人間観に根ざしたものであったが、そもそも民本主義の精
髄を成すデモクラシーとはどのような概念なのか（以下では、デモクラシーを文
脈によって「民主制」「民主主義」と表記する）。

　デモクラシー論は、古代ギリシアの哲学者アリストテレスの『政治学』にま
で遡るのが通例である（なお、以下の分類論はすでにプラトン『ポリティコス（政治
家）』に見られる）。アリストテレスは国の統治機関は主権をもつものとし、こ
れを一人がもつか、少数者がもつか、多数者がもつかで分類した。そして統治
者（たち）が公共の利益のために統治を行えば正しい国制が、自己利益のため
に統治をすれば悪しき国制が実現するとした。単独支配制で正しいものを王
制、少数者支配のそれを貴族制、多数者支配のそれを共和政と呼ぶ。アリスト
テレスは、一人あるいは少数者が徳において卓越することは可能であるが、多
数者が高い徳に達することは困難としつつも、戦争に関する徳だけは多数者の
内に見出されるという。また、それぞれの支配形態からの逸脱を僭主制、寡頭
制、民主制（デモクラティア）と呼ぶ。彼によれば、寡頭制とは富裕者の利益の
ための支配、民主制とは多数の貧困者の利益のための支配である。

　しかしアリストテレスは支配者の数よりも寡頭制と民主制を真に区別する基
準は「富／貧困」ではないかという。アリストテレスはさらに議論を進め、
「民主制とは、自由市民が主権を取る場合であり、寡頭制とは、富裕者が主権
を取る場合であって、ただそれらの場合に前者が数多く、後者が数少ないこと
が事実としてある」（『政治学』186-187頁）と述べる。

　近代のデモクラシーに重要な貢献をした思想家として、フランスのルソーが
いる。彼の社会契約においては、その国家は人民によって構成されるのだが、
一般意志によって運営される。主権者たる人民の意志である一般意志は選択を
間違えることはない。そしてルソーにおいては、代議制は否定的に捉えられて
いる。

　同じフランスの思想家でもトクヴィルの見方はルソーのものとは異なる。ト

130

第8章　大正デモクラシー

クヴィルはデモクラシーを社会類型と捉えた上で、デモクラシー以前の貴族社会との相違を「境遇の平等」に求めた。この社会の特徴は「多数者の全能」であるが、トクヴィルによれば、これは「多数者の暴政」へと転化し、少数者への迫害などが生じ得る。

　デモクラシー社会においては中間団体が解体されており、集権的な国家が後見的権力として登場する。トクヴィルにおいても代議制は自由の脅威として否定的に考えられている。自由と平等をどのように調和させるか、この問題に対してトクヴィルは結社や言論機関の自由を擁護することで、また個人の政治的自由を強調するなどして、デモクラシーを活性化させることが肝要であるとした。

　イギリスの思想家ミルも「多数の専制」を指摘している。ミルにとって国家と同様、個人の自由を脅かす存在は社会の圧力である。彼は『自由論』（1859年）の中でこのように書いている、「この論文の目的は、用いられる手段が法律上の刑罰という形の物理的な力であるか、あるいは世論の精神的強制であるか否かに関わらず、およそ社会が強制や統制の形で個人に関係する仕方を絶対的に支配する資格のあるものとして一つの極めて単純な原理を主張することにある。その原理とは、人類がその成員のいずれか一人の行動の自由に、個人的にせよ集団的にせよ、干渉することが、むしろ正当な根拠を持つとされる唯一の目的は、自己防衛であるというにある」（同24頁）。また「個人は、彼の行為が彼自身以外の何人の利害とも無関係である限りは、社会に対して責任を負っていない、ということである。他人による忠告、教示、説得、及び他の人々が彼ら自身の利益のためにその必要があると考える場合に彼を回避することは、社会がその個人の行為に対する嫌悪や非難を正当に表現するための、唯一の手段である」（同189頁）。他者を害しない限り人はあらゆる行動の自由をもっているというミルの主張は他者危害原理と呼ばれ、現代においても重要な意義をもっている。ミルの他者危害原理からは思想・信条の自由の擁護や愚行権などが導き出される。

**ハンス・ケルゼン
のデモクラシー論**　　20世紀におけるデモクラシー論で注目すべきは、法学から他の学問的影響や政治的イデオロギーを除いた純粋法学を提唱したケルゼンのものである。ケルゼンはオーストリア出身で、憲法を

131

第2部　社会とデモクラシー

起草し憲法裁判所の判事を務めた。1930年からはドイツのケルン大学でも教鞭をとったが、ユダヤ人であったゆえにナチス禍を逃れ1940年にアメリカに移住する。彼の業績は狭い意味での法哲学に留まらず国際法などにも及ぶ。

　ケルゼンにおいては、デモクラシーは理念と現実に分けて分析される。その理念としての側面としては、自分の意見のみに従って生きる自由である。しかし現実にはそれは不可能であり、可能な限り多数の人の意見を考慮出来る多数決原理が採用される。1929年に出された『民主主義の本質と価値〔第2版〕』においてケルゼンは、多数決原理は階級支配を阻止することに適しているが、「そのことは、この原理が経験上少数者保護と親和的であることに既に示されている。なぜなら、多数派ということは概念上少数派の存在を前提としており、それゆえ多数者の権利は少数者の存在権を前提としているからである。そこから、多数者から少数者を保護することの（「必然性」とまではいえないかもしれないが）「可能性」が帰結される」（同73頁）と述べている。多数決原理は、多数者による少数者の絶対的支配を意味するのではなく、政治的対立の妥協の原理、調整の原理である。現実には、少数派が政府を押さえる可能性はなお存在しているのだ。

　ケルゼンは民主制と議会制を異なるものとする点で、後述のシュミットと同様である。ケルゼンはルソーの自由と直接民主制の関係を中心とした思想をよく研究していた。ケルゼンによれば、直接民主制はもはや不可能である以上、議会制だけがデモクラシーの現実に唯一可能な形態である。すなわち、民主制の理念である自由は、多数決原理及び国家意思形成の間接性という分業原理と結合して、議会制に至る。また同時に、現実の民主制の技術たる議会制は、民主制の理念たる自由と緊張関係にあり、それに対処するためにケルゼンは国民投票や国民発案、政党制などに着目している。

　そしてケルゼンによれば「絶対的真理と絶対的価値が人間的認識にとって閉ざされていると考える者は、自分の見解のみならず、それと対立する他者の見解をも、少なくとも可能なものと考えるであろう。それゆえ、相対主義こそ民主主義思想の前提する世界観である」（同129頁）。

カール・シュミットのデモクラシー論　ケルゼンと同時期に活躍したドイツの法学者、シュミットはナチス加担者の悪名もあるが、自由主義に対

する批判は、ナチス入党（1933年）の前から始まっていた。すなわち、シュミットもケルゼンと同じく、ルソーの『社会契約論』をデモクラシーの重要な作品として扱っているのだが、ケルゼンとは異なる方向へと議論を進める。

『現代議会主義の精神史的状況』（1923年）において、シュミットは議会主義と民主主義を区別し、前者を自由主義に由来する制度とする。「近代議会主義と呼ばれるものなしにも民主主義は存在しうるし、民主主義なしにも議会主義は存在しうる。そして、独裁は決して民主主義の決定的な対立物でなく、民主主義は独裁への決定的な対立物ではない」（樋口訳、32頁）。シュミットによれば、当時の議会は利益代表となった政党の交渉の場となっており、しかもそのような交渉は国民の目に触れない委員会で行われている。なお、同書の第2版（1926年）では、「民主主義の本質をなすものは、第1に、同質性ということであり、第2に——必要な場合には——異質的なものの排除ないし絶滅ということである」（稲葉訳、14頁）と述べている。シュミットにとって人民は公法上の概念であり、したがってケルゼンのように政治上の組織を私法上の組織と同列に扱うことは誤っている。

シュミットは『憲法理論』（1928年）において、「憲法」と「憲法律」を区別する。「憲法律」とは合法的手続きにより任意に改正できる個々の規定を指すのに対し、「憲法」は政治的統一体の具体的な実存形式を意味する。シュミットは、ワイマール憲法の政治的実存形式を、憲法制定権力としての人民が決定した「民主制」という国家形態に見出す。ここでは民主制とはもはや手続きの問題ではなく、憲法の本質とされる。シュミットは同書の中で憲法改正の限界を論じ、「憲法律」は改正できても「憲法」は改正できないと論じた。また、「憲法」そのものを守るため、「憲法律」上の権利を一時的に停止する「独裁」もシュミットの考える憲法保障であった。

『憲法理論』の中で人民は次のように描かれている。「人民の直接的意思表示の自然的な形式は、喝采、即ち、集合した大衆の賛否の叫びである。近代の巨大国家においては、全ての人民の自然的で必然的な生の表現としての喝采は、その形態を変えた。喝采は『世論』として現れる。いずれにせよ、人民は一般に、常にただ、然りまたは否と言い、賛成または反対し得るのみで、人民の然りまたは否は、自己の全体的実存に関する基本的な決定が問題であればあるほ

第2部　社会とデモクラシー

ど、一層単純かつ基本的となる」（同105-106頁）。民主制の中心概念は人間ではなく、人民である。同書においてもシュミットは、ケルゼンの多数決原理の量的・算術的志向が民主制の政治的意味を消失させ、民主制的平等の実質に関する議論を無視したものであると述べている。

　1932年、シュミットは『合法性と正統性』を刊行するが、これはナチスと共産党という反共和主義勢力が台頭する当時の議会制民主主義の価値中立に対する危機感から執筆されたものであった。すなわち、憲法に敵対的な勢力が形式的な手続きにより権力を奪取する「合法的革命」を防ぐことができないことが問題視される。

　しかし翌年、シュミットはナチスに入党する。それまでナチスに否定的であったシュミットの「転向」の動機には諸説あるが、ナチ要人の中で彼を好意的に迎えたのは少数であった。このナチス期に彼は「具体的秩序思想」を打ち出し、民族生活の具体的現実に根ざした秩序を主張することになる。

第3節　「アメリカ」の登場

アメリカとの接触　　日本にとって「アメリカ」とはどのような存在であるか。その原体験は恐らくペリーと黒船だろう。もちろん、太平の眠りを覚ます脅威という側面は強いのだが、他方で日本との共通性を見出すことも可能である。つまり、イギリスの植民地支配から脱出したアメリカを見て、いわば「攘夷」に成功した歴史的先例と考えることができるのである。このような非ヨーロッパの先進国としてのアメリカ像は、後にドイツの対極に立つ平和主義国家としてのアメリカへとつながっていく。また、海軍国家としてのアメリカという側面も見逃せない。日本は幕末から明治初年にかけて、艦船購入やアナポリス海軍兵学校への留学生派遣を通して、アメリカ海軍の援助を受けていた。日露戦争後は日本人移民排斥問題や満州をめぐる日米間の経済対立があったせいで、日本は対米作戦を前提とした海軍力増強を進めたが、決定的対立に陥らない限り対米関係は妥協できるとも考えられていた。

　また、民主主義・資本主義の先進国としてのアメリカ像がある。民主主義国としてのアメリカはワシントンやリンカーン、さらにウィルソンらに象徴され

ており、また民衆の政治的成熟も日本人に衝撃を与えた。民主主義国アメリカは、同時に資本主義国アメリカであり、その象徴的人物はカーネギーやロックフェラーらであった。それは一面では自由主義・個人主義を象徴していたが他方で拝金主義・世俗主義をも意味する。

学問的衝撃　学問の世界においてアメリカを感じる契機は、明治10-20年代におけるイギリスの思想家スペンサー（第3章を参照）の哲学・社会学の、日本における流行であろう。スペンサーの思想は南北戦争後のアメリカで広く受容されていた。国家干渉を排して自由競争の必要性および適者生存の合理性を説くスペンサーの思想は、アメリカにおいて学者のみならず資本家や政治家にも歓迎された。このような思想が日本に流入した結果、アメリカは「産業型社会」のモデルとして立ち現れたのである。

　またプラグマティズムの本格的流入もこの時期である。アメリカでデューイに学んだ田中王堂の講義を聴いた石橋湛山は後年、次のように語っている。「私は、先生によって、初めて人生を見る目を開かれた。私の経済学は、全くたれも先生はなく、自分で本を読んで始めたのだが、その際にも王堂先生には有益な指導を受けた。……先生の思想は深かったが、学問も広かった」（『湛山回想』75頁）。「もし今日の私の物の考え方に、なにがしかの特徴があるとすれば、主としてそれは王堂哲学の賜物であるといって過言ではない」（同78頁）。

　王堂の思想はたとえば次の文章に見られるように、具体的な生活に着目したものであった。「自分から見ると生活の価値は生活の欲望に根ざし、生活の意義はこの欲望を実現する方便より生ずるのである。人間は生活に価値をおけばこそ、それを継続しようと努力するのであって、この努力が種々の方便と分化するに及んで、ここに生活の意義なるものが生ずるのである」（『書斎より街頭に』432頁）。そして自らの欲望を調整していくことを説く、すなわち「人間が生活を継続するには、彼が置かれたる境遇と、彼が持てる欲望との斉整又は融合を計り行くことが必要条件である」（同435頁）。

文化的衝撃　日本に対するアメリカの衝撃は文化的側面にも及ぶ。特に第一次世界大戦中から戦後にかけて日本は世界有数のアメリカ映画市場になったが、映画によって日本人はより生き生きとしたアメリカに接触した。なお、当時は無声映画であったため、上映中に解説を入れる活動弁士が活

第2部　社会とデモクラシー

躍した。しかし『マダムと女房』（1931年）など、映像と音声が同期したトーキー映画が日本でも出回るようになると、大半の活動弁士は廃業に追い込まれる。横溝正史は『悪魔の手毬唄』の中で、主人公の金田一耕助に1932年頃の回想として弁士が失職したという話をさせている。

　また工業化・都市化に合わせて生活様式の機能主義化が進んだ。このような文化的受容があってこそ、アメリカの政治的衝撃（ウィルソン主義による民主主義）が日本へより深く浸透したのである。

　アメリカによる民主主義化を懸念する者もなかったわけではない。たとえば和辻哲郎は、古代ギリシアのような哲学・芸術の高い精神性を備えた「文化」に対置する形で、実用志向の英米型「文明」を批判した。しかし大正デモクラシーの担い手であった多くの知識人たちはこれを「世界の大勢」として容認した。彼らは程度の差はあったが、アメリカに親近感をもち、外交政策における対米協調主義を主張し、アメリカ研究を進めた。1918年、日本の大学で初めてアメリカ研究講座のための講義が美濃部達吉、新渡戸稲造、吉野作造によって行われた。この講座はニューヨークの銀行家アロンゾ・バートン・ヘボンの寄付に基づいて前年に東京帝国大学法科大学に「米国憲法・歴史および外交」講座として開設されたもので、1918年2月から美濃部によるアメリカ合衆国憲法の講義を皮切りに、3名による連続講義が行われた。

　ヴェルサイユ平和条約批准がアメリカ上院で否決されると、ウィルソン主義の日本知識人への影響力は著しく低下した。しかしこれは大正デモクラシーが霧散することを意味しなかった。すなわち、国内では政党内閣の成熟と合法無産政党の胎動、国際的にはワシントン体制への参加である。これに伴いアメリカの日本に対する影響は、思想的なものから経済的なものへ移り、担い手も政財界・官界の親米指導者たちに移っていく。

第4節　社会主義、社会運動

日本の社会運動と法規制　日本における社会主義運動の最初期のものと考えられるのは、高島炭鉱問題であろう。これは長崎県三菱鉱業高島炭鉱での鉱夫虐待事件で、明治初期から何度も暴動が発生していた。1888年に雑

誌『日本人』でこの問題が取り上げられ反響を呼んだ。その後1899年には、新聞記者であった横山源之助による『日本之下層社会』が刊行される。横山は農商務省嘱託として『職工事情』調査にも参加した。1891年には足尾鉱毒問題が田中正造によって帝国議会で取り上げられている。

　日本の労働運動を根付かせた人物として欠かせないのが、高野房太郎である。彼は経済学者・高野岩三郎の兄にあたり、房太郎のアメリカからの仕送りで高野岩三郎は学問を続けることができた（高野岩三郎の弟子が森戸辰男であることは第9章参照）。高野房太郎はアメリカで労働運動を学び、同時期にアメリカに留学していた片山潜を、牧師の道から社会運動へと導いた。1897年には片山らと労働組合期成会を結成した。他に鉄工組合や日本鉄道矯正会などの労働組合が組織され、労働者の団結が強くなっていった。なお、片山が治安警察法を契機に急速に社会主義に接近するのに対して、高野房太郎はあくまで労働組合を中心とした運動に固執したため、二人の溝は深くなっていった。高野房太郎は1900年に日本を離れ中国に渡り、1904年に青島で客死した。

　このような動きに対して政府は1900年に治安警察法を制定し、労働者の団結権・ストライキ権を制限した。翻って労使対立緩和という政策的見地から、工場法を制定した（1916年施行）。

　1901年には安部磯雄・片山・幸徳秋水・木下尚江らによる最初の社会主義政党である社会民主党が結成されたが、治安警察法により解散させられている。また日露戦争が迫る1903年、幸徳や堺利彦らは平民社を結成し、『平民新聞』で戦争反対を呼びかけた。社会主義運動は政治運動に展開し、1906年には日本社会党が結成されたが、翌年に治安警察法によって解散させられた。

女性の労働環境　この時期、特に女性労働者の待遇は劣悪であり、後述の女性解放運動においてもこの点が議論の対象になっている。1900年当時、工場労働者総数約39万人の内、繊維産業が24万人を占め、その88パーセントが女性であった。女工の多くは、苦しい家計を助けるために出稼ぎにきた小作農家の娘たちで、賃金前借りや寄宿舎制度で工場に縛り付けられ、劣悪な環境の下、低賃金で長時間労働に従事していた。第9章で扱う工場法も、女工の労働環境改善には大して役に立たなかった。

　宮本常一は戦前の村を歩いていた時、農家の軒先などに青い顔をした女性が

第2部　社会とデモクラシー

腰掛けているのを見たという。都会の工場で働き、重い病になって戻ってきた女性がその後再び健康になることはほとんどなかった。

工女と同じ位、あるいはそれ以上に過酷な環境にいたのが遊廓の女性であった。1900年に娼妓取締規則が制定され、また山室軍平を中心とした救世軍の自由廃業運動も起こったが、娼妓たちの境遇はさして改善されなかった。

第5節　日本の女性解放運動

岸田俊子　我が国の女性解放運動を見る際には、後述のように『青鞜』の役割は無視できない。しかし明治初期に活躍した岸田俊子も重要である。岸田は1879年に10代の若さで山岡鉄舟と京都府知事・植村正直の推挙で文事御用掛として宮中に上がり、皇后に『孟子』を進講するが、1881年に宮中を辞した。翌年、大阪道頓堀朝日座での政談演説会で「婦女ノ道」を演説する。その後も講演や執筆、教育に力を入れた。現在ではあまり注目されないが、アメリカにおける近代日本女性史の中では、岸田は女性運動家の代表として描かれている。

もっとも岸田を「男女同権」論者、あるいは体制と激突する民権派と捉えることには慎重でなくてはならない。ここにいう「男女同権」とは、男女の能力が同じことを前提に女性参政権を訴えるものであったが、岸田は当時の男尊女卑社会に対抗するために、男女が同じ能力だとは想定せず、「男子と均しき権」という言葉を選んでいる。岸田は女子教育の改善を訴えたが、それは西洋的価値観を淵源とするものではなく、日本・東洋的な立ち位置からの提言であった。

『青鞜』の誕生　さて、前節で見たように、大正デモクラシー期の労働環境改善は、当時の女性解放にとっても焦眉の課題であった。しかし当時女性には政治を動かす力もなければ、政治を語る場も不十分であった。女性解放運動は、単なる権利主張の運動ではなく、女性の目によって人間界を見直そうという思想運動の性格をもっている。そのためには活動家と同時に思想家が必要とされる。そのような中で女性思想家による多くの論稿が掲載されたのが『青踏』であった。

138

第8章　大正デモクラシー

『青鞜』登場の時代は、後述の第一波フェミニズムの時期と重なっている。1907年以降、欧米では女性の自立に関する重要な大会や運動が続けて起こっており、日本でも新聞などで「フェミニズム」の名が用いられるようになる。

『青鞜』の中心人物は平塚らいてうである。彼女はいわゆる良妻賢母教育に傾斜する当時の女子教育の中で育ったものの英語や漢文、禅といった知識を身につけ、夏目漱石門下の森田草平との心中未遂という新聞をにぎわすスキャンダルを経て、『青鞜』創刊に至る。

東京帝国大学を出た生田長江が「閨秀文学会」を開いており、そこに平塚明（後のらいてう）らが参加していた（平塚と講師の森田はここで知り合っている）。1911年、生田は平塚に、女性たちで文芸雑誌を作ることを勧めた。平塚自身はあまり乗り気ではなかったが、生田の助言と協力により同年、『青鞜』は誕生することになる。生田は国木田独歩夫人や森鴎外夫人などの著名人の威光を借りることを提案している。このことにつき、こうした著名人の七光りを活用することは、創刊号で平塚が書いた「他の光によって輝く病人のような蒼白い顔の月」そのものではないか、という指摘がある。もっとも、現在よりも文化上も教育制度上も男女格差が大きかった時代には、これ位の七光りは必要だったのではないか。

平塚の結婚用資金による費用負担で世に出た創刊号には、与謝野晶子による詩が載っている。平塚が与謝野に『青踏』の賛助員になることを依頼しに行った時、与謝野は歌稿において優れているものはたいてい男によるものだ、という趣旨の発言をしたのだが、その与謝野が「すべて眠りし女　今ぞ目覚めて動くなる」と歌ったのである。そして同じ号には平塚による「元始女性は太陽であった」も掲載される。女性が自らを覆っている殻を自分で破らねばならない、天才とは男でも女でもない、性別は下層にある仮現の我に属するものだ、という女性の現状を変えていくことへの決意がそこにはある。やがて平塚や与謝野の精神に触れた女性たちが上京し、『青鞜』に集ってきた。『青踏』は1916年まで刊行を続けた。

母性保護論争　女性解放運動の中で特に注目すべき議論が、母性保護論争である。これは1918年から19年を中心に、与謝野晶子、平塚らいてう、山川菊枝、山田わからによって行われた一連の議論を指す。女性解放

139

第2部　社会とデモクラシー

をめぐって、経済的自立と母性保護、社会や国家像に関しての論争が行われた。与謝野は男性による庇護や国家による母性保護を「依頼主義」とし、労働による女性の経済的・精神的自立を次のように強調した。「私の此に覚醒を促したいのは、中産階級と無産階級とを通じて、現に親兄弟及び良人の財力に縋りながら、兎にも角にも衣食の生活を続けて行くことの出来る位地にある女子達に対してである。今日に於いては、その寄生的女子の日送りの安さが－根柢のない、見苦しい、卑怯な安さが－内には女子自身の独立的精神を麻痺させ、女子を依然として無能無力の位地、半妾半婢の境遇に腐敗させ、外は男子をして相変わらず女子を蔑視せしめ、その女子に加へる専制的態度の撤回を拒ましむる」(「女子の職業的独立を原則とせよ」『資料母性保護論争』83頁)。

　平塚は子供を産み育てることは国家的事業とし、国家による経済的扶助を含む母性保護を主張した。平塚は与謝野を次のように批判した、「その上氏の云はれることは婦人の依頼主義であるの、経済的独立だのといふやうな形式的な名目にばかり拘泥して実際を観ることを忘れた空論のやうにも思われます。……十分な言葉の意味で母の経済的独立といふことはよほど特殊な労働能力ある者の外は全然不可能なことだとしか私には考へられません。――わけても今日の（殊に日本の）社会状態では」(「母性保護の主張は依頼主義か」『資料母性保護論争』90頁)。

　山田は、育児は社会的・国家的事業であるとし、母性に婦人の存在域を見る。山川は出産や育児は社会や国家のためではなく、女性解放は社会主義社会において初めて可能になるとした。

エレン・ケイ　平塚や与謝野らの議論で言及されるのが、ケイである。ケイほど、大正期の日本における女性解放思想・運動に大きな影響を与えた外国人思想家はいない。スウェーデン生まれだが、その思想は後発資本主義国であるドイツ・日本で大きな影響をもったといわれる。「母性」の語が日本で普及する契機となったのは、ケイを批判する形で書かれた与謝野晶子の「母性偏重を排す」(1916年)といわれている（与謝野のこの論考に対しては平塚による反論文「母性の主張に就いて与謝野晶子氏に与ふ」がある）。

　ケイの『恋愛と結婚』の紹介は、1910年代初めに文化主義の哲学者や新理想主義の文学者たちによって始められた。1912年に婦人問題をこれからの研究課

題にしようとした平塚は、ケイの思想に興味を持ち、1913年『青鞜』1月号で翻訳の連載を開始する。

この時代、明治民法による女性への因習的抑圧や、産業革命により増加する女子労働者の労働環境の悪化に対し、思想や実践上の対抗が開始されていた。恋愛の自由や母性尊重論は、こうした現実への対抗的提案として受容されたのである。もっともケイの関心は子どもの健全な成長と発達であり、「母性」によって女性の社会的地位の向上を図ろうとしたわけではなく、婦人参政権運動にも冷淡であった。

第6節　西洋におけるフェミニズムの展開

フランス革命　　女性解放の歴史をフランス革命（1789年7月-）から見てみよう。周知の通り、バスチーユ牢獄の暴動から始まった革命だが、10月5日には7000-8000人の革命派の女性がルイ15世広場やエリゼ宮に集結し、示威行動したといわれる。女ジャコバン・クラブが結成され、積極的な政治参加があったのだが、その原点は明日のパンの心配という経済問題からであった。

フランス革命におけるフェミニズムの綱領はグージュによる『女性および女性市民の権利宣言』（1791年）である。グージュは下層民出身で、上昇志向が強く、革命時には評論・創作・戯曲など残した人物である。しかし正式な教育を受けていないため、文字が書けず、口述筆記だったという。

上記の書は「人権宣言」（1789年）の構成・文言をほとんど踏襲し、権利主体としての人（homme）を「女性」（femme）や「男性と女性」に、市民（citoyen）を「女性市民」（citoyenne）に書き換え、女性版の人権宣言としたものである。ここでは女性にも男性と平等の権利と参加を求めると同時に、平等な責任を課すことが述べられている。これは近代市民革命の理想的なバックボーンであった平等理念に訴え、それを男女間にも適用することにより、女性の人権を主張という構造である。

なぜグージュはこのような論法を採ったのか。それは「人権宣言」の普遍的人権主体である「生まれながらの人間」には女性は含まれていなかったからで

第2部　社会とデモクラシー

ある。当時、「人間」とは「男性」を指していた。

　さて、女性の政治参加は革命の展開により推進されたが、革命収束・権力機構が整備される中で女性は再び政治舞台から排除された（1793年に女性の政治結社禁止、1795年には集会・デモ参加を禁止した「家庭復帰令」）。ジャコバン派は女性の政治化を嫌った。特にグージュの立場はジロンド派だったので、革命推進派のジャコバン派とは対立していた。1793年7月、グージュは逮捕され、11月に処刑される。

　この時期の女性の政治的権利否定の根拠は次のようにまとめられるだろう。すなわち、①妊娠・出産等の肉体的な性差に基づく「母性の強調」、②女性の特性と男性の特性は別であり、女性は政治活動に向かない（特性論）、③女性には家庭を守る重要な役割がある（性別役割分業論）、の3つである。

第一波フェミニズム　現代から見て「第一波フェミニズム」とまとめられる時期はフランス革命から遅れて、19世紀後半から20世紀前半である（18世紀末イギリスではウルストンクラフト『女性の権利の擁護』（1792年）などの先駆的業績が見られるが、これが評価されるのは、1世紀近く先である）。この時期を代表するのが「危害原理」で有名なミルである（『女性の隷従』1869年）。ミルはテイラーと結婚した1851年、自らの結婚を律する法に対する異議申し立てを明らかにした。ミルが反対したのは、法の規定する婚姻関係の性格全体である。その理由は、とりわけ、法が契約の一方の当事者に対して、もう一方の当事者本人の意思とは独立に、彼女の身体、財産、行動の自由に対する法的な権限と支配権を付与していることである。当時の女性は結婚すると、ほとんど完全に夫の支配下に置かれたのである。ミルは『女性の隷従』において、女性が解放されることにより女性自身の能力が向上することに加え、男性が不当な尊大さをもたなくなるので、社会全体がより幸福になると論じた。

　ドイツにおいては19世紀後半からランゲ、ボイマー、カウアーらの活躍による運動が展開していた。1894年にはドイツ女性団体連合（BDF）が結成され、多様な市民女性団体を統合した。BDFは家族法問題、刑法の堕胎罪問題、女子教育問題などに関わった。

　第一波フェミニズムの狙いは、参政権と財産権における男性との同等の法的権利の獲得（政治・経済という公的社会への参加）であった。当時は、「女性は男

142

性に劣る」という肉体的相違を基礎とする特性論からくる男女不平等論や、「女性の天職は家庭にある」といった性別役割分業論に基づく女性の権利否認論が根強かった。これに対して女性の権利を主張する側でも、性別役割分業そのものを否定する議論は十分でなかった。

第一波フェミニズムは、そもそも公私二分論を前提とした上で、公的な世界での平等、しかも法的な地位・資格の平等という形式的な平等を求めていたことに限界があった。また特性論や性別役割分業論に対して社会理論として切り込めなかった。

第二波フェミニズム　このような課題を継承したのが、いわゆる「第二波フェミニズム」であった。1960年代のアメリカから始まるこの運動は、女性参政権や法の下の平等が基本的に実現したにもかかわらず依然として残る社会的・経済的女性差別を問題視した。1963年にフリーダン（全米女性機構初代会長）は『女らしさの神話』を刊行し、当時のアメリカ社会の「女らしさを賛美する風潮」や定型化された女性像、女性への役割期待が、女性たちに心理的な抑圧をもたらしていると論じた。

フェミニズム運動は、反戦運動・学生運動・黒人解放運動などと連携し、日本を含めた先進諸国に広がる。法的に平等であるにもかかわらず、現実に女性が従属的な地位におかれているのはなぜか、という問題に対して、この運動に関わった人々は「家父長制」と「ジェンダー」概念を用いて考察を進めていった。

【参考文献】

石橋湛山『湛山回想』岩波文庫、1985年

伊藤誠宏「フランス革命から『ナポレオン法典』へ」浜本隆志他著『ヨーロッパ・ジェンダー文化論──女神信仰・社会風俗・結婚観の軌跡──』明石書店、2011年

川崎修・杉田敦編『現代政治理論＝Contemporary Political Theory（新版）』有斐閣アルマ、2012年

香内信子編集・解説『資料母性保護論争』ドメス出版、1988年

関口すみ子『良妻賢母主義から外れた人々──湘煙・らいてう・漱石──』みすず書房、2014年

田中王堂『書斎より街頭に』廣文堂書店、1911年

第 2 部　社会とデモクラシー

三谷太一郎『大正デモクラシー論——吉野作造の時代——〔第 3 版〕』東京大学出版
　会、2013年

宮本常一『女の民俗誌』岩波現代文庫、2001年

吉永圭『たった一人の正論が日本を変える？——出でよ！　現代の石橋湛山——』飛鳥
　新社、2009年

吉野作造「民本主義の意義を説いて再び憲政有終の美を済すの途を論ず」松尾尊兊他編
　『吉野作造選集 2』（デモクラシーと政治改革）岩波書店、1996年

同「民衆的示威運動を論ず」松尾尊兊他編『吉野作造選集 3』（大戦から戦後への国内
　政治）岩波書店、1995年

同「民本主義鼓吹時代の回顧」三谷太一郎編『吉野作造論集』中央公論社、1975年

同「憲政の本義を説いてその有終の美を済すの途を論ず」岡義武編『吉野作造評論集』
　岩波書店、1975年

若尾祐司『近代ドイツの結婚と家族』名古屋大学出版会、1996年

アリストテレス（牛田徳子訳）『政治学』京都大学学術出版会、2001年

ハンス・ケルゼン（長尾龍一・植田俊太郎訳）『民主主義の本質と価値——他一篇
　——』岩波書店、2015年

ジョン・スチュアート・ミル（塩尻公明・木村健康訳）『自由論』岩波書店、1971年

カール・シュミット（樋口陽一訳）『現代議会主義の精神史的状況——他一篇——』岩
　波書店、2015年

同（稲葉素之訳）『現代議会主義の精神史的地位』みすず書房、2013年

同（尾吹善人訳）『憲法理論』創文社、1972年

第9章　マルクス主義法学

この章で学ぶこと

　我が国においてはかつて、大学生、あるいは高校生までもがマルクスの『資本論』などの著作を読み、議論をすることが知的なあり方だとされていた時期があった。当時の知識人の間では真剣にマルクス主義研究が試みられており、現代においてもその頃よりインパクトは小さくなったとはいえ、研究は続けられている。しかし乱暴な言い方をすれば、マルクスおよびマルクス主義は「旬を過ぎた」思想家・思想という位置に腰を落ち着けつつあるように見える。一部に限っていえば、英米圏の論者が「分析的マルクス主義」という一派を形成しているが、それはかつてのマルクス主義とは異なり、最新の経済学の成果を取り込んだ社会科学の理論となっている。

　ではなぜ、「旬を過ぎた」思想を再訪せねばならないのか。それはこの思想が問題として取り組んだ諸関係が、消滅したのではなく、当然のこと、受け入れることを疑わない自明の事実として我々の世界に居座っているからである。マルクスおよびマルクス主義が取り組んだ問題が解決されない限り、この思想は度々注目されるだろう。本章では、マルクス主義の中で特に法学に関係のある議論を中心に見ていきたい。

第1節　マルクス主義の形成

マルクス主義誕生の背景　マルクス主義は、1840年代のヨーロッパ諸国の資本主義的生産様式の発展、それに伴う近代的工業プロレタリアート（賃金に依存した労働者）の形成、階級対立の顕在化、プロレタリアートの政治化といった歴史的諸条件の下で、形成された。特にドイツは、イギリスやフランスに比べて経済的・政治的矛盾が厳しかった。

　マルクス主義は思想的には、自然法思想やドイツ古典哲学、イギリス古典経済学、フランス社会主義などを前提としていた。

第2部　社会とデモクラシー

マルクスの思想形成　マルクスは1818年にプロイセンの裕福な中産階級に生まれている。自由主義的校風のギムナジウムに在学中、フランスで7月革命（1830年）が起こった。これを警戒したプロイセンが弾圧に乗り出すのをマルクスは目の当たりにする。その後、ボン大学を経てベルリン大学で法学を学んだ。またヘーゲル哲学の影響を強く受ける。当時のベルリン大学法学部はヘーゲル左派のガンスと歴史法学派のサヴィニーが対立しており、マルクスは双方の講義を聴いている。しかし1838年からは哲学へと傾斜し、1841年にイエナ大学に提出した論文により哲学博士号を取得している。

　1842年からマルクスはライン新聞に寄稿を始め、同年10月からは編集長となる。しかし翌年3月にはプロイセン政府による発禁処分を受ける。すでにライン新聞時代からヘーゲル法・国家論に依拠してプロイセン絶対主義を批判していた。しかしやがてヘーゲル法哲学から、哲学者ルートヴィヒ・フォイエルバッハを媒介にして、唯物史観および共産主義へと移っていく。1844年には『経済学・哲学草稿』が執筆されるが（生前には出版されなかった）、その中で疎外論を展開した。マルクスが示そうとしたのは、資本主義的関係の下では、現実的人間は、自らの類的本質（労働によって自らの能力を発展させる）から疎外されているということであった。賃金労働者としての現実的人間は、自らの労働の生産物を自由に使用できないだけでなく、労働過程をコントロールすることもできず、どちらも資本家の支配下にある。マルクスは、共産主義の実現により、疎外された現実的人間の類的本質の再獲得が可能であると考えた。

　ライン新聞に携わっていた時期にマルクスはエンゲルスと出会っており、1844年末以来、二人は友好的な関係の中で重要な作品を完成させていく（1845年『ドイツ・イデオロギー』、1848年『共産党宣言』）。各地を転々とした後ロンドンに落ち着いたマルクスは、大英博物館図書館で経済学の研究を本格化させる。1867年には『資本論』第1巻が出版された（第2・3巻はマルクスの死後、エンゲルスによって編集された）。このような学問的活動以外にも、マルクスは国際的に労働運動を活発化させる活動にも携わっていた。

　有名な『資本論』では、資本主義社会は次のように分析されている。そこでは、貨幣を資本とし、労働力を商品として買い取る資本家と、労働力を売らねば生きていけない労働者とが階級分裂している。資本家は労働力を使用するこ

146

第9章　マルクス主義法学

とを通じて、利潤を獲得する。しかし人は自由に資本家、労働者になれるのではない。資本家も労働者も資本主義的経済関係の担い手として現れており、彼らは資本と賃労働との人身化・人格化であるに過ぎない。

　なお、マルクスやエンゲルスの法に関する記述は断片的なものであり体系的なものではなかった。彼らの思想をマルクス主義「法学」にまでまとめあげるのはその後の理論家たちの課題であった。

マルクスと
マルクス主義　ところでマルクス本人の思想とマルクス主義は同一のものなのだろうか。カウツキーやレーニンらが展開させた思想について考察すると、それはマルクス自身の思想とはだいぶ異なる経済主義や歴史的決定論を特徴とするものとみなされることがある。マルクスが義理の息子ラファルグに、フランスにおけるマルクス主義について「もしそれがマルクス主義であるならば、私はマルクス主義者ではない」といったとされるが、このことはレーニンらの展開した思想の大部分にも当てはまると評価する者もいる。マルクス主義は現実における行き詰まりから、第一次世界大戦後にルカーチやグラムシ、またホルクハイマー、アドルノ、マルクーゼなどといった「フランクフルト学派」（フランクフルトに設立された社会研究所を中心とした知識人サークルを指す）を担い手とする、西欧マルクス主義という新潮流を生み出すことになる。

第2節　日本におけるマルクス主義法学とパシュカーニス

日本のマルクス
主義法学　日本におけるマルクス主義法学の始まりは、1920年代中頃といわれている。すなわち、1925年に平野義太郎『法律における階級闘争』が刊行された。しかしこれ以前にも学問的な胎動は見られる。たとえば1902年に穂積陳重が法理学の演習において「社会主義と法律」という課題を出し、当時学生だった吉野作造や牧野英一が参加していた。また1921年には「『経済学批判』の序文に見はれた唯物史観の公式」等を収めた河上肇『唯物史観研究』が刊行されている。河上の唯物史観研究は日本におけるマルクス主義法学の形成に大きく影響した。

　日本におけるマルクス主義法学の興隆は確かにロシア革命の影響の下で急速

147

第2部　社会とデモクラシー

に拡大してゆくマルクス主義の法学への浸透の結果という面をもつが、他方でソ連のマルクス主義法学の展開と直接的な関連をもたず、大正期日本の思想状況という独特の環境下で、独自の展開を見せた。1920年代後半からの思想弾圧期に日本のマルクス主義法学は大きく前進した。パシュカーニスやメンガーらの議論の紹介なども積極的に試みられたが、日本のマルクス主義固有の課題は、絶対主義的天皇制の法構造・法イデオロギーの分析、階級闘争の下での反動的諸法への批判であった（なおメンガーの受容は後述の森戸辰男や恒藤恭らが担った）。

所有権理論の修正　資本主義的財産制度の分析はマルクス主義法学の重要な任務であり、個々の論点では多くの論文が見られる。しかし全体を見通す理論体系は戦前には見られなかったようである。我妻栄『近代法における債権の優越的地位』や川島武宜『所有権法の理論』はマルクスの分析を踏まえてはいるものの、それらをマルクス主義法学の文献と見ることは困難である。

しかしマルクス主義法学が所有権につき、どのような問題点を見出していたかは、平野の『法律における階級闘争』で確認することができる。部族の人口増加に伴う食糧供給の必要性ゆえ、部族は肥沃な土地を求めて移動する。この部族の移動は部族間の交渉・衝突を招き、戦闘の結果、征服・被征服の関係が成立する。「このときに、征服者は土地その他の生産機関を独占し、よって、その独占関係が土地に対する排他的支配を要求するから、ここにおいて所有の観念が樹立されることとなる」（同7頁）。これが階級分裂の起源である。この階級の相違からそれぞれの階級に身分意識が生じ、やがて法律関係の成立によって隷属関係が保護関係となるに至ると、階級の存在自体が法律上・道徳上疑い得ないものとなる。

階級的法律秩序は次のように固定化される。生産手段を独占する支配者階級は、自らの優越性を保つために、所有権にタブーを設定する（これは意識的な行為というよりも、社会的事実が存在することの帰結である）。タブーは禁忌であるから、何人に対しても畏敬の念を要求する。そして、所有者自身も「人のタブー」を要求する。これにより被支配者階級は支配者階級を、侵すことのできない神聖なものと見なすようになり、階級の固定化が完成する。「現代におい

ても生産機関の独占という社会的統制の事実は、所有権にタブーを設定する。この現象は或は古代よりも強力かもしれない。──所有権はタブーである。だから、無産者は絶対にこれに触れてはいけない。……同様に資本階級はタブーである」（同19頁）。

平野によれば、ローマ法は所有権本意の法であるが、これにより支配者階級の富の蓄積が進む。ローマが栄えたのも利益を搾取する・される階級支配が存在したからである。所有権はただ絶対不可侵の権利に留まらない。それは生産者からその収穫物を搾取する権利である。

近代において、ベンサムは功利主義から所有権の不可侵を導き出し、またフランス人権宣言においても所有権の神聖不可侵性は確認されているが、どちらも有産者を守る思想に過ぎない。無産者は実際には不自由・不平等の立場に置かれている。自由・平等と敵対する行動は、人権に対する叛逆と見なされる。

「自由に意欲する人間の共同態」　平野は、「自由に意欲する人間の共同態」が社会的結合の理想だとする。「正義によって指導される法律は、自由に意欲する人間の共同態を目標としてのみ、その理念たる正義を示現することができる」（同133頁）。この共同態では、人は他者からの支配を受けずに自らの人格を目的として活動することができ、またこのような人々は同じ目的のために協働しなくてはならない。全成員は共同目的の手段となり、最終的には人格が全共同態のために没却するほどの奉仕が要求される。ここにおいて搾取的支配はもちろん、労働全収権も否定される。

現代の法律は階級的法律である。我々にとって重要なことは、この不合理な法律を合理的な制度に置き換えること、共同態の理想を実現すること、価値実現のために活動すること、である。平野は労働運動・労働争議の中に階級闘争を見出し、闘争的事実を規範として樹立することを目指さなくてはならないと説いた。規範への活動とは、ここでは立法と解釈を指している。

パシュカーニス『法の一般理論とマルクス主義』　1920年代はソ連においてはパシュカーニスらによってマルクス主義法学が本格的展開期を迎えていた時期だった。先に述べたようにマルクスやエンゲルスの法の記述には体系性が乏しかったため、当時のソ連の直面している実務的課題に即応したものではなかった。十月革命直後の政治的指導者や理論家は、立法の拠り所をマルク

第2部　社会とデモクラシー

ス主義とは関連の薄い学説に求めたりしていた。

　パシュカーニスの『法の一般理論とマルクス主義』（第1版1924年、第2版1926年、第3版1927年以下、『一般理論』）は著者自身が1937年に粛清されたこともあり、ソ連では黙殺されていた時期が長い。パシュカーニスの名誉が回復されるのは1956年まで待たねばならなかった。翻って日本において同書は、複数の邦訳が出される程注目されていた（1930年、1932年、1958年）。

　パシュカーニスの『一般理論』はマルクスの方法論から着想を得て、法の歴史的性格を考察し、市場原理に代わって計画原理が優位になるという「法の死滅」が導き出される。『一般理論』以後はいくつかの作品を残しているが、1930年代においては政治的変転によって自己批判を余儀なくされ、『一般理論』の見解は退いていく。

　『一般理論』においてパシュカーニスは、心理学や社会学に解消されない法の一般理論を問題にしている。ここにおいて彼は、純粋法学の提唱者ケルゼンの功績を認めつつも、社会生活に初めから背を向けており、規範と物質的な利害との関係に関心をもっていないとする。パシュカーニスは、ケルゼンの「極端な形式主義は、言うまでもなく最近のブルジョア科学思想の一般的な没落の傾向を表している。この科学思想は全く無益な方法論的、形式論理的な策略にふけり、自分が現実から遊離していることを、ひけらかしている」（同69頁）と批判している。

　ではパシュカーニスのいう法の一般理論とは何か。彼は法や権利の主体の発生を、商品の「交換」から考察する。商品交換が全面化する過程で、身分的・経済外的強制から解放される人間は商品所有者として抽象化され、権利能力をもつ主体として観念される。パシュカーニスのいう歴史的形態としての法的形態は、その根底に商品交換の発達によって現れる私的利益を主張し得る自治的な主体間の権利義務関係の様式を有する。「法は、ブルジョワ的関係が完全に発展した時、初めて抽象的性格を獲得する」（同125頁）。このように分析された法は、ブルジョワ法のカテゴリー（価値、資本、利潤）が死滅し、もはや労働に応じて受け取るという等価関係も完全に消滅した時、死滅する。

**パシュカーニス
と加古祐二郎**　日本におけるパシュカーニス受容は、『一般理論』の最初の翻訳者である山之内一郎からだが、本格的な研究は加古

150

祐二郎によって始められた。「歴史的なるものの存在性格より見たる法的規範の限界性に就て」（1931年）の注においてではあるが早くも、「パシュカーニスが已に法と商品との接近において之を取扱はんとしていることは意味深きものと云える」（『近代法の基礎構造』21-22頁）と述べている。同年11月16日の彼の日記にはパシュカーニスを読み始めたという記述があり、翌年には書評の中でパシュカーニスに言及している。また師である恒藤恭（第6節参照）を中心とする研究会ではパシュカーニスの集中研究会が行われ、加古が中心となって議論をしていたという。

　1933年の「社会定型としての法的主体に就て」では「已にマルクスによって基礎付けられ、更に今日パシュカーニスによって展開された経済的範疇と法的範疇との云はば形態的分析は、この意味で極めて画期的意義を有するものであり、唯物史観に基く法的構造のより深き分析展開である」（同103頁）とパシュカーニスを肯定し、「法的物神性」解明を進めようとした。1934年の「近代法の形態に就いて」においては、パシュカーニス批判を強めているが、「法的主体性より見たる社会法」（1936年）ではパシュカーニスの法的主体性という問題意識を継承している。残念ながら加古は瀧川事件（後述）で京大講師を去った後に立命館大学に移っていたが、1937年、パシュカーニスが粛清された年に若くして病没している。

第3節　日本における社会法の登場

労働法の形成　日本における戦前の社会法は、戦後憲法の国民の基本的人権の理念に裏打ちされた福祉の観点からのものではなく、国策遂行の観点から行われたものであった。

　労働保護立法の動きは1873年の「日本坑法」（鉱山労働者向け、災害予防規定を含んでいた）から見られる。1879年には海上労働者に関して「西洋形商船海員雇入雇止規則」が定められ、契約保護、強制労働禁止等の規定が見られたが、船員の団結や争議行為を懲戒する規定があるなど、船主・荷主の利益保護の側面が強く表れていた。

　1890年には「日本坑法」に代わって「鉱業条例」が制定されたが、不備が多

第2部　社会とデモクラシー

く1905年には「鉱業法」が定められた。ただ鉱業法も実施に必要な規定の整備が欠けていた。海上労働者向けの立法としては1899年の「船員法」と商法がある。船内規律関係は前者、労働者保護関係は後者に委ねられている。

　工場労働者の保護に関しては1897年に農商務省の職工法案、翌年には工場法案が出るが、法典化には至らなかった。日露戦争後の大量の失業者の発生、労働争議の続発という背景の下、1909年に工場法案が帝国議会に提出されたが、特に紡績資本の抵抗が激しく、法案は撤回された。しかし1911年には農商務省によって法案が提出され、公布された。この工場法は1916年に施行されたのだが、適用範囲の狭さや大幅な適用除外特例等、不備が多く、1923年に改正された。工場や鉱山関係以外の労働者保護としては1931年の「労働者災害扶助法」や「労働者災害扶助責任保険法」が公布されている。雇用に関する立法としては1921年に「職業紹介法」、翌年には「船員職業紹介法」が公布されており、同年には「失業条約」に批准している。

　その後、適用除外されていた屋外労働者や臨時工に関する立法も進められていったが、日中戦争が勃発すると日本は戦時体制へ突入し、労働者保護の観点は大きく後退する。国家総動員法（1938年）と同年、「商店法」が成立しているが、これは労働者を保護するような外観ながらも例外規定が多く労働者保護として実効性のあるものとは思えないものであった。

**労働法学と　　**なお、日本での労働法の学問的起点は末弘厳太郎であった。
末弘厳太郎　　1926年には戦後にも影響を及ぼす研究成果を刊行している（『労働法研究』）。しかし憲法、民法、刑法のような単一法典がない労働法を1つの分野として定着させるには時間がかかった。1921年に末弘が「労働法」という名称で講義を始めようとしたところ教授会で、労働法と名付けられる体系的法律はない、との理由で「労働法制」となった。講義名が「労働法」となったのは1930年である。

**　社会保障法の形成**　　社会保障法分野の内、早い段階では「各寮ニ傭使スル職工及ヒ役夫ノ死傷賑恤規則」（1873年）（官業労働者向け、少額の手当金支給という慈恵的性格）や恤 救 規則（1874年）があった。恤救規則は、家族制度あるいは共同体において自然に貧困が解消されるのを期待するものであったため、国家による積極的配慮は生じなかった。議会においては特に

明治30年代前半に恤救規則体制の転換を図る法案がいくつか出されたが、成功しなかった。

この時期の貧困政策において思想的転換を後押ししたのが内務省官僚の後藤新平や窪田静太郎らであった。彼らにとって貧困対策とは、国力増強に資する健康な労働者の確保と階級分裂の阻止であった。内務省官僚を中心にした貧民研究会が1900年に組織されるが、彼らは社会秩序の根本問題に貧困を見ていた。しかし研究会が思想的に一枚岩であったわけではないようで、たとえば井上友一は国家による貧困救済は隣人同士の助け合いの精神を損ね、独立自助の精神を委縮させると考えていた。井上は貧困を社会の重大問題と捉える視点では国家による救済論者と同じだが、公的救済制度を廃止する方が問題解決に適切だとした。

1908年に井上によって恤救規則は事実上運用停止に陥るが、1905年には内務官僚らの主導によって報徳会が結成され（これには一木喜徳郎も関わっている）、1908年には内務省主催で感化救済事業講習会が開かれた。翌年には私設の慈善事業団体に対する助成金の交付が始まった。国家による救済から民間団体の活用に切り替えるメリットとしては、怠惰な国民の産出を抑止できることと、貧困と権利意識が結びつくことを阻止できることが考えられる。

なお、小河滋次郎（第7章を参照）は1908年に監獄行政を離れたが、1913年に大阪府の救済事業指導嘱託に就任している。小河は、犯罪をある種の伝染病であるとする思想と軌を一にする視線を貧困にも投げかけた。すなわち貧困者の増加は社会生活上の病的現象であり、「あたかも悪疫の伝播するがごとくに、他の健全なる分子にも影響を及ぼし、ついには社会国家の進運を阻害」する。貧困に対する対処療法ではなく、貧困者自身への対応が必要なのである。貧困者の生活実態を調査する目的で1918年に小河が考案したのが方面委員制度である。方面委員とは各地域において無給の名誉職として名望家が任命されるものである。

救護法　生活実態を把握する任務を超え、貧困者のより良き救済策を模索するようになった方面委員は、恤救規則に代わる救済制度の成立のための運動を行っている（方面委員が取り上げる貧困問題の多くは母子心中事件などの母子家庭問題であった。母子家庭に自己責任論を求めることには限界がある）。

第2部　社会とデモクラシー

当時の政府は、公的救済制度に懐疑的で、予算の増大を懸念していた。1920年には内務省社会局が設置されたが法案作成は難航し、1927年には全国方面委員大会で新法成立を促す決議が出されている。1929年には救護法が制定されるが、本来翌年施行であったはずが延期され、実際に施行されたのは1932年であった。制定後も早期施行を求め、方面委員は救護法実施期成同盟会を1930年に結成し、31年には天皇へ上奏している。

　なお、恤救規則の不完全さを補うものとして、特別救貧法の立法が進められている。主だったもので、伝染病予防法（1897年）罹災救助基金法（1899年）、北海道旧土人保護法（1899年）、精神病者監護法（1900年）、下士兵卒家族救助令（1904年）、肺結核療養所法（1914年）、軍事救護法（1917年）、結核予防法（1919年）などがある。

　救護法は恤救規則から前進したと評価されるが、他方で保護請求権の否認、制限扶助主義などの問題点も残していた。さらに次のような問題点も抱えていた。罹災救助基金法によって積み立てられていた災害支援用の基金は1920年代後半から短期的な支出よりも中長期的な生活支援により多く用いられている。1932年には同法は改正され、基金運用利子の一部を3年程度に限り救護法実施財源に充当することなどが定められた。先にも述べたように政府は貧困対策で予算を確保することに消極的であり、当時豊富な残高をもっていた災害用の基金を当てにしていたと思われ、救護法実施の財政基盤は脆弱であった（1932年度の救護法による支出約360万円の内、150万円程度が罹災救助基金からの流用）。救護法は1937年以降、母子保護法、軍事扶助法、医療保護法などに事実上吸収されていく。

　共済制度は1900年前後に民間で始まり、やがて官業にも普及する。すでに1890年に「官吏遺族扶助法」「官吏恩給法」「軍事恩給法」等が制定されており、これらは1923年の「恩給法」にまとめられるのだが、共済制度も整備されることになった。共済組合の発達を受けて1922年には労使協調的な「健康保険法」が公布される（関東大震災の影響で、施行は1927年）。

　「健康保険法」から外れていた農民層を目的とした立法が「国民健康保険法」（1938年）である。これは昭和初期の世界恐慌による生糸や繭の価格の暴落や冷害等による大凶作、不況により百数十万ともいわれた工場労働者など都市

の失業者が大量に帰農したことにより、農村が困窮していたことが背景にあった。他面で、軍事的労働力を確保する狙いもあったといわれている。また1941年には「労働者年金保険法」が公布、翌年より施行されたが（1944年に厚生年金保険法に改称）、社会保険の形式でありながら戦時体制強化の手段（戦費調達）の側面が強かった。

第4節　ラートブルフとジンツハイマー

**ラートブルフ
の思想形成**　　我が国では戦前から注目され、戦後も翻訳が多く出されるなどしたのがドイツの法学者ラートブルフである。ここでは彼の社会主義的側面に絞って検討する。

　ラートブルフは裕福な商人の家に生まれている。ギムナジウム卒業後、まずミュンヘン大学に入学する。ここで高名な講壇社会主義者であるブレンターノの講義を聴き、社会主義に関心をもった。後にライプチッヒ大学へ移り、刑法のビンディングの講義に刺激を受ける。ビンディングは新派理論のリストを講義中においても批判していたが、ラートブルフはその批判を聴いた上でリストの教科書を読み、リストの支持者になったという。また哲学のヴントの講義も聴講している。ベルリン大学に移ってからは、ラートブルフはリストの刑事政策演習に参加した。ラートブルフのリストへの尊敬は大きく、その後の人生で刑法に関わり続けることになる。

　実務経験の後、1903年の末にハイデルベルク大学で私講師となる。彼は1914年に一度ハイデルベルクを離れるが、1926年に正教授として戻ってからは死ぬまでそこで過ごした。ハイデルベルクで彼に影響を与えた人物は多いが、最も高名なのはウェーバーであろう。またラートブルフは同地で新カント学派の1つである西南ドイツ学派のラスクと出会っている。存在と当為を峻別し、究極的世界観の相対性の下での法価値論を展開していくラートブルフ法哲学の基本形がここででき上がったといえよう。なお、ハイデルベルクでの生活はラートブルフにとってあまり心地よいものではなかったらしいが、それには彼自身の結婚の失敗が一因であったようである。

　1914年にカントが教えたことで名高いケーニヒスベルク大学から員外教授と

第2部　社会とデモクラシー

して招かれるが、この年に第一次世界大戦が起こり、ラートブルフは戦争に参加することになる。

　終戦後はキール大学で教鞭を取るが、ラートブルフは戦争での体験から労働者の立場に関心を寄せ、ドイツ社会民主党に入党するなど、政治的実践に関与するようになる。1920年のカップ一揆において、流血事態を阻止しようとした際に一時拘禁される。翌年、ライヒ司法大臣となり、刑法の改正案（ラートブルフ草案）を1922年10月に提出したが、不成立に終わる。1923年にはキール大学へ戻り、後にハイデルベルク大学に復帰する。この時期に彼の『社会主義の文化理論』が刊行されている。ナチスの勢力が強まった1933年にラートブルフは公職追放され、1945年まで長く大学を離れた。

ラートブルフ受容　森口繁治によるラートブルフの紹介は1919年に見られるが、積極的な紹介を続けたのが木村亀二であった。また、小野清一郎はラートブルフの学説を評価する一方で、「法律の目的観が単純に各人の選択に任され、其の選択について何等普遍妥当的なことを曰ひ得ざるものであると云ふ相対主義の主張に至っては、まさに法理学の破産ではあるまいか」と批判した。常盤敏太は1925年からラートブルフに直接指導を受け、日本においてラートブルフを好意的に紹介した。

　ラートブルフ『社会主義の文化理論』は、その左右田喜一郎によって批判的に紹介されている。ラートブルフは、社会主義的共同体理念というものを提示し、その中で人格や国民といった価値が実現されることになると説く。「共同体は自己の成員同士の関係においては朋党関係を、その成員のそれぞれの、共同体自身に対する関係においては協働精神を、その成員の共同体が初めて作り出すもの、すなわち彼の作品に対する関係においては労働の喜びを要求する。朋党関係、協働精神、労働の喜び、これが社会主義倫理の3つの基本思想である」（同19-20頁）。左右田は、ラートブルフの考える共同体によって、彼の意図する目的が達せられるか疑問視している。また同書でラートブルフは、既存の私法に対して、新しい労働法が抽象的な人格だけではなく現実社会の諸形態をも捉えていると述べている。ラートブルフは他の作品でも、社会法の意義を強調している。

労働法の父・ジンツハイマー　ラートブルフと同時代人であり、マルクス主義と近い距離にいた法学者として「労働法の父」と呼ばれるジンツハイマーがいる。ジンツハイマーは1875年にドイツ系ユダヤ人の家庭に生まれ、兄にブレンターノ門下の社会政策学者をもつ。いくつかの大学で学んだが、ミュンヘン大学時代に接したブレンターノの影響は大きい。1901年にハイデルベルク大学から学位を授与され、その2年後にはフランクフルトで弁護士事務所を開いている。この事務所には若き日のモーゲンソー（第10章を参照）が実務修習のためにジンツハイマーの助手として在籍し、その後に法曹資格を取得している。モーゲンソーは、ジンツハイマーの長女一家が第二次世界大戦後にアメリカへ入国するに際して協力したことがあるようだ。

　すでにベルリン大学時代の1895年に学内政治団体に参加経験があり、開業直前にはナウマンの国民社会連盟に入党している。同連盟が1903年に解散した後は民主連合に参加しているが、第一次世界大戦勃発直後には民主連合を脱退し、ドイツ社会民主党に加入する。また1917年からフランクフルト市会議員に選出され、亡命する1933年3月までその地位にあった。また短い期間、フランクフルト市警察長官も務めている。ヴァイマール憲法草案を検討する憲法制定国民議会においては、ジンツハイマーは151条以下の成立に尽力し、生存権や労働者の経営参加等を定めることに成功した。151条以下を「ジンツハイマー条項」と呼ぶ者もある。

　1914年以降は夜間労働学校で講義をしながら論文を発表し労働法の雑誌を発行している。フランクフルト大学付設の労働学院の設置・運営にも力を注ぎ、1925年創刊の『ユスティーツ』においては、ラートブルフらと共に編集協力者となる。しかしヒトラー政権出現後の1933年3月上旬、フランクフルト警察によって逮捕される。末日に釈放されるがその日の夕刻に同地を離脱する。同年10月にはアムステルダム大学法社会学特任教授、36年2月にはライデン大学労働法特任教授となる。しかし1940年5月ドイツ軍侵攻によりオランダは降伏し、42年8月にはゲシュタポ指揮下のオランダ警察に逮捕された。幸いにもすぐに釈放されたが、その後は教壇に戻ることなく、70歳で亡くなった。

ジンツハイマーの学説　ジンツハイマーの労働法理論は先に述べたブレンターノ、またギールケ（第6章および第11章参照）か

第2部　社会とデモクラシー

らの影響から、集団主義的理論体系と評価されており、この点は彼の日本で知られた労働協約論に表されている。加えてジンツハイマーはラートブルフの人間像の議論からの影響もある。

　ジンツハイマーは、労働法を労働一般に関する法ではなく、被用者の諸関係を規律する単一の法と考えた。彼は労働につき、「労働は個人からもまた個人の中においても不可分であるばかりでなく、全体からもまた全体の中においても不可分であるということになる。行為する人間は彼自身の生活及び社会生活の自然的条件である。それ故行為する人間をその存在の第一次的基礎において考察すれば、人間は彼自身に対する関係においてのみならず、同時に全体に対する関係において存在するのである」（『労働法原理』16-17頁）と述べた後、その労働が他者の処分権の下に入ることを指摘する。これが従属労働論であり、それは「単に経済的、社会的又は技術的従属性において給付される労働に過ぎぬものではない。従属労働論は、労働する人間が一の法的権力関係の下で給付する労働である」（同17頁）とされるのである。自由人がいかにして従属に至るか、との問いには次のように答える、「従属労働の基礎は所有権である。生産手段の所有権が従属労働を生み出すのであり、そしてそれが従属性を規定する処分権なのである」（同33-34頁）。

　ジンツハイマーの学問的方法論はそれ以前から法実証主義的立場を脱し、法社会学方法を採用したもので、当時の法実証主義的法学者からは批判を受けた。

第5節　森戸事件と瀧川事件

森戸と大逆事件　1920年に東京帝大（以下、「東大」）助教授の森戸辰男の論文に対する弾圧事件は、森戸事件として有名である。これは森戸が『経済学研究』創刊号に載せた無政府主義者クロポトキンに関する論文「クロポトキンの社会思想の研究」が危険思想として休職処分となり、同助教授の大内兵衛も掲載誌の責任者として休職となったもので、共に起訴されて有罪判決を受けた（第5章参照）。

　森戸の思想は、大逆事件まで遡る。旧刑法73条に「皇室ニ対スル罪」が規

158

定されており、人倫に背く悪逆であるとして「大逆罪」とされていた。幸徳秋水らは天皇暗殺計画を立てた疑いで26名が捕えられ、予審の後の短い非公開審理（大審院・1910年12月10日-1911年1月18日）の後、約半数が死刑に処されたのが大逆事件である。この事件により片山潜はアメリカへ移り、日本の社会主義運動・労働運動は「冬の時代」を迎える。なお、1961年に坂本清馬と死刑になった森近運平の妹が東京高等裁判所に再審請求を行ったが請求棄却となり、特別抗告も1967年に大法廷で棄却された。

　森戸は一高時代、大逆事件判決後に徳冨蘆花に講演を依頼している（1911年）。蘆花は幸徳の死刑判決に際して、桂太郎の側近であった徳富蘇峰に死刑を止めさせるように訴えている。蘆花の講演日は死刑執行の8日後、2月1日である。蘆花は講演の中で、時代によって正義や忠誠の基準が変わるので、幸徳秋水らの事件についても冷静に考える必要がある、という内容を話した。この講演を文部省が問題視し、当時の校長であった新渡戸稲造の進退問題にまで至った（譴責処分で済む）。新渡戸は一高の全校集会で、ナショナリズムの観点から蘆花を批判する演説を行った。蘆花の講演会の一件が森戸に無政府主義を強く意識させた。

　東京帝国大学法科大学に進み、研究者となった森戸は社会問題に関心をもち続けた。彼は吉野作造、牧野英一、高野岩三郎ら（第7章および第8章を参照）の研究会に参加するなどして大逆事件を捉え直す中で幸徳秋水の思想的淵源であったクロポトキンに注目した（幸徳は『麺麭の略取』を翻訳するなどしている）。

クロポトキン研究　1919年、法科大学経済学科から経済学部が独立し、『国家学会雑誌』とは別に、新たに『経済学研究』が新学部の機関誌として発行されることになった。創刊号に掲載されたのが森戸の前掲論文や櫛田民蔵による『共産党宣言』の部分訳であった。

　『経済学研究』創刊号が出たのが1919年末であり、東大内の学生右翼団体である興国同志会による指摘により文部省が動き出した。結局、翌年の森戸の留学は取り消しになり、大学からは休職処分を受ける。

　森戸は、マルクス主義は社会理想を掲げる必要がないとするがそれは間違いであり、むしろマルクスやエンゲルスのヒューマニスティックな思想を評価した。森戸は理想をもつことを重視している、すなわち「人生究極の目的は『自

第2部　社会とデモクラシー

由なる人格』に存する」が故に、理想的社会状態は「社会の各成員が『自由なる人格』たるに適する社会状態」である。

　森戸によれば、当時は「自由なる人格」へ至る道が閉ざされているが、その原因は政治的自由と経済的自由の不足である。この障害は国家主義と資本主義に因る。しかし森戸自身は、無政府共産制実現のために暴力的手段を用いることには反対している。彼はあくまで、理想状態に近づくための合法的な改革を求めたのである。しかし森戸の論文は新聞紙法の「朝憲紊乱」（42条）に該当するとして起訴され、大審院まで争うも有罪となってしまった（第1審では「朝憲紊乱」に当たらないとして41条で有罪としたが、東京控訴院・大審院ともに42条に該当すると判断している）。

瀧川のトルストイ講演　1932年に瀧川幸辰（たきがわゆきとき）は、中央大学において「『復活』を通して見たるトルストイの刑法観」という講演をした。この中で彼はトルストイの思想を紹介したが、瀧川自身が無政府主義者とされ騒ぎになったのである。

　なぜトルストイの刑法観を語ったに過ぎない講演をあえて無政府主義と問題化したのだろうか。瀧川の客観主義的刑法理論が治安維持法体制にとって都合が悪かった、という理由が考えられる。瀧川の客観主義は、犯人の行為よりも思想を裁き、転向・非転向に対する裁判官の心証で量刑を行う治安維持法の運用と対立すると思われるからである。

　1933年4月には瀧川の『刑法講義』（1929年、改訂版1930年）、『刑法読本』（1932年）が出版法に基づいた発禁処分になっている。前者においては、革命者に関する記述および姦通罪廃止論がマルクス主義を思わせる表現で論じられており、内務省によって「不穏箇所」とされた（なお同書には以下のような記述もある。「生活の不安は社会組織の不合理に基く。現在の社会には、労働力を売る以外に、何らの生活の保障をも有しない無産階級と、労働力を買うて Mehrwert〔剰余価値〕を搾取する資本階級の2つが対立して、階級闘争の渦巻を引き起こしている。」（瀧川『刑法講義』36-37頁、改訂版33-34頁に同旨））。後者においては、刑法はいかなる社会を防衛し、誰を教育するかという観点について、有産者と無産者の対立という視点が採用されており、「不穏箇所」に挙げられた諸論点においてもその表現方法が問題視されたようだ。当時の瀧川は他の文章でもマルクス主義の用語法

160

を用いているが、しかし彼が突出していたというわけではなく、牧野英一や木村亀二の文章にも件の用語法は見られる。当時はマルクス主義に共鳴していなくても知識人がその用語を使うことはあり得た。

5月には文部省（鳩山一郎文相）による休職処分が下され、最終的に瀧川ほか数名が辞職に至る。その中には恒藤恭や加古も含まれていた。

瀧川事件の背景　文部省が作成した瀧川休職処分に関する書類においては、次第に左傾化した瀧川は、その思想を講義し、発禁処分になるような著書を発表してきたが、それは大学令に掲げられた「人格ノ陶冶及国家思想ノ涵養」に留意すべき大学教授の義務違反になるので休職を命じる必要がある、と述べられている。これに付された「調書」においては瀧川の著作に散在するマルクス主義的表現を拾っている。同時期には司法官赤化事件があり、共産党員および同調者の裁判官・職員が検挙されている。

なぜ文部省・鳩山は瀧川に目をつけたか。次のような理由が考えられる。①瀧川の言動が処分しやすかった。②東大でも牧野英一、末弘厳太郎、有沢広巳（経済学部助教授）が1933年2月1日第64回帝国議会衆議院予算委員会において政友会の宮沢裕議員によって赤化教授と指摘されたものの、東大は鳩山をはじめ文部官僚の母校であった。明確な赤化の証拠もなく処分を迫るのは難しい。また東大3人に対し京都帝大（以下、「京大」）1名なので、後者の方が処分しやすい。③京大は京都学連事件（1925年・内地初の治安維持法適用事件）以来赤化の総本山であった。28年に辞職した河上肇は33年1月に治安維持法違反で検挙されている。④1913年から翌年にかけての、沢柳総長と学部教授会との人事権に関する内紛（沢柳事件）以来、大学自治の元祖であり、文相が大学の人事行政を握るには京大が邪魔だった。

瀧川事件と東大　東大法学部は瀧川の問題に対し、以前の沢柳事件に比して消極的であった。東大総長小野塚喜平次は沢柳事件時には京大のために奮闘したが、今回は「東大の学部教授会が京大支持を表明しない限り、東大の赤化教授には手をつけない」という密約を鳩山文相と結んだといわれている。その中で美濃部達吉と横田喜三郎は態度を明らかにした。美濃部は「これは京大だけの問題ではない」という立場を示したし、横田は政府の態度を厳しく批判し、鳩山文相の責任を問う文章を発表している。

第2部　社会とデモクラシー

第6節　恒藤　恭

恒藤の思想形成　　法学において多彩な業績を残したのが、恒藤恭である。ここでは彼のマルクス主義に近い思想を取り上げる。

　1888年、島根県に生まれた恒藤は、文学的才能に恵まれるも病を得て3年間を闘病に費やした。なお中学時代にはキリスト教と出会い聖書研究会にも出席している。彼の家族は入信したが、恒藤自身はそうしなかった。

　病から回復した後は一高に在学したが、文学活動は続けられた。また芥川龍之介、菊池寛、山本有三らとの交友関係が始まり、特に芥川との友情は有名である。在学中に大逆事件の裁判についての報道に接し、クロポトキンの自伝を読み始めている。ただ、クロポトキンを好意的に受け入れたとしても、恒藤は大逆事件首謀者たちへの国家による措置に疑問をもったわけではないようである。また1911年に行われた徳冨蘆花の「謀叛論」講演を聴いている。

　1913年に一高を卒業後、京都帝国大学法科大学政治学科に進学する。恒藤は芥川の才能を見るにつけ、自分に文学研究をするだけの能力がないと感じた。彼が在学した一高のコースから東大の法科へ進むことは無理であった。そこで恒藤は、すでにもっていた社会・労働問題への関心から、河上肇（当時は経済科は独立以前であった）のいる京都の法科を選んだのであろう（京都を選んだのは、他に家庭事情などもあり得る）。

　1916年に大学院に進学した際の専攻は国際法であった。しかし次第に法哲学へと関心を移していく。また河上肇の影響でマルクス主義研究も進めている。河上と佐々木惣一の世話で同志社大学に勤めた後、京大経済学部に移り、留学後には法学部で法理学と国際公法を講じた。しかし前述の瀧川事件で京大を去る。一高時代の学友・菊池寛から文芸春秋社に誘われるが、大阪商科大学に勤務した。この頃、恒藤の弟子であり、優れたパシュカーニス研究で知られる加古祐二郎が世を去っている（1937年）。

　恒藤は先に述べたように大学院時代に法哲学研究を進めた。その出発点は歴史法学であったが、やがて新カント学派に関心を移した。1921年には『批判的法律哲学の研究』を刊行するが、これはマールブルク学派のシュタムラーと西

162

南ドイツ学派のラスクを扱った論文集である。しかし恒藤は形式主義的理論の
シュタムラーよりはラスクの法学方法論に関心を抱いていた（同年にラスク『法
律哲学』翻訳を出版）。また同時にカント法哲学にも関心を抱き、共訳でカント
『法律哲学』を出している。

恒藤とマルクス主義　しかし恒藤は、同時にマルクス主義研究も世に出して
いる。恒藤のマルクス主義研究における河上の役割は
重要である。河上が学生向けに開いた『共産党宣言』講読会に恒藤は出席して
いるし、同志社での講義準備のために恒藤は、河上が京大の図書室から借り出
していた『資本論』『共産党宣言』などのマルクス関係の原書の転貸を申し込
んでいる。留学から帰った後に恒藤は、河上が関わった社会科学研究会に出席
し、別に河上が三木清をチューターにして始めた『ドイツ・イデオロギー』
読書会にも出席していた。

　加古からの影響も重要であるという指摘もある。「歴史的なるものの存在性
格より見たる法的規範の限界性に就て」（第2節参照）において加古は、存在と
当為の総合はカント的二元論では不可能であり、ヘーゲルにその可能性を見出
すも、ヘーゲル哲学は現実の歴史的存在性格を「観想的」に把握したに留まっ
た、と論じている。

　恒藤は1921年に、河上の勧めによってプレハーノフ『マルクス主義の根本問
題』を出している。また『法律の生命』（1927年）においては「現代の資本主義
的社会における法律秩序が、無産者の生存権を確保する使命を無視しつつある
ことは、極めて明白な事実である。あらゆる法律秩序は、生存権の要求をみた
す限りにおいて、正義の価値ありと認められるとすれば、現在の法律秩序に対
し、何等かの仕方で変革が加へられることは、法律秩序をして十分に存在の意
義あらしめるべき所以でなければならぬ。そして階級闘争における無産者の立
場は、斯かる正義の要請を体現する立場、法律秩序の普遍妥当的価値の擁護の
立場であると、言ひ得るであらう」（同101頁）と論じた。

【参考文献】

伊藤孝夫『瀧川幸辰──汝の道を歩め──』ミネルヴァ日本評伝選、2003年

第 *2* 部　社会とデモクラシー

大杉由香（山川出版社編）「近代日本の福祉制度の成立過程とその背景」歴史と地理第
　　622号、日本史の研究（224）2009年

同「戦前日本における災害の実態──全国統計を通して見えてきた生存の問題──」東
　　洋研究第187号、2013年

大橋智之輔他編著『昭和精神史の一断面──法哲学者加古祐二郎とその日記──』法政
　　大学現代法研究所、1991年

加古祐二郎『近代法の基礎構造』日本評論社、1964年

芹沢一也『〈法〉から解放される権力──犯罪、狂気、貧困、そして大正デモクラシー
　　──』新曜社、2001年

瀧川幸辰『刑法講義』弘文堂書房、1929年（近デ）

竹下賢・角田猛之編『恒藤恭の学問風景──その法思想の全体像──』法律文化社、
　　1999年

多田辰也「大逆事件」法学教室 No.121、1990年

恒藤恭『法律の生命』岩波書店、1927年（近デ）

中山研一『刑法の基本思想（増補版）』成文堂選書：41、2003年

夏樹静子『裁判百年史ものがたり』文藝春秋、2012年

平野義太郎『法律における階級闘争』改造社、1925年（近デ）

藤田勇『マルクス主義法理論の方法的基礎』日本評論社、2010年

松尾尊兌『滝川事件』岩波現代文庫：学術、2005年

森戸辰男『思想の遍歴　上（クロポトキン事件前後）』春秋社、1972年

エフゲニー・パシュカーニス（稲子恒夫訳）『法の一般理論とマルクス主義』日本評論
　　社、1958年

グスタフ・ラートブルフ（野田良之・山田晟訳）『社会主義の文化理論』東京大学出版
　　会、1961年

フーゴ・ジンツハイマー（楢崎二郎・蓼沼謙一共訳）『労働法原理（第 2 版）』東京大学
　　出版会、1977年

第10章　国際法と国際政治

この章で学ぶこと

　二度の世界大戦を経験した20世紀を終えても、我々は暴力の恐怖に怯えなくてはならない。国家同士の戦争だけでなく、むしろそれ以上に、武装勢力によるテロ行為が依然として平和への脅威であり続けているからである。戦争への対応として発展してきたと言える国際法も、難しい局面を迎えている。

　戦争について考える際に、常に忘れてはならなないことがある。交戦の主体が主権国家に限られる、あるいは国家ではない武装勢力も交戦権をもつとしても、戦いによる被害を最も受けるのは、常に無力な一般市民であるということである。たとえ戦禍を免れて生き延びたとしても、戦争は人々のその後の人生に、暗い影を落とすのである。

第1節　戦争の思想史

正戦論　国家間の紛争が生じた場合、まず武力行使に至らないように平和的解決方法を模索することが第一である。しかしその前提には、違法な戦争というものを認識する必要があるだろう。この戦争違法化の本格的組織化は第一次世界大戦後の国際連盟を待たねばならないが、そもそもそれ以前の戦争観はどのようなものであったのだろうか。

　まず、ヨーロッパにおいて、戦争を正しいものとそうでないものに区別する思考は、かなり古いものであることを確認しよう。古代ギリシアのアリストテレスやローマのキケロなどにおいては上記の区別が存在する。ローマにおいてはユス・フェチアーレ jus feciale と呼ばれる法に基づく、司祭による儀式により正しい戦争と認定された場合のみ開戦するという慣例があった。もっとも、この段階では正戦論が理論化されたとはいえない。キケロ（『義務について』）は、原因なく行われる戦争は不正であるとし、敵への復讐と撃退という原因が

第2部　社会とデモクラシー

あれば戦争は認められるとした。

　正戦論が理論化されるのは、中世のキリスト教神学者らの手によるものとされる。キリスト教本来の教えでは戦争を積極的に肯定する思想はなく、3世紀頃までは戦争はキリスト教の教えに反するという議論が多かった。しかしコンスタンティヌス帝の回心によりキリスト教がローマの国教となると、公教会もキリスト教徒が兵士となることを次第に是認するようになった。また、ローマ帝国が北方からの脅威に対抗するに際して、キリスト教の教えと矛盾することなく、一定の条件の下で戦争を正当化する必要が生じた。アウグスティヌスは他に手段が残されておらず、かつ正当な原因がある場合にのみ戦争は許されるとした。彼の議論はキケロに近い。トマス・アクィナスによる『神学大全』の中でも正戦論は論じられているが、それはアウグスティヌスの思想と同じであった。

　近世初期、国際法の揺籃期に正戦論は中世の議論を引き継ぐ形で論じられた。グロティウスは1625年、『戦争と平和の法』をパリで刊行する。この書はその後さまざまな時代と場所で版を重ね、国際法学者の間で広く読み継がれた。彼の著作は単に学問的意義をもつだけでなく、実際の国際社会とその規範形成に影響力をもち続けた。共通の価値や制度を承認する諸国家からなる「国際社会」概念を理論の中核とする英国学派の国際政治理論家ヘドリー・ブルはこれを「グロティウスの伝統」と呼んでいる。

無差別戦争観　　グロティウスは戦争の正当原因として、自己防衛・財産の回復・処罰を挙げ、より豊かな土地を求める戦争等を不正な戦争とした。近世初頭の国際法学者たちはキリスト教の側面からではなく、法学的な議論を展開した。また近世においてはローマ法王のような上位の権威を前提とせずに、対等な立場の君主（国家）間の闘争が問題化してきた。すなわち、当事国が双方とも自らの正当性を譲らない場合、正戦論の厳格な適用は難しくなる。主権国家より上位の判定者を想定できない以上、双方の正当性を認めざるを得なくなり、次第に正戦論は正当原因の問題から国際法上の手続きに沿った戦争を遂行しているか、という合法性の問題へと内容が変化していった。ここに「無差別戦争観」の萌芽が見られる。18世紀になるとスイスの国際法学者ヴァッテルらによって無差別戦争観が全面的に打ち出された。この思想

は、戦争を主権国家同士の決闘のように扱うものであり、この戦争に参加しない第三国は、交戦国に対して中立な立場を維持すべきという観念も生じてきた。

しかし注意すべきは、無差別戦争観は戦争を積極的に肯定するものではないということである。戦争を自助の手段としてのみ認めるという考え方が根柢にあるだろう。しかし結果的に国際法上は主権国家の意思を尊重する以上、戦争を一般的に合法化することになり、実定化の努力も戦争開始の手続きや交戦法規の制定に向けられたのである。

戦争の違法化　第一次世界大戦以前にも国際紛争を武力で解決することを制限しようとする傾向があったが、戦争違法化を本格的に俎上に載せたのが、国際連盟であった。国際連盟規約には直接戦争の制限に関係するもの（12条、13条、15条）が存在するが、しかしそれらは不徹底なものであった。戦争の制限は手続的なものにとどまり、抜け穴も見られたので、戦争の原則禁止には成功していない。

国際連盟規約の欠点を補うための試みとしては、1924年の第5回国際連盟総会における「国際紛争の平和的処理に関する議定書」（ジュネーブ平和議定書）がある。もっともその理想的な内容ゆえか、総会で採択されたものの、批准はチェコスロヴァキアのみで発効には至らなかった。日本は同議定書に消極的態度をとり、自らの修正案が容れられたために総会では賛成したものの、批准はしなかった。

1928年、国際連盟の外部において不戦条約が締結された。1925年にはロカルノ条約が成立しドイツ・フランス国境及びドイツ・ベルギー国境の現状維持が保障され、1926年にはドイツが国際連盟に加入した。このような経過ゆえにヨーロッパに安定的な雰囲気が生じており、それを受けた不戦条約は戦争制限に関して徹底した内容を含んでいた。すなわち、自衛戦争などの例外を除いて戦争が原則禁止となったのである。しかし不戦条約はその違反に対して制裁を規定していなかった。また、戦争を違法化したといっても、合法・非合法を判定する国際機関は設立されているわけではなかった。さらに、この条約は「戦争」の禁止を定めるものであるから、戦争の形態を取らない武力行使は可能なのではないかという疑問も残った。実際、不戦条約締約国である日本が関係す

167

第2部　社会とデモクラシー

る1931年から起こった満州事変においても、開戦宣言が行われていないのでこれは不戦条約の禁止には触れないという主張も存在したという。

差別戦争観　なお、20世紀の実定法規に基づいた、秩序維持を意図する戦争違法化論は、スコラ神学や自然法論的に構成された、正当原因に基づく戦争を肯定する正戦論の復活と安易に連結されてはならない。国際法学者の田畑茂二郎はこの2つの概念の違いを承知の上で、戦争を区別するという意味での「差別戦争観」という上位概念を利用して接続し、「無差別戦争観」と対置した。

なお、「差別戦争」の語はシュミットの「差別戦争概念」に由来するが、シュミットの議論は交戦者の地位に関わるものであった。すなわち、シュミットは相互に「正しい敵」としての地位を承認しあう近代主権国家同士の「無差別戦争」から、そのような地位を承認し得ない「不正な敵」に対する「差別戦争」への転換を論じた。後者は殲滅戦争に至るとされる。それゆえ、田畑はシュミットとは異なった意味で上の語を用いていることに注意しよう。

さらに、ここでいう国際法は、近代日本に強く影響したヨーロッパ中心の法規範であることも忘れてはならない。ヨーロッパの法規範が地球のほぼ全土を覆うことになるのは19世紀末のことである。それまではイスラム世界や東アジアなどにも独自の国際関係に関する規範が存在した（イスラムの家・戦争の家・共存の家、華夷思想など）のであり、それぞれの規範体系にどのような相互影響があったのか、意識する必要があるだろう。

第2節　国際連盟

平和組織の思想　国家をこえた組織的な取り組みは、悲惨な戦争体験を経て生まれる。たとえばフランスのクルーセによる『新キニアス論』（1623年）、サンピエール『永久平和論』（1713年）がある。またイギリスのベンサムは「国際法」という用語を作り出した思想家だが、その『国際法原理』（1786-1789年）、特に第4章「普遍・永久的平和の構想」の14ヶ条は重要である。ベンサムにおいて、戦争は時代遅れのものであり、「最大規模の害悪」であった。軍縮、植民地の解放、共同裁判所設立など、彼の先進的な議論は興

味深い。

　しかし平和思想で最も注目すべきはカントの晩年の著作『永遠平和の為に』
（1795年）であろう。予備条項においてカントは、常備軍の廃止や他国への武力
干渉の禁止などを述べている。また第一確定条項では、戦争への決定を容易に
しない為に民主的な国家体制が必要であるとしている。国際組織の具体的な議
論はなされていないものの、平和へ向けた国際組織を構想する上で重要な示唆
がこの著作には含まれている。カントの常備軍廃止の思想は内村鑑三にも影響
を与えたといわれている。

19世紀の運動　19世紀になると、欧米では一部の平和運動家による国際組織
設立の呼びかけが始まる。アメリカでは1828年にアメリカ平
和ソサエティが設立される。この民間団体は1830年代半ばに「世界会議」につ
いての懸賞論文を募集している。この世界会議とは、現在の国際連合総会に近
い組織が想定されていた。しかしその後は、アメリカ南北戦争等があったため
に世界会議への関心は薄れ、軍縮や仲裁裁判へと軸が移る。

　19世紀後半においては、会議形式の話し合いよりも制度的な解決方法が有望
とされ、仲裁裁判制度と国際法が発展した。仲裁裁判とは、紛争当事国に第三
者の位置にある国の代表を加えた合議によって紛争を解決する制度である。当
時、仲裁裁判はアラバマ号事件で紛争解決に有効に働いたと思われていたの
で、仲裁裁判への期待に合わせて国際法学も進展した。1873年には国際法に関
する学会が設立されている。また、ヨーロッパでは国家間の協力関係が築か
れ、多くの国際会議が開かれていた。1862年に『ソルフェリーノの思い出』を
刊行したデュナンによる、赤十字国際委員会のような民間の国際組織の活動が
始まるのもこの時期である。

　このような19世紀の諸潮流の到達点が、1899年の第1回ハーグ平和会議で
あった。これは、大国の軍拡競争を懸念したロシア皇帝の提唱によるもので
あった。26ヶ国が参加し、国際紛争平和的処理条約等が採択された。1907年に
はアメリカ大統領ローズヴェルトによって第2回会議が開かれ、44ヶ国が参加
し、戦時国際法に関する条約が採択された。アメリカはこの2回の会議で常設
仲裁裁判所の制度化を目指し、一定の成果を収めた。

169

第2部　社会とデモクラシー

国際連盟の誕生

それまでの国際関係の仕組みに動揺が走る契機となったのが、第一次世界大戦という総力戦である。この戦争では軍人・民間人合わせて約945万人の死者が出たといわれており、二度と戦争を起こしてはならないとの考えが強くなり、国際組織を作る動きが生じた。戦争中にも民間団体の設立や知識人の活動があったが、それらの平和活動の到達点が国際連盟である。

　第一次世界大戦で当初中立を守り講和の斡旋を試みたアメリカは、1917年4月に参戦する。そのアメリカの大統領ウィルソンが1918年1月に14ヶ条の講和原則を発表した。この中には軍縮や民族自決等が謳われていたが、最後の項目に戦後国際組織の設立があった。なお、ウィルソンの14ヶ条は、条文数とその精神においてベンサムの提案を模したといわれている。

　1918年11月にドイツが降伏し、翌年1月にパリ講和会議が開かれた。当初この会議は、ドイツ、オーストリア、トルコに対する賠償金などの議論をする機会であった。しかし講和会議の主導機関である五大国会議（イギリス・アメリカ・フランス・イタリア・日本）で、講和会議の場で国際連盟について話し合うことが決められた。4月28日に講和会議の場で国際連盟規約が採択された（1920年1月10日発効）。

　スイスのジュネーブに事務局を置いた連盟にはしかし、当のアメリカは上院の加盟否定で参加していない。上院で国際連盟への不参加が決められた際、ウィルソンは「勝利であっても真に正しいとはいえない勝利は望まない。敗北であっても、究極的には正しいことを主張しての敗北ならば、その敗北を受け入れる」と述べている。ウィルソンは1919年後半から重い病に苦しみ、21年には大統領の座から離れるが、国際連盟設立に寄与したとの理由でノーベル平和賞を授与されている。

国際連盟と日本人

なお、この国際連盟設立時の事務次長を務めたのが新渡戸稲造である。新渡戸の事務次長就任は、後藤新平らと共にロンドン滞在中、駐英大使が後藤を通じて要請したという。彼が選ばれたのは以下の理由によるだろう。まず新渡戸は『武士道』（英文、1900年）により国際的な知名度があった。また、新渡戸はウィルソンとは、アメリカ留学時から面識があった。新渡戸はパリ講和会議でのウィルソンの14ヶ条の講和原則の

170

第10章　国際法と国際政治

内、民族自決理念の理解者であり、世界平和への貢献という国際連盟の使命に対する情熱も強かった。その新渡戸の下、常設委任統治委員会の委員として送り込まれたのが柳田國男であった。柳田は『遠野物語』（1910年）などを遺した、我が国の民俗学の創始者として有名であるが、官僚としてキャリアを始め、貴族院書記官長を務めた人物でもある。

　柳田が新渡戸に選ばれた理由としては、新渡戸と柳田とは国際連盟に関わる以前から交流があり、植民地の統治方式における日本政府の同化主義に対して二人とも否定的であったことがある。柳田は言葉の問題、常設委任統治委員会の（原住民保護の理想とは程遠い）実態、日本政府の非協力的態度から委員を辞し、新渡戸より早く国際連盟の仕事から離れた。この件で新渡戸と柳田の交流が途絶えたとされている。

　同時期に、民法学者の鳩山秀夫（第6章参照）が1921年の国際連盟規約改正委員会に出席し、また国際連盟総会に参列する帝国代表者随員の一人として参加し、1922年には「ジュネーヴより」、1923年には「国際連盟の政治的事業」という文章を公表している。

　史上初の国際平和機構と称される国際連盟だが、実際には第一次世界大戦における戦勝国の戦敗国に対する支配機関と批判する論者も存在する。この主張は、特に敗戦後、苦杯を嘗めたドイツの論者に多く見られる。

第3節　横田喜三郎とケルゼン

横田のケルゼン受容　横田喜三郎は日本を代表する国際法学者で戦後の最高裁判所長官であると同時に、ケルゼン思想の積極的な受容者であった。1923年にケルゼンの『主権の問題と国際法の理論』（1920年）を読んだ横田は、ケルゼンに深く傾倒していく。1934年にケルゼンが刊行した『純粋法学』を翌年に翻訳したのも横田であった。

　横田がケルゼンから受けた重要な影響の1つは、国内法に対する国際法上位説であった。横田のケルゼン理解は理想主義的に過ぎると評価されることもある。もっとも、ケルゼンに忠実な解釈ではない可能性については横田自身も認めている。すなわち、「これらの論争〔＝美濃部や牧野との論争〕で、わたく

171

第2部　社会とデモクラシー

しが説明した純粋法学は、わたくしの理解した純粋法学であり、わたくしがこうあるべきだと考えた純粋法学である。ケルゼン自身の考えた純粋法学とは、いくらか異なるところがあるかもしれない。ただ、わたくしは、わたくしの考えた純粋法学を信じるものである」。

純粋法学　　さて、横田が言及する国際法上位説とはどのようなものか。これにはケルゼン思想の最も重要な概念である根本規範を知っておく必要がある。ケルゼンは、法の認識のみに注意を傾け、厳密には法と呼べない一切の要素を、その認識対象から排除しようとした。法とは呼べない要素、とはケルゼンにおいては自然法的・道徳的思考や政治的イデオロギー、また社会学的・経済学的視点である。ケルゼンが純粋法学と呼んだものは、厳密な形式主義である。またケルゼンは、複数の解釈から唯一の正しい結論を選び出すというような法解釈学には、それが政治的価値判断を学問的真理とすり替えることになるという理由で、否定的である。法学の解釈は、ある法規範のもつ可能な諸解釈を引き出すのみである。

　法を静態的側面から見れば、それは強制秩序である。すなわち、特定の違法行為と特定の制裁を結合させる一種の社会的技術である。この社会的技術は、社会的現実を形成し、また変革するものである。この法規範は厳密な意味では、先ず一般市民ではなく裁判官や執行機関に向けられたものといえる。

　法の動態的側面は、なぜ法が妥当するかという問いに答えるものである。ケルゼンによれば、ある法規範が妥当である理由は、それより上位の法規範がその法規範に妥当性を与えているからである。さて、その上位の法規範がなぜ妥当性ももつかといえば、それより上位の法規範が存在しているからである。こうして妥当性の連鎖は続いていくが、どこかでその連鎖を止めない限り、無限背進に陥ってしまう。そこで全ての法規範の妥当性の淵源として「根本規範」が想定される。しかしこれはあくまでも仮説的に想定されるものであることに注意したい。

　さて、ケルゼンの法の段階構造モデルは、憲法を頂点とする国内法においては、その憲法に妥当性を付与する根本規範を想定すれば良い。国家は法秩序であり、しかもその上位の法秩序がない場合、国家主権が認められることになる。

172

ケルゼンの国際法学　しかし、国際法と国内法の関係を考えると難しくなってくる。横田が注目した『主権の問題と国際法の理論』ではこの問題が大きく扱われている。ケルゼン自身は国内法・国際法の二元的構成は論理的には可能ながら、実際には一元論に戻るとして退ける。国際法上位の一元論、国内法上位の一元論が考えられるが、ケルゼン自身は国際法上位の一元論に立っていると考えられる。主権国家は国際法上、その至高性を失い、直接国際法に拘束されることになる。彼によると、国内法上位の一元論は帝国主義と、国際法上位の一元論は平和主義と親和的である。

　ケルゼンは国際法の主体を国家ではなく個人であるとする。すなわち、国内法の補完を受ける形で国際法は個人へと適用されるのである。そして国家は国際法に、その国家意思とは無関係に、またそれに反する場合ですら、拘束される。

　一国の法体系を基礎づけていた根本規範は、国際法体系においては政府に統治権を授権する実定国際法上の原則とされる。国際法の根本規範についてケルゼンは初期には「合意は拘束する（pacta sunt servanda）」の法原則を国際法の始源仮説となしたが、やがてこれを慣習国際法の一部をなすものとし、それに代えて根本規範を「各国（すなわち各国政府）はその相互関係において、国家間慣習に適合するように行動すべきである」、ないし「国家の国家に対する強制は、国家間慣習の要件に従い、その定める仕方で行使されるべきである」とした。

　なお横田は、「合意は拘束する」を国際法上の根本規範とする学説を次のように徹底させている。「国際社会に妥当する多数の法規範についてみるに、第一に、それはすべて同一の根本的法規範に基き、それから由来するものと考えられなくてはならないようである。条約はもとよりのこと、慣習国際法も合意に基くとされているが、合意に基く条約または慣習法が拘束力をもつには、その根本に『合意は拘束する』pacta sunt servanda という規範が論理的に仮設されていなくてはならないであろう。しかも、国際間の法規範は、条約に基くか、慣習に基くかであるから、すべての国際法規範は、結局において、『合意は拘束する』という同一の根本規範に基き、それから由来するものと考えられなくてはならない」（横田『国際法の基礎理論』30-31頁）。

第2部　社会とデモクラシー

**ケルゼンの
国際連盟評価**　国際法を平和構築に資するものとして考えていたケルゼン
は、国際連盟についてもその存在意義を否定しなかった。ケ
ルゼンは国際連盟を、形式的側面から見て連邦制と類似するものと考えた。ま
た国際連盟規約が法的文書ではなく政治的文書であるという批判に対して、同
規約の政治的な性質はその法的特性には影響しないと述べ、法技術上の改正を
示唆し、さらに常設平和維持連盟の構想を打ち出すなどしている（国際連盟の
ような理事会中心ではなく裁判所が中心となり、強制管轄権をもつ）。

　ケルゼンが追求したのは、国際裁判を通じた世界平和の漸進的発展とそれに
伴う国際共同社会の組織化であったといえるだろう。

第4節　リアリストとしてのシュミット

シュミットと国際法　伝統的な外交史・国際法学と区別された国際政治学の
誕生期を第一次世界大戦後と見ることができるなら
ば、そこで特徴的なことは、国際関係を国内関係になぞらえる形で把握しよう
としていたことである。国際社会においても「法の支配」の理念が貫徹され、
国際的平和維持の機関が設立されれば、国際平和が実現されるはずである。こ
のような試みは19世紀末のハーグ平和会議から見られるが、国際連盟が最も重
要な成果であろう。しかし国際連盟の実効性が疑われ、第二次世界大戦が近づ
くにつれ、このようなアプローチは勢いを失っていく。法整備と国際機関によ
る平和の樹立を目指す思想をイデアリズム（理想主義）と呼ぶならば、理念で
はなく国家間の現実の権力関係を分析することで平和を維持しようと試みるの
がリアリズム（現実主義）である。

　リアリズムは、他の「イズム」で語られる思想と同じく、論者によって多様
な姿を見せる。リアリズムは古代ギリシアのトゥキュディデスを起源とし、
『君主論』で有名なイタリアのマキャヴェリ、イギリスのホッブズ、ドイツの
社会学者ウェーバーなどがその系譜を形作る。さらに時代を下れば後述のモー
ゲンソーや、ケナン、キッシンジャーの名が挙がる。20世紀で最も論争的な思
想家であり、ナチスに一時期ではあるが強い関係をもったシュミットを国際政
治学の中で位置づけるとすれば、普遍主義的国際法制への懐疑という観点か

ら、やはりリアリズムとなるだろう。

シュミットは国際政治の場に普遍的な道徳的要求をもち込むことを拒否した。彼は主権国家中心の体制は20世紀に入って瓦解したと考えた。しかし彼は国際法にこだわる。モーゲンソーが普遍主義的な国際法制を批判する中で権力理論家となっていったのに対して、シュミットはなお新たな国際法秩序を希求した。

シュミットの　シュミットは第一次世界大戦で兵役についていたが、ドイツ
国際連盟批判　敗戦やバイエルン革命の経験により、秩序維持における国家の役割が決定的なものとなった。そしてドイツ敗戦の結果、ヴェルサイユ条約によってドイツが負わされた一方的な戦争責任により、彼のナショナリストとしての心情は呼び覚まされた。彼の視点は、法の名の下で行われる帝国主義的支配に注がれる。しかしシュミットはただヴェルサイユ条約や国際連盟を批判するだけではなく、普遍主義的ではない形で国際的な連邦を構想する道を模索した。

1926年の著作『国際連盟の中心問題』においてシュミットは、国際連盟がヴェルサイユ体制という現状を維持する機関に過ぎないということを問題視する。連邦はその構成国の一定の同質性（Homogenität）あるいは同種性（Gleichartigkeit）を前提としなければならない。国際連盟が仮想敵を前提とする同盟ではなく、法的な秩序原理をもつ真の連邦になるには民主主義という正統性が必要である。そして民主主義という同質性を保障するためには民主主義的正統性原理に基づいた内政干渉が行われなければならない。しかし国際連盟は不干渉主義を採用しているため、構成国の同質性を維持する真の連邦になり得ない。シュミットには、国際連盟は異質な国家をも包含し得る空間的普遍性を志向していると映っていた。『憲法理論』においても、国際連盟は連邦ではなく国家間の関係なので、主権の主体と担い手ではあり得ない、といわれている。

別の論考においてもシュミットは国際連盟の観念を、明確な志向が読み取れないと批判する。「全世界の平和に関する問題に対処するだけの現実的可能性がなく、またそもそもその義務も公認されていないからである」（シュミット「国際連盟とヨーロッパ」176頁）。さらにシュミットは、アメリカは国際連盟には

175

第2部　社会とデモクラシー

参加していないが間接的・経済的にアメリカの支配が及んでいると考えていた。

広域秩序　1938年の『差別戦争概念への転換』においてシュミットは、連盟規約が導入したと見られる戦争違法化論は、新たな秩序を創出していないにもかかわらず、ヨーロッパにおいてそれまで妥当していた無差別戦争観を否定し、その結果、戦争の危険性が逆に高まったと述べている。さらに1939年、『域外列強の干渉禁止を伴う国際法的広域秩序』においてシュミットは主権国家に代わる国際法の基礎として、「ライヒ」によって指導される「広域」を打ち出した。シュミットによれば真の広域原理とは「政治的に覚醒した国民と政治理念と、政治的にこの理念に支配され、外からの干渉を排除する広域の結合」であり、「ライヒ」とは「その政治理念が特定の広域内に普く行きわたり、かつ、この広域のために外域列強の干渉を根本的に排除する指導的・保障的強国」である。

　彼は、国際連盟を強化することで国家を相対化しつつ国際法を普遍主義的世界法へと再構築する見解とは異なる方法で国家概念の克服を狙っていた。シュミットの「ライヒ」はこれまでの国家概念が普遍性をもつ基準であったのに対して、具体的な秩序概念であり、ローマ帝国や帝国主義とは異なる概念である。また、秩序形成能力をもった「民族」が「ライヒ」を担うとするが、シュミットの広域秩序構想は人種・生物学的な点でナチスイデオロギーと完全に一致するとまではいえず、地政学的な側面も看過すべきではない。彼は広域秩序構想の先例として、以前は否定的に見ていたアメリカのモンロー主義を挙げている。「ライヒ」を中核とした「広域」の多元的併存というシュミットの構図は、ナチスに連なる法学者に不満を抱かせた。

第5節　モーゲンソー

国際法学から
国際政治学へ　シュミットと並び国際政治学におけるリアリズムの代表格とされるのが、国際政治は主権国家間の権力闘争であるという立場から『国際政治』（1948年）を著したドイツ出身のモーゲンソーである。確かに1937年に自身のユダヤ出自ゆえナチスを逃れてアメリカに移住した後の

第10章　国際法と国際政治

モーゲンソーは、国防総省と関わりをもち、大学では国際政治を講じた。また晩年のモーゲンソーには国際法への消極的な言及がある。しかし彼の学問的出発点は国際法であり、また前述のケルゼンとの関係に注目することはモーゲンソー理解にとって有益であろう。なお、近年では彼をリアリズムの文脈で理解することを再検討する流れも見られる。

　モーゲンソーは始めフランクフルト大学で哲学を志すが（1923年）、同年にミュンヘン大学法学部に移る。その後ベルリン大学に移るもミュンヘン大学、さらにフランクフルト大学に戻り、そこで博士号を取得する。1928年から2年間、フランクフルトにあったジンツハイマー（第9章参照）の事務所に勤めている。モーゲンソーの回想によると、ジンツハイマーは傑出した社会民主的知識人であると同時に刑事弁護の腕も卓越したものであった。モーゲンソーはジンツハイマーを通じて、フランクフルト学派の知識人たちと知り合っている。もっとも彼自身は、マルクスからは多くを学んだが、教条主義的マルクス主義者には我慢ならなかった。

『国際司法』　彼の最初に刊行された著書は『国際司法──その本質と限界──』（1929年）であり、この作品はシュミットから高い評価を受けた。モーゲンソーは、1927年に公表されていたシュミットの「政治的なものの概念」に示された政治の本質を成す「友敵関係」に対して、主体が対象に固執する度合い（強度）で政治的要素を判断しようとした。現存の国際法と実際の国家間の力関係との間に不一致があると、緊張が生じる。この緊張が国際紛争に影響している場合、その紛争は政治的性質を帯びるため、国家が国際裁判に紛争を付託する合理的理由が見いだせなくなる。そこでモーゲンソーは、このように静態的な国際法を「弾力的な規範」（『動態的国際法』）で補足することで緊張の発生を防ぐ必要があるとする。この「動態的国際法」により国際裁判が利用される可能性が高まるのはもちろん、国際法がパワーバランスの変化に法的表現を与えるものになるので、戦争をなくす道が開かれる。モーゲンソーは「動態的国際法」の観点から、ヴェルサイユ条約の改正を擁護していた。

　モーゲンソーは国際法を国際政治の付帯現象と見ていた。しかしこれは国際法が国際政治に全く関係がないとは考えていない。彼の国際法認識には、ジン

第2部　社会とデモクラシー

ツハイマーの法社会学的アプローチから影響があると見る研究もある（形式的な法と経験的現実の齟齬があった場合、後者の実態に即した新しい法定立の必要性）。また、そのような齟齬を鋭く突いたシュミットの影響もあったであろう。

　なお、『国際司法』の後、モーゲンソーの関心は政治理論に移り、その一般的基礎づけのために文化人類学や心理学、とりわけ精神分析を学んだ時期がある。フロイトの知見を取り入れて政治理論体系を構築しようと試みたが失敗した。複雑な政治体験を還元主義的な理論の単純さで説明することは不可能だったのだ。

モーゲンソーとケルゼン　1933年以降、「動態的国際法」への言及がなくなる。従来の研究では、これは満州事変やヴェルサイユ条約を公然と否定するナチス政権の誕生、日本やドイツの国際連盟脱退等の国際法秩序の動揺から、モーゲンソーが動態的国際法の有効性を信じられなくなったとする。しかし近年では、モーゲンソーがケルゼンの規範理論を評価するようになったことに注目する見解がある。モーゲンソーはケルゼンの根本規範を道徳規範と読み替え、国際法秩序も究極的には道徳規範によって保証されていること、しかし安定した国際法秩序形成のためには国際道徳の規範を形成しなければならないと考えた。この見解は、亡命後の『国際政治』における、バランス・オブ・パワーを機能的ならしめる超国家的な「道義的コンセンサス（moral consensus）」と同義であろう。モーゲンソーは自らの、伝統的な国際法学から逸脱した自身の方法論を「法リアリズム」と命名している。

　なおモーゲンソーは、『国際司法』における強度の理論が、シュミットが単行本として出した『政治的なものの概念』（1932年）によって剽窃されたとしてシュミットを攻撃しているが、このシュミットの一件とモーゲンソーのケルゼン評価は無関係ではないだろう。他方でモーゲンソーは1933年にジュネーブ大学法学部に教授資格請求論文を出して一度不受理となっているが、当時高等国際研究所教授であったケルゼンの高評価によって最終的に受理されている。モーゲンソーは後に、ケルゼンがいなければ研究者としての自身の履歴はここで終わっていたと回想している。ケルゼンは1940年にアメリカに移住した後苦しい生活を送ったが、モーゲンソーはケルゼンを支援し、また自らの著書をケルゼンに献呈している。

第6節　国際社会の中の日本

不平等条約問題　徳川幕府体制下での限定的な海外交流から国際政治の舞台に躍り出た際、我が国は「不平等条約」という形で国際法と接触することになった。まず1854年、アメリカと結んだ日米和親条約には最恵国待遇の供与が含まれていた（イギリス、ロシア、オランダとも同様の条約を締結）。1858年には日米修好通商条約を結んだが、この条約においては領事裁判権が定められており、また日本には関税自主権が認められていなかった（同様の条約をオランダ、ロシア、イギリス、フランスとも結ぶ）。明治政府の近代的法典編纂の腐心は、日本に一方的に不利だった諸条約の改正を相手国に合意させる企図もあった。不平等条約問題は最終的に約半世紀後の1911年に解決した。なお、国際法の概念については1865年にホイートンの『万国公法』が翻訳されたことで、「万国公法」の名で早い段階で広まっていたと考えられる（第1章参照）。その後、1881年に東京帝大（以下、「東大」）の学課目に「国際法」という名称が採用された結果、「国際法」が次第に用いられるようになり、中国や台湾でも用いられている。

　台湾出兵に関する交渉のために大久保利通が全権弁理大臣として清に赴いた時（1874年）、ボアソナードはその顧問として帯同している。ボアソナードは明治天皇に拝謁し、大久保を補佐すべしとの勅語を賜っていた。この随行には名村泰蔵、遅れて井上 毅が加わっている。大久保はボアソナードから万国公法の理論の重要性を説かれ、北京へ随行させることを決めた。船中においても大久保はボアソナードに教えを請い、また北京での交渉中も常に意見を求めたといわれる。また、交渉からの帰国後に大久保が腐心した琉球帰属問題にも意見書を提出している。ボアソナードは台湾出兵交渉での功績により、勲二等旭日重光章と金2500円を下賜されている。

　また不平等条約に関して、井上 馨 外務卿による改正案の中に外国人判事を裁判所に置く条項が含まれていたために厳しい批判が政府に向けられた時に（1887年）、ボアソナードは意見書を出している。その内容は西欧列強に対する日本の独立を支持するものであった。結局この改正案は成立せず、井上も辞職

第2部 社会とデモクラシー

することとなったが、この件で明らかにされたボアソナードの日本に対する見解に感謝する者も少なくなかった。

大東亜共栄圏 　国際連盟の設立当初から関わっていた日本であったが、1931年の満州事変に関するリットン報告書に抗議する形で1933年に脱退を表明する（脱退の正式発効は1935年）。

日本による大東亜共栄圏の建設の始まりを、この満洲事変に見ることができる（1932年には満州国成立）。1938年には近衛文麿首相により「東亜新秩序」声明が出されている。1940年11月30日には、1937年から始まる日中戦争の収束を図る目的であった日華基本条約によって日本は汪兆銘政権を承認した。同日の日満華共同宣言では「東亜ニ於テ道義ニ基ク新秩序ヲ建設スルノ共同ノ理想」を掲げている。その内容において、地理的近接性と文字・人種の同一性のような主張以外にアジアの地域主義を積極的に基礎付ける理念は見られない。

1940年7月26日の閣議決定「基本国策要綱」に「大東亜ノ新秩序」という語が見られるが、「大東亜共栄圏」の語が初めて用いられたのは、この要項を説明した松岡洋右外相の談話においてであるといわれている。「大東亜」の地理的外延は、戦争の進行によって変化しているようである（ただし、欧米の帝国主義で被害を被った経験、という共通項を当時の日本の指導者層は見出していた）。

大東亜共栄圏は、「八紘一宇」という日本の伝統的な家族主義的思想を国際関係に投影したものであった。またそこには階層秩序をもつ華夷思想の要素も含まれていた（日本を父、中国を母、その他のアジア諸国を子とする表現も見られた）。国際社会の了解を得ることが困難な要素を含んでいたが、大東亜共栄圏は単純な旧秩序回帰を目指したものではなく、圏内各国の経済発展を目指す広域経済圏をも意味していた。

大東亜国際法 　大東亜共栄圏の国際法的な基礎づけに、先に述べたシュミットの広域秩序論は重要な役割を果たしている（シュミットも、アジア・モンロー主義に注目していた）。ということは、大東亜共栄圏は、既存の欧米中心的国際法制を批判する傾向をもっていることになる。もっとも、第一次世界大戦の敗戦国ドイツと戦勝国日本では、ヴェルサイユ体制下での国際的地位は異なり、軌を一にしているとは限らない。

安井郁（東大を公職追放、後に法政大学教授）は、欧州中心主義の秩序から解

放された新秩序において大東亜は日本を中心に構成されると述べている。また、松下正寿（立教大学、公職追放の後、同大総長）によれば大東亜共栄圏は、国家の生存権と領域主権の完成を目的とするものであり、対等な国家同士の条約による結合ではなく、自発的意思を超えた運命的結合である。共栄圏の最上位に位置してその維持に責任を負う国家が指導国である。共栄圏に内在すると同時に超越する存在である指導国の立場にいるのが日本である。圏内の国家は互いに自国の領域を開放するのだが、日本はそれらの国家が生存していけるように保障し、権利を調整する役割をもつ。

なお、戦時中の田畑茂二郎も共栄圏の思想に「真の平等」が実現されている、と述べているが、指導国である日本に一定の制約をかけたり、共栄圏の法関係は各国の意思によるものとするなど、先の松下とは異なる面も見られる。田畑の議論は、大東亜共栄圏の内部にあって変質・解体をもたらす契機を有していたと評価できる。

【参考文献】

酒井哲哉『近代日本の国際秩序論』岩波書店、2007年

篠原初枝『国際連盟──世界平和への夢と挫折──』中公新書、2010年

田畑茂二郎『国際法〔第２版〕』岩波全書セレクション、2008年

戸塚順子「「大東亜共栄圏」構想における領土権概念について──国際法学者松下正壽の議論を題材として──」人間文化研究科年報第20号、2004年

長尾龍一『ケルゼン研究３』慈学社叢書、2013年

同『ケルゼン研究２』信山社叢書、2005年

同『ケルゼン研究１』信山社叢書、1999年

松井芳郎「グローバル化する世界における『普通』と『地域』──「大東亜共栄圏」論における普遍主義批判の批判的検討──」国際法外交雑誌第102巻第４号、2004年

安井郁『欧洲広域国際法の基礎理念』有斐閣、1942年

横田喜三郎『純粋法学論集２』有斐閣、1977年

同『純粋法学論集１』有斐閣、1976年

同『国際法の基礎理論』有斐閣、1949年

ハンス・ケルゼン（長尾龍一訳）『純粋法学（第２版）』岩波書店、2014年

同（尾吹善人訳）『法と国家の一般理論』木鐸社、1991年

同（鵜飼信成訳）『法と国家』東京大学出版会、1964年

第2部　社会とデモクラシー

同（横田喜三郎訳）『純粋法学』岩波書店、1935年

カール・シュミット（長尾龍一訳）「国際連盟とヨーロッパ」『カール・シュミット著作
　集1（1922-1934）』慈学社出版、2007年

同（岡田泉訳）「域外列強の干渉禁止を伴う国際法的広域秩序」服部平治他訳『ナチス
　とシュミット──三重国家と広域秩序──』木鐸社、1976年

同（尾吹善人訳）『憲法理論』創文社、1972年

ハンス・モーゲンソー（原彬久監訳）『国際政治──権力と平和　下──』岩波文庫、
　2013年

第 **3** 部

2つの「昭和」

　戦前昭和の法思想は、全体主義や軍国主義的性格が強いせいか軽視されがちである。しかし、この時代の法思想は、戦後日本の基礎を形成するという意味で、重要な意味をもつ。そして、この時代は、決して全体主義や軍国主義のみに彩られた特殊な時代ではない。明治維新以来の歴史と連続性を重視しつつ俯瞰してみると、近代日本の矛盾が顕在化した時代であった。すなわち、明治維新は、「西洋の受容による近代化」と「幕府政権以前への復古」という相反する要素を最初から内包していた。その顕著な例が明治以来の立憲体制であり、帝国憲法自体が立憲主義と天皇親政という矛盾する性格を併有していた。戦前昭和は、明治維新以来の矛盾・対立が顕在化した時代であった。

　このような矛盾・対立は、一般化すると「近代的なもの」と「伝統的なもの」との対立であり、何も日本のみに限られたものではない。同時代のドイツのシュミットやスメントも、「西洋近代的なもの」をいかに克服するか、という課題に直面し、格闘していた。第3部で登場する日本の法学者達が彼らにしばしば言及するのは決して偶然ではない。

　第3部では、以上の矛盾・対立を前提として戦前昭和の法思想を概観する。まずは、代表的な国粋主義者の思想を概観した上で（第11章）、天皇機関説事件（第12章）、総動員体制（第13章）、戦時体制下（第14章）、敗戦から新憲法制定（第15章）にいたる法思想を検討する。

第11章　国粋主義の法思想

この章で学ぶこと

　この章では、はじめに昭和の法思想の特徴について検討する。その上で、戦前昭和の法思想を彩った筧 克彦、北一輝、蓑田胸喜という代表的な国粋主義者の法思想を取り上げる。彼らの思想は、非合理的な絶対主義・軍国主義であると切り捨てられる傾向にある。しかし、それは彼らの思想を正確に理解していないことに由来する誤解である。彼らは西洋思想を摂取した上で、その矛盾と限界を克服しようとしていた。この点に留意しつつ、彼らの思想を理解しなければならない。

第1節　「欧化」から「国粋」へ

「欧化」と「国粋」　昭和の思想の第1の特徴は、外来思想と伝統思想との関係が逆転したことである。日本の思想は、好むと好まざるとに関わらず、外来思想にいかに対応するかということが常に重要な課題であり続けた。古代における中国からの律令制度や仏教思想、近世における儒教思想のように積極的に受容するのか、それとも鎖国時代のように拒絶するのかという違いがあるにしても、日本は常に外来思想と対峙してきた。

　それは明治以降も同様である。日本は、「文明開化」と「富国強兵」の名のもとで積極的に西洋思想を摂取してきた。このように、西洋思想を積極的に受容し、日本の西洋化と近代化を推進しようという動きが「欧化」である。欧化思想は、自由や民主主義的要素を重視し、立憲主義や自由主義等の西洋立憲主義思想を日本に定着させることを目的とする。欧化思想とは逆に、過度の西洋化・近代化を戒め、日本の「古き良き伝統」である旧来の伝統を重視する思想も存在した。これが「国粋」である。国粋思想は、（さまざまなヴァリエーションはあるが）天皇の神性・絶対性を強調し、日本の思想的・文化的独自性と優位

185

第3部　2つの「昭和」

性を強調する。外来思想を積極的に導入する「欧化」と、在来思想の伝統と意義を強調する「国粋」は、日本ではアンビヴァレントな存在として、古代より対立してきた（近代以前は、「欧化」ではなく正確には「漢化」「儒化」というべきだが）。これは、地理的文化的に常に辺境に位置し、より先進的な文化や法、制度と対峙することを運命づけられた日本の宿命だろう。

　ただし、欧化も国粋も、反対の思想を排除すべき、と単純に主張するものはほとんどない。欧化思想も日本の精神的・文化的独自性との相克あるいは接続を常に意識していたし、国粋思想も単純な復古主義ではなく、西洋を克服・超越した上での「国粋的なもの」の実現を目指していた。したがって、欧化主義者と目される思想家の中にも国粋的要素が根強く存在することもあるし（たとえば、第12章で取り上げる美濃部達吉）、逆に国粋主義者といわれる者の思想的基盤が実は西洋思想ということもある（たとえば、本章で取り上げる筧克彦）。単純な欧化・国粋思想がないのと同様、単純な欧化主義者・国粋主義者も存在しない。総ての思想家の中に「欧化的なもの」と「国粋的なもの」が並存している。昭和（とりわけ戦前昭和）は、他の時代と比較しても、「欧化的なもの」と「国粋的なもの」とがとりわけ激しく葛藤する時代である。

「欧化」から「国粋」へ

明治以降の日本は、一貫して欧化思想が優位であった。明治期の「文明開化」「富国強兵」はまさに国家を挙げての欧化プロジェクトであった。そして、欧化思想優位の傾向は、大正デモクラシーで極点を迎える。このような時代では、欧化思想が国粋思想を圧倒し、両者の対立は顕在化しなかった。

　しかし、昭和に入り、そのような欧化思想の優位に変調が生じた。世界恐慌や国際協調体制の動揺など、日本だけではなく全世界的に政治経済上の矛盾が表面化した。これは、西洋近代の帝国主義体制の限界であり、同時に「西洋的なもの」や「近代的なもの」の限界であった。このような危機に直面し、「西洋的なもの」や「近代的なもの」を克服するために、改めて国粋思想が注目されることになった。つまり、千年以上の歴史と伝統を有する日本は、独自の文化・思想が（その時々の海外の先進思想を上手に摂取しつつ）独自の展開をとげているではないか、この日本独自の文化・思想をもって、内外の危機への処方箋になりえないだろうか、ということである。このような発想は、「国体明徴」

あるいは「国体の精華」という形で具体化し、やがて政治を動かす原動力となる。単純化して述べると、日本の伝統と天皇の神聖性を象徴する「国体」を武器に、国粋思想が欧化思想に対して反撃を始めたのである。

戦前の昭和は、それまでの欧化思想優位を国粋思想が覆し、主導権を確立した時代であった。その象徴となるのが天皇機関説事件（第12章参照）である。天皇機関説事件から敗戦までの間、国粋思想は、欧化思想を圧倒した。

1945年8月の敗戦は、国粋思想の敗戦をも意味した。それまでの「我が世の春」を謳歌した「国粋」は、敗戦とともに一変し、「欧化」（より正確にいえば「米化」）に180度転向する（そして、それは現在まで続いている）。この意味で、「国粋」的な戦前の昭和と、「欧化」的な戦後の昭和と、全く異なる「2つの昭和」が現出しているのである。

本書で扱うことのできる戦後の昭和は、敗戦直後までに限定される。しかし、現在にまで影響を与えているさまざまな問題が生じるのはこの時代である。本書では、このような「2つの昭和」を意識しつつ、戦前と戦後とのあいだの思想的連続と断絶に留意しつつ議論を展開する。

第2節　個人商店的国家から大企業的国家へ

個人商店的国家　昭和の思想の第2の特徴は、国家の統治機構が個人商店的国家から、官僚主義的な大企業的国家へと変質したことである。久野収・鶴見俊輔が適切に表現したように、「伊藤［博文］が明治天皇を中心として作り上げた明治の国家こそは、何よりも一個のみごとな芸術作品」（『現代日本の思想』126頁）であった。久野・鶴見が注目したのは、統治者たる天皇の支配の絶対性を確保しつつ、被支配者たる国民のエネルギーを収用し、しかも同時に支配の正当性を国民から調達可能とする巧妙さにあったが、ここでは、帝国憲法の統治機構の巧妙さ——より具体的には、統治システムにおける元老や内大臣などの調整者の役割——に着目したい。

第1に、帝国憲法の統治機構は、極めて分権的であった。帝国憲法は全ての権限を天皇のもとに集約させる国家体制であった。これは、天皇が統治に口に出さなければ国家機関の各部が極めて自律的な権限と行動力を確保できること

第3部　2つの「昭和」

を意味する。もちろん天皇自らが国家の意思決定を行なう場合もあったが、それ以外の場合は、自律的に活動する各国家機関を調整・集約し、天皇に代わって実務的に国家の意思を統一する者が必要となる。それが、非憲法的機関にすぎない元老や内大臣などであった。彼らは、天皇に代わって、実際に調整・集約する役割を担った。この意味で、彼らは、天皇代位主体というべき存在であった。

　第2に、帝国憲法（特に統治機構）は、原則や方針のみを定め、より具体的な細則は法律や勅令等で定めるという大綱主義を採用している。このような大綱主義においては、各部の権限や行使の手順が明示されないという欠点がある一方、さまざまな政治状況に柔軟に対応することを可能にする。このためには憲法の「解釈」が重要となる。そして、「解釈」作業の役割を中心的に担ったのが元老であった。このように考えると、（実際は井上　毅が書いたとされているが）伊藤が明治憲法の公定解釈書である『憲法義解』を執筆・公刊した意味と重要性も理解できる。

　以上、明治期の日本国家は、明治維新の功臣である元老や内大臣などがその権威を背景に、政策推進役・調整役として陰に陽に活躍するシステムであった。このような個人的権威者が（明確な法的権限をもたないという意味で）非制度的な推進役・調整役として機能するためには、（維新の体験や藩閥という）支配層に共通の政治文化が存在し、しかも支配層が小集団であることが必要であった。この意味で、明治・大正期の日本国家は個人商店的性格を有する国家であり、その中で元老や内大臣などは、個人商店に必要不可欠な大番頭的存在であった。

大企業的国家へ　昭和に入るとこのような個人商店的性格を有する日本の統治機構は質的にも量的にも変化する。質的には、日本が近代国家として確立していく過程で多種多様な出自の人材が支配層に流入し、維新という共通の体験に基づく連帯感と藩閥という比較的閉鎖的で共有可能な政治文化が存在しなくなり、政治的支配層の同質性が希薄になる。その上、昭和に入ると、明治維新の功労者たる元老が不在となり、統治機構の頂点に近いところで（天皇代位主体として）全体を調整できる者が存在しなくなった。量的にも、第一次世界大戦以降、まがりなりにも大国の仲間入りした日本の国家機構

188

第11章　国粋主義の法思想

は、植民地の増大による領域的拡大や福祉国家・行政国家への要請による行政機構の拡大によって急速に肥大していく。このような中で、以前のような元老の個人的調整・統制を超えたところでシステムとしての国家機構が自律化していく。ひとことでいえば、日本の国家機構は、大番頭が切り盛りする「個人商店的国家」から官僚制的な「大企業的国家」へと成長・発展していくことになる。

しかし、「伊藤の芸術作品」である明治憲法体制では「大企業的国家」に対応することはもはや不可能であった。それは、大綱主義的な憲法に基いて、天皇の代理として大番頭が職人芸的に運営する個人商店的国家を前提としていたからである。たとえば、内閣総理大臣の任命方法や内閣の責任について憲法が大綱的規定しかもたないことは短命政権化を招き、閣内不一致による実質的な拒否権を軍部に与えることになった。また、軍政権と統帥権の範囲が曖昧なことが統帥権干犯問題などの政治問題を生じさせる原因となった。要は、憲法が「大企業的国家」に対応できなくなったことが、戦前昭和期の政治の迷走を招き、そして軍国主義の台頭を許し、敗戦の一因となったともいえよう。[*]

第3節　筧克彦の法思想：「神ながら」の国の法思想

筧の原型　本節では、国粋主義の法思想として、筧の法思想を見ることにする。筧は、神道に基づく復古主義的な法学を構築していたことで知られている。筧は、研究室に神棚をまつり、講義の際にかしわ手を打ち、「日本体操」（神道体操）を考案する等、「札付きの神がかりの学者」（中島健蔵『昭和時代』111頁）として、当時から学生達から嘲笑され忌避される存在であった。しかし、筧の復古主義は、その外見と評判とに反して「神がかり」なものではない。彼の思想は、西洋の知的土壌の上に構築されたのであり、しかも、西洋の近代主義を批判的に克服しようとしていた。この意味で、彼の思想は、国粋思想の1つの範例といってよいだろう。

＊　明治期の日本国家を「個人商店的国家」、昭和期の日本国家を「大企業的国家」と定式化したものとして、植村和秀『昭和の思想』（講談社、2010年）11頁以下。

189

第3部　2つの「昭和」

　筧は、1897年に帝国大学法科大学を卒業し、翌年、文部省の命により行政法の研究者になるためにドイツへ留学する。留学先で筧は、行政法の研究ではなくキリスト教の研究にのめり込む。3年の予定であった留学は6年におよび、法学のほかにも哲学や宗教学等を広く修めたが、筧は、特にディルタイやギールケの影響を強く受けて帰ってくることになる。1903年に帰朝すると、筧は、東京帝国大学（以下、「東大」とする）法科大学教授として「行政法」や「国法学」、「法理学」を担当した。

ギールケの国家論　筧がドイツに留学して最初に師事したのはギールケである。ギールケは、「法は民族精神から産まれる」と考える歴史法学派の継承者を自認する。しかし、彼は、同じ歴史法学派でも、神聖ローマ帝国とローマ法からドイツの民族精神を見出そうとするサヴィニーやプフタと異なり、ゲルマン民族の慣習法を主体とするゲルマン法こそがドイツの民族精神であると考えた。ローマ法は、対等な個人の自由な意思を前提とする。この前提から私的自治の原則や契約自由の原則などといった法理論の諸原則を導き出す。ギールケは、そのようなローマ法的発想は形式主義的であり、むしろ歴史的・文化的に生成されてきたゲルマンの民族的な慣習法こそがドイツ社会の実情に合致した法制度であると考えた。ギールケは、このようなゲルマン法の研究者達（ゲルマニステン）の「最後の大家」といわれている。

　ギールケの研究で最も著名なのは団体理論である。ギールケは、『ドイツ団体法』の冒頭で「人の人たる所以は、その結合にある」と述べ、人間の社会生活の本質を家族や国家などの社会における多様な「団体」に見出した。ローマ法では「団体」を個人によって意図的に形成される擬制・フィクションとしてみる考え方（擬制説）が主流である。しかし、ギールケによると、そのような理解は誤りであり、社会における諸団体は、単なる擬制を超えた固有の存在意義のある実在する有機体である（有機体説）。そして、国家も同様の社会的有機体である。すなわち、国家は、構成員（国民）の共同意思を権力的に遂行する公共的な有機体であり、「総体的人格」である。そして、「全体」たる国家と「個別」たる国民との関係を規定するのが法である。ただし、全体たる国家が個別たる国民を全て吸収してしまうわけではない。国民は、全体の一員であると同時に、個々の別個な意思をもった個人でもある。人間の本質として、国民

は国家に調和する方向性を有しているが、無条件に一体化するものでもない。したがって、国家と個人が争う可能性も考えられる。それを規律するのが法であり、国家と個人の関係は法によって規定される。以上のように、ギールケは、団体論から出発して、ローマ法的な個人主義や自然法的な社会契約論を排して、国家をその構成員である国民の意思による有機体として描き出した。

　ギールケの法思想は、反ローマ法的である。ローマ法が個人を前提としているのに対し、ギールケの法思想は、団体の意義を強調する。この意味で、ローマ法の基礎の上に成立している近代法思想に対するアンチテーゼを含んでいる。このような特徴は、後にみるように、筧の法思想へと引き継がれる。筧は、単純な「欧化」的な近代法を乗り越えたところに独自の日本的な法理論の構築を目論んでいた。西洋の中でローマ法を克服しようとしたギールケと、西洋全体を克服しようとした筧とでは位相こそ異なるが、「近代西洋法的なもの」を克服しようとしたという点では、両者の問題意識は同様である。ギールケの門を叩いた時点で、筧の法理論の方向性は決まっていたのかもしれない。

**ディルタイ
の生の哲学**　　ギールケとともに筧が留学中、強く影響を受けたのがディルタイである。ディルタイの哲学は、「生の哲学」であるといわれる。「生の哲学」とは、デカルト的な心身二元論、あるいは感性と悟性、内容と形式といったカント的な二元論を克服するために、理性よりも生を重視する哲学である。生は「根本事実」としてそれ以上さかのぼることのできない根源的なものであり、哲学はそこから出発しなければならない。理性は生を基礎づけることはできず、逆に生が理性の基礎になるからである。このため、生の具体的な形としての「体験」が重視される。そして、その体験が言葉や表現活動などによって「表現」されることによって他者へ伝えることのできる具体的な形となり、それが他者の「理解」を促す。さらに、この他者の理解が新たな体験を生み、その体験から新たな表現と理解が生み出される……。このような行動が繰り返されることによって相互理解が促進され、共通の意味理解や価値が生じる。これを解釈学的循環という。

　ディルタイは、このような生を基盤とした解釈学的循環が繰り返し行われることによって、人々の間に共通の理解、共同精神が醸成され、それはやがて共同体内の共通了解である「客観的精神」になる。注意すべきは、この客観的精

第3部　2つの「昭和」

神は時代や共同体によって異なるということである（この意味で、ディルタイの「客観的精神」はヘーゲルのそれとは異なる）。ともあれ、このようなディルタイの生の哲学は、スメントの統合理論のほかに解釈学や現象学などに多大な影響を与えることになる。

**普遍我として
の国家**　　　筧は、国家や法をどのように理解するのだろうか。筧は、国民や領土や法律などは国家の構成要素であって、それ自体は国家ではないという。国家は、それら構成要素を表現帰一的に表現した「普遍我」である。「普遍我とは本来の一心同体といふことである。詳しくいへば時間的及び空間的に存在する上下多数の各個人に普く存在する唯一なる大生命である。」（『国家の研究』215頁）つまり、国家＝普遍我は人間集団の単位であり生命体であり、表現の単位である（国家を1つの生命体とみているところにギールケの国家有機体説の影響がみられる。）

　さらに、個人（個我）は、内心の作用としても表現帰一的に国家（普遍我）と同一化することができる。筧によると、「自分」という意識は広くもなるし狭くもなる。戦争で日本軍が勝つと、国民はさも自分が勝ったかのように祝賀するし、外国に行けば自分のことを「日本人」と名乗る。これは個我が拡張して国家と一心同体（普遍我）になっている例証である。また、それぞれの国家は、歴史や文化、風土、気候等を通じて他の国家とは異なる独自の民族性や国民性を有している。これが、それぞれの国家（普遍我）が独自のものとして他と区別される単位となる。

　国家は普遍我であるが、国民をただ隷属させるだけの存在ではない。国民を支配の対象としか見ない国家も理論的にはありえる。しかし、国民は、国家という普遍我＝全体の部分ではあるが、単なる一部分にとどまるものではない。国家と国民、あるいは国民同士の関係は、相互に自律性を保ちつつ、各々が自己の役割を果たしながら、時に対立し、時に同調しつつ成立している。それは、各国民が自らの社会的役割に応じた「権限」をもっているからである。各国民は、自らの職業や社会的役割をこなすことで各自の権限を自由に行使する。その際、全体たる普遍我と調和することもあれば、各個人が自由に権限を行使しうるがゆえに対立・矛盾することもある。それはそれで是認される。個我としての個人と、普遍我としての国家は、同一存在として統合可能な関係性

192

を維持できてさえいれば、最終的には国家＝普遍我に帰依できるからである。このような国家と個人、個人相互間の相互依存、相互表現的な関係は、ディルタイの解釈学的循環を、国家と個人の関係に筧が応用したものである。ただし、現実の国家の全てが、普遍我として統一性を維持できるとは限らない。分離・離合の要素が強ければ、その国家は、やがて崩壊・分裂の危機を迎えるだろう。統一性を維持しつづけることのできる国家には強い統合原理が存在しているはずである。

神ながらの国、日本　筧は、日本について次のように述べる。日本は「自然ノ家族ヲ中心トシテ之ヲ拡大シタルモノヲ日本国トナス。此生理的自然ナル我ノ拡張ニ伴フテ其思潮制度ニモ亦自ラ重要ナル特徴アリ。」（『仏教哲理』40頁）。日本は国家自体が家族である。古代より日本では支配者も被支配者も一緒に住み続けてきた。この意味で、社会の単一性・同質性をよく保持している。つまり、個我を日本国家全体まで拡張し、同一化しやすい状況にある。「各個我は生れ隨らにして普遍我と表現帰一の関係に立ちつつあ」（『国家の研究』226頁）る。日本人は、そういう一体的環境の中で生まれながらにして容易に国家と一体化可能である。この「一体化」は単純に個が消滅して全体に吸収されることを意味するのではなく、全体と個は別個に存在している。個別たる個我（個人）は自らの「権限」に基づいて各自自由に行動する。

　この理論は、共同体の統合の要素と分離の要素の双方が含まれている。分離の要素が強くなれば、国家は瓦解・分裂することになる。それを防止するためには統合の力、あるいは統合原理が必要である。それが天皇である。各人は自らの「権限」をもっているが、天皇の権限は日本を統合することである。筧は、天皇を「国家統治権の総攬表現人」（同16頁）として、「其の御一個を普遍我全部に拡張せられ、且御一個の私を滅却して存在せらるること」（同14頁）が天皇の役割であるとする。つまり、天皇は私利私欲のために国家を統治する支配者ではなく、普遍我たる国家の統合原理そのものである。

　筧によると、天皇を擁している日本は、西洋諸国と比較しても模範的な国家である。本来であれば全ての国家は普遍我を体現すべきであるが、現状はそうはいかない。その中で、日本は、先に述べた理想の国家の体裁——普遍我としての国家——をよく整えている。他国と比較しても「皇国は国家の本質を模範

第3部　2つの「昭和」

的に発揚しつつある国である。」（同214頁）

筧と欧化思想　先に述べたように、本来の国粋思想は、単なる復古主義ではなく、日本の古神道の思想を梃子にして、現にある西洋文明の限界を批判的に乗り越えようとする営みであった。筧は、「現在日本国で法律や権利、義務或は国権などの解釈は皆翻訳的の説明であつて、誠の日本の精神に該当せぬ」（同185頁）と述べて、単に横のものを縦にするような単純な西洋化を批判するが、一方で次のように述べる。「皇国は建国以来美事（みごと）に国家の本質を発揚して居るから、此の点に就ては国家中の真の国家で万邦の模範となるべき国家である。随つて外国の長所も遺憾なく輸入し得る余地がある、……外国一切の美を受容することに就て洩らす事のないやうにと心配して居る国家である。是は皇国古今の歴史を繹（たず）ねて見れば分り切つた事で、今更態々（わざわざ）申す迄もない事と思ふ。今日とて、それは外国の法理だ、是は外国の文明だ、などと言つて一概に之を排斥する人も無いことであるが、後々とても斯（かか）る間違はしたくないものである。」（同2頁）

筧は、外国の思想の長所を輸入し、その上に日本の国情を明らかにしようとした。しかも、筧が参照したのは、当時の法学や哲学の主流派に異議を唱えるゲルマン法研究者・ギールケと生の哲学者・ディルタイであった。この意味で、筧の国家論は、西洋文明を単純に拒絶するのではなく、それを自己の中に受容した上で批判的に乗り越え、日本の独自の歴史的意義と役割を模索しようとする近代日本の国粋思想の範例を示すものであった。

第4節　北一輝の法思想：純正社会主義思想の法思想

北の生涯　北は、1883年、新潟の佐渡で酒造業等を営む名家の長男として生まれた。幼少から眼病を患い、これが原因で旧制佐渡中学校を留年し、その後、退学する。弟が早稲田大学に進学すると、彼を追って上京し、早稲田大学の聴講生となり、穂積八束（ほづみやつか）や有賀長雄（ありがながお）の講義を受講し、憲法学を学ぶとともに、独学で社会科学の古典的文献を読み漁ったといわれている。

1906年、北は、23歳で主著となる『国体論及び純正社会主義』（以下『国体論』）を出版する。しかし、本書は、天皇制を批判したとして、発売からわず

か5日後に発禁処分を受ける。これ以降、北は、危険人物として特高警察の監視対象となった。また、この書が契機となって、北は、アジア主義者で孫文を支援したことで知られている宮崎滔天らと出会い、革命評論社や中国同盟会に参加する。1911年に辛亥革命が発生すると、北は、国家主義団体である黒龍会の特派員記者として上海へ行く。帰国後、辛亥革命の経験をもとに『支那革命外史』を執筆し、その後、再び上海に渡り、『国家改造案原理大綱』（後に加筆修正されて『日本改造法案大綱』（以下『大綱』）となる）を書き上げる。

　1919年、国家主義者の大川周明や満川亀太郎から勧誘され、帰国し猶存社に入り国家改造運動に参加する。1923年に北と大川の確執から猶存社が解散すると、北は『大綱』を出版した。この書は陸軍青年将校らに大きな影響を与え、彼らが後に二・二六事件（1936年）を起こすと、北は、民間人であるにもかかわらず黒幕として特設軍法会議にかけられ、1937年、叛乱罪の首謀者として死刑判決を受け、処刑された。

社会民主主義と純正社会主義

　北の思想は、『国体論』の冒頭に端的に表現されている。それは、「凡ての社会的諸科学、即ち経済学、倫理学、社会学、歴史学、法理学、政治学、及び生物学、哲学等の統一的智識の上に社会民主々義を樹立せんとしたることなり」（『国体論』緒言1頁）。つまり、北は、人文社会科学を総合し、その上に自らの理想的な国家体制である「社会民主々義」を確立しようとしていた。ここでいう北の「社会民主々義」は、今日用いられる意味での社会民主主義ではなく、むしろ本来の意味での社会主義に近いものである。北は社会主義者であった。

　一般に社会民主主義というと、議会制民主主義を維持したまま、資本主義の矛盾の解消・緩和といった社会主義的課題に取り組むことを指す場合が多いが、北の「社会民主々義」は異なる。そもそも社会主義とは生産手段を社会の所有にすることである（簡単にいえば、「企業を国有化すること」と考えてよい）。問題は方法である。たとえば、ドイツ社会民主党の主流派であったカウツキーらは、議会を通じて、すなわち議会で多数派を形成して合法的に資本主義から社会主義への移行を考えていた。（一方、議会での多数派形成を経ることなく、暴力によって社会主義を実現しようとするのが共産主義である（第9章参照）。）『国体論』を書いた頃の北の「社会民主々義」は、思想的にはカウツキーの構想するよう

な議会を通じて多数派を形成し、合法的に社会主義革命を目指すものであった。

二・二六事件の理論的指導者とされる北が議会での多数派形成を通じて社会主義を実現しようとしていたというのは奇異に感じるかもしれないが、北が社会主義を奉じていたのは事実である。実際、若い頃の北は幸徳秋水や堺利彦らの平民社に関心をもっていたという。ただし、北と当時の社会主義者達とが異なっていたのは、一般に社会主義者達が労働者達の国際的連携（インターナショナル）を前提として最終的には「国家の死滅」を到達点としていたのに対して、北は国家の存在を否定しなかったことである。北は、最終的には世界連邦を構想していたが、一方で社会主義の実現のためには国家の存在が必要不可欠のものであるとした。

北は、資本（企業）と土地を国有化することによって、生産過程の無駄を省き、効率化できるとした。その結果、国家全体、国民全員を豊かにすることができる。北が目指すのは、清貧の社会主義ではなく、豊かな社会主義である。「社会主義は貧少なる分配を平等にすべきことを主張せずして寧ろ富有なる公共財産に対して個性の相異に応ずる共産的使用によりて満足を得べきことを理想とする者なり、上層階級を下層に引き下ぐる者にあらずして下層階級が上層に進化する者なり。」（『国体論』61頁）北は、それまでの学者達がとなえていた講壇社会主義や官僚主導の計画経済を「鵝的社会主義」として非難した。そして、自らの社会主義を「純正社会主義」とよび、「純正社会主義は……個人主義の覚醒を承けて僅少にして平等なる監督者を賢明なる選挙法によりて社会の機関たらしむる者なり」と定義づけた。

**北の歴史観
：明治維新と国体論**　北の社会主義のためには、個人主義の発展が必要である。その上で、個人たる国民と天皇とが直結する。「社会の部分を成す個人が其の権威を認識さるゝなくしては社会民主々義なるものなし。殊に欧米の如く個人主義の理論と革命とを経由せざる日本の如きは、必ず先ず社会民主々義の前提として個人主義の充分なる発展を要す。」（『国体論』緒言1頁）このために、まずは普通選挙を実現しなければならない。普通選挙による議会は、国民と天皇を直接結びつける。そして、議会は、天皇ともに国家の最高機関として主権を担う。言い換えると、「天皇は統治権を総攬

する者に非らず」（『国体論』230頁）。帝国憲法5条は、立法権について「天皇
ハ帝国議会ノ協賛ヲ以テ立法権ヲ行フ」と規定している。したがって、天皇と
議会が共同で立法機関を組織して、両者がともに立法権を担うことになる。ま
た、美濃部達吉らの天皇機関説は「天皇は国家の最高機関である」とするが、
北はこれに異を唱える。最高機関とは、最高の権限すなわち憲法改正の権限を
もつものである。帝国憲法は、憲法を改正する場合、天皇が勅令によって改正
の議案を帝国議会の議に付さなければならないとする（73条）。したがって、
大日本帝国憲法の最高機関は、天皇単独ではなく天皇と帝国議会である。北
は、天皇機関説をとる美濃部が「『君主は統治権を総攬する者に非らず』と断
言しながら、而も立憲国の君主を以て依然として一人にて組織する最高機関と
為せる如きは矛盾も明かなる」（『国体論』233頁）と批判する。この批判は、天
皇機関説の妥協的性格を鋭く批判するものであった。この意味で、北は、美濃
部らの天皇機関説よりも一層徹底して天皇を機関化したといえる。

　北は、この議論をふまえて、君主政体と共和政体とに二分して論じている政
体論は間違いであると指摘する。英国や日本のような立憲君主制は、君主と議
会とが合体したものが最高機関であって、このような政体は、君主政体でも共
和政体でもなく、両者の中間である第三の立憲君主政体である。「立憲君主政
体とは平等の多数と一人の特権者とを以て統治者たる民主的政体なり」（『国体
論』232頁）。「一人の特権者」とは君主を指し、日本においては天皇を意味する。

　以上のように、北は、立憲君主制が君主と国民を直接結びつける民主的国家
を形成するものであり、日本では天皇と帝国議会とが共同して最高機関を構成
するとした。これは、一面では相対的に議会の地位を高めるとともに、天皇の
絶対性を否定する議論でもある。北は、普通選挙を実施し、社会主義政党が議
会の多数派を占めることができれば、日本は、天皇制のもとで社会主義を実現
できると考えていた。

　北がこのように考えたのは、彼の歴史観に基づいている。彼は、明治維新を
革命と位置づけ、社会民主主義を実現する第一歩であると考えた。言い換える
と、天皇と国民とが共同して社会民主主義国家を実現することが明治維新の本
来の意義であった。ところが、資本家や地主、官僚や政治家などが私利私欲に
走ったために、明治維新の本来の意義である社会民主主義を実現できないでい

る、と北は考えた。したがって、資本家や地主などが介在せずに国民の真の声を国政に反映できる普通選挙を実施すれば、明治維新の本来の姿である社会民主主義が実現できると考えたのである。

『日本改造法案大綱』 ところが、北は、『国体論』で示した普通選挙によって自ずと社会民主主義を実現できる、という考えを後に改めることになる。きっかけは辛亥革命であった。彼は、辛亥革命を体験したなかで、革命を成功させるためには普通選挙ではなく実力、すなわち軍隊が必要であると認識するに至った。このような変化は、1923年に出版された『大綱』でより具体的な形として現れる。

「今ヤ大日本帝国ハ内憂外患並ビ到ラントスル有史未曾有ノ国難ニ臨メリ」（『大綱』291頁）という一文で『大綱』は始まる。北によると、明治維新の革命の本来の意義を取り戻すことを目的として、財閥や官僚などを政権中枢から排除するために国民によるクーデターが必要である。そして、クーデターによって３年間憲法を停止して戒厳令を発令する。その間に男子普通選挙を実施し、国家改造議会を召集し、憲法改正を行う。また貴族院や華族制度を廃止し、治安警察法や新聞紙条例、出版法など国民の表現の自由を制限している法律も廃止すべきだとする。

経済社会の改革について、北は、社会主義的な政策を掲げる。たとえば、個人は、土地を含めた一定規模以上の財産をもつことができない。また、労働者による争議やストを禁止し、労使交渉は新設する労働省が裁決する。一方で、労働者も企業の経営に参画できる仕組みを導入する。このように、北は、社会主義的な経済政策を掲げたが、私有財産の制限の程度はかなり緩やかで、実態は資本主義を維持しつつ社会主義的要素を採り入れたというべきである。（たとえば、私的財産の制限について、北は『大綱』において「日本国民一家ノ所有シ得ベキ財産限度ヲ壹百万トス」（298頁）とした。この時代の100万円は、今日の価値に直すと10億円程度といわれ、一般市民には影響のない制限である。）

北の影響 初めて北を肯定的に把握しようとした久野と鶴見によると、「北一輝こそは、明治の伝統的国家主義から切れた昭和の超国家主義の思想的源流であった」（『現代日本の思想』139頁）。このような北の思想は、戦前昭和期の国粋主義者達に大きな影響を与えた。それは、次のような点

が国粋主義者達を引きつけたからである。

第1は、北が国民を統治の客体として単なる臣民としてみるのではなく、国民と天皇を直接結びつける「国民の天皇」論を構想したことである。「国民の天皇」論は、国民と天皇とが共に建設すべき「社会民主々義」の完成を邪魔する財閥、政治家や官僚等のいわゆる特権階級者達を、「君側の奸」として排除することを意味した。これは、天皇を崇拝・尊敬し、天皇がより積極的に統治に参加することによって、現状の政治的社会的危機を打破できると考えた人々を引きつけた。この「国民の天皇論」に強く共鳴したのが、天皇主導の国家改造を意図した猶存社で北と共に活躍した大川周明や満川亀太郎などのいわゆる日本主義者達である。

北の思想が人々を引きつけた第2の要素は、その社会主義的な平等主義・弱者救済主義的思想（「社会民主々義」）である。北は私有財産を制限し、生産手段の社会化を意図した。このような思想は、社会的経済的矛盾に苦しみ、そこから抜け出す手段を模索していた人々を引きつけた。この「社会民主々義」は、「国民の天皇」論とは異なるベクトルを有している。それは、「社会民主々義」が社会的な弱者や困窮者を救済する要素を強く有している点である。特に1920年代末の世界的な大恐慌と寄生地主の収奪に苦しんでいた農民の苦境を救うために、農村の復興と再生によって社会改革を行おうとした橘 孝三郎などの農本主義者に影響を与えた。（ただし、北と橘の思想は異なる点が多い。）彼らは後に五・一五事件を主導する。

そして、北の思想に感銘し、「国民の天皇」を軍事クーデターによって実現し、社会民主主義的社会を実現しようとした陸軍青年将校達が二・二六事件を起こした。北がどの程度二・二六事件に関与したかは議論が分かれるところであるが、事件の首謀者達の思想的バックボーンを北が担ったのは間違いない。

第5節　蓑田胸喜の思想：戦闘的国粋主義者の否定思想

攻撃者としての蓑田　　丸山真男は、助手から助教授になった1930年代後半の大学、特に東大法学部に対する国家主義的圧力が強くなっていったことを「史上最悪の受難時代であった」と回顧し、次のように発

第3部　2つの「昭和」

言をする。「「原理日本」とか「帝国新報」のグループということを申し上げますと……今日でもその辺の電柱にビラを貼っております極右団体のようなものを想像しがちであります。が、その背景の深さと権力中枢との結びつきという点に於ては、ほとんど比較を絶するものがあるのであります。」(『丸山真男集』第10巻182頁)

　丸山が恐怖する原理日本社を創設したのが、蓑田である。蓑田と原理日本社の人々は、戦前昭和の進歩的知識人、特に大学人を攻撃対象とした。たとえば、東大の美濃部達吉、宮沢俊義、田中耕太郎、横田喜三郎、末弘厳太郎、南原繁、河合栄治郎、京大の瀧川幸辰、西田幾太郎、田辺元、法政大の三木清等々、名だたる者達が攻撃対象とされた。また、北一輝や大川周明なども攻撃された。蓑田や原理日本社の人々は、瀧川事件をはじめとして、次章で説明する南北朝正閏事件や天皇機関説事件など反国粋思想を糾弾する事件の仕掛け役を担った。だからこそ、当時の大学人に恐れられたのである。

原理日本社と原理日本

蓑田は、歌人である三井甲之に私淑し、1925年、三井とともに「原理日本社」を結成し、雑誌『原理日本』を創刊した。蓑田はそこから大学人を攻撃した。蓑田はなぜ彼らを攻撃したのだろうか。蓑田によると、日本にとって共産主義思想や民主主義思想は「異端」であり、存在してはならないものである。しかし、それらは日本に蔓延している。その原因は、大学の教員が共産主義や民主主義を支持し、学生にそれらを講じ、最高学府である大学がそれらの温床となっているからである。したがって、蓑田は、大学人を攻撃し、大学を綱紀粛正することこそが、日本から共産主義や民主主義思想を一掃する重要な手段であると考えた。特に蓑田が重視したのが、東大の教員である。帝大は、社会的影響力が大きい。したがって、帝大、特に東大の教員を主たる標的とした。

　蓑田は、攻撃目標を定めると、徹底的に攻撃した。蓑田と同郷同学の旧友でジャーナリストの細川隆元によると、蓑田は、「叩くんだ、ただ叩くんだ、悪いものを叩けば必ずいいものほんたうのものが生まれるにきまってゐる」(「『日本マッカーシー』始末記」19頁)と述べたという。そして、「原理日本に徹しなければ何事も駄目ですネ、みんな馬鹿許りです、だから僕は悪いものを叩くんです」と述べるのが彼の常套句であったという(「『日本マッカーシー』始末記」26

頁）。つまり、徹底的な糾弾・批判に耐えうるもののみが真理たりうるという考えである。蓑田の綿密な研究を行った植村和秀の言葉を借りると、「蓑田は、叩き続けた。蓑田は、言わば異端審問官を自己の任務とし、数多くの同時代人を叩き続けたのである。」（『「日本」への問いをめぐる闘争』126頁）。

美濃部批判と「護憲」派蓑田

大学人を糾弾し続けた蓑田であったが、特に攻撃目標にされたのが美濃部であった。蓑田は、美濃部の憲法論を国体変革思想として強く非難する。次章で検討するが、美濃部は、憲法解釈の際に不文憲法として理法と慣習法を措定し、この理法と慣習法に成文憲法を改変することのできる強い規範性を承認する。蓑田は、そのような美濃部の不文憲法論の中に解釈改憲の危険性を読み取り、強く批判した。特に、蓑田が危険視するのは、「理法」の要素である。理法とは「人々に承認される理念的なもの」を指す。そして、美濃部によると、この理法を具体的に解釈・推理できるのは法学者である。つまりそれは、蓑田が忌み嫌う大学の学者が憲法改廃の権限を握ることを意味する。蓑田によると、「帝国憲法の改正権を一臣民一法学者たる美濃部氏の如きは事実上当然無条件無制約的に具有すと断言せるに等しき国憲紊乱の重大妄語である。」（『美濃部博士の大権蹂躙』9頁）

　蓑田は、ある意味で、帝国憲法の強固な擁護者である。蓑田は、帝国憲法の規定に基づいて、天皇が真に統治権を総攬する天皇親政的な政治を求める。帝国憲法は、憲政の常道に基づく政党政治も大政翼賛会的な一党支配も求めていない。ところが、仮に美濃部が唱えるように、憲法学者が解釈する理法が憲法を改廃できるとすれば、帝国憲法の中に民主主義であろうが共産主義であろうが何でも読み込めてしまうではないか。蓑田は、美濃部が政府の治安維持法による共産党弾圧を強く非難したことをふまえて、次のように危惧する。「共産党運動の日本総赤化的流行によつて、共産主義は、美濃部氏の「理法」原理に基づき「立法者の制定に依らず」して日本の「一般国法ノ基礎精神ノ変遷」を促しその「社会意識に依つて自然に」帝国憲法を排除して、日本国法の王座に着いたからである。これが美濃部氏の「推理」「解釈」の内容、氏の凶逆思想である。」（『美濃部博士の大権蹂躙』13頁）。理法に憲法を改廃する強い力を認めることは、革命を招来することになる。蓑田にとって、美濃部の憲法理論はまさにそのような革命思想を意味したのである。蓑田の「読み」はある意味で正

第3部 2つの「昭和」

しい。次章でみるとおり、確かに美濃部の憲法解釈論には解釈改憲や共産主義革命の理論的可能性が潜んでいる。ただし、それはあくまで理論的可能性に留まるのであって、実際に美濃部が革命に加担することはありえない。（美濃部が不文憲法の中で強調しているのは、「理法」よりもむしろ「慣習法」である。次章参照。）

しかし、蓑田にとっては、実現可能性の存否よりも、理論的可能性が存在すること自体が既に問題であった。そのような「悪いもの」を叩くことによってのみ、真理が姿を現す。蓑田にとっての真理は、「原理日本」である。雑誌『原理日本』の創刊号における「宣言」（綱領）によると、原理日本とは、「全開展と総関連とにおける日本国民生活」であり、「われらの人生価値批判の総合的基準」であり、「祖国日本を防護せむとする実行意志あり、「日本は滅びず」と信ずる一向専念の信仰である」。これを読んでも「原理日本」の内容は明確にはわからない。しかし、蓑田は、日本を防護する信仰に基づいて、帝国憲法を守護する必要は認めていた。この意味で、蓑田は帝国憲法の強硬な「護憲」派であった。

【参考文献】

石川健治「権力とグラフィクス」『憲法の理論を求めて──奥平憲法学の継承と展開──』日本評論社、2009年

石田文次郎『オットー・ギールケ』三省堂、1935年

井上義和『日本主義と東京大学──昭和期学生思想運動の系譜──』柏書房、2008年

植村和秀『昭和の思想』講談社選書メチエ、2010年

同『「日本」への問いをめぐる闘争──京都学派と原理日本社──』パルマケイア叢書、2007年

岡本幸治『北一輝──転換期の思想構造──』ミネルヴァ書房、1996年

筧克彦『国家の研究〔改訂第10版〕』春陽堂書店、1939年

同『大日本帝国憲法の根本義』岩波書店、1936年

同『法理学』第2巻、西洋哲理、清水書店、1920年（近デ）

同『法理学』第1巻、仏教哲理、有斐閣、1911年（近デ）

嘉戸一将『北一輝──国家と進化』講談社、2009年

北一輝『北一輝著作集』1-3巻、みすず書房、1959-1976年

久野収・鶴見俊輔『現代日本の思想──その五つの渦──』岩波新書、1956年

竹田稔和「「ドグマティズム」と「私見なし」──筧克彦の古神道について──」『岡山

大学大学院文化科学研究科紀要』第11号、2001年

同「筧克彦の国家論――構造と特質――」『岡山大学大学院文化科学研究科紀要』第10号、2000年

竹内洋「帝大粛清運動の誕生・猛攻・蹉跌」、竹内洋・佐藤卓己編『日本主義的教養の時代――大学批判の古層――』柏書房、2006年

中島健蔵『昭和時代』岩波書店、1957年

橋川文三、筒井清忠編・解説『昭和ナショナリズムの諸相』名古屋大学出版会、1994年

坂野潤治・田原総一朗『大日本帝国の民主主義――嘘ばかり教えられてきた！――』小学館、2006年

細川隆元「『日本マッカーシー』始末記」『文藝春秋増刊　秘録実話読本』第32巻9号、1954年

丸山真男「南原先生を師として」『丸山真男集』第10巻、岩波書店、2003年

松本健一『北一輝論』講談社、1996年

蓑田胸喜『美濃部博士の大権蹂躙――人権蹂躙・国政破壊日本万悪の癌腫禍根――』原理日本社、1935年

宮本盛太郎『北一輝研究』有斐閣、1975年

山本茂樹「北一輝『日本改造法案大綱』」大塚健洋編『近代日本政治思想史入門――原典で学ぶ19の思想――』ミネルヴァ書房、1999年

Otto von Gierke, *Das Deutsche Genossenshaftsrecht* Bd. 1, Berlin 1868.

ケネス・B・パイル（松本三之介監修、五十嵐暁郎訳）『欧化と国粋――明治新世代と日本のかたち――』講談社、2013年

第12章　天皇機関説事件の法思想

この章で学ぶこと

　この章では天皇機関説事件を取り上げる。従来、天皇機関説事件は、天皇主権説が美濃部達吉の天皇機関説を排撃したものであると理解されてきた。しかし、天皇機関説事件の法思想は、天皇機関説と天皇主権説との二項対立で理解されるべきではなく、第3の国体憲法学派も考慮されなければならない。国体憲法学派とは、天皇主権説と天皇機関説の両者を克服し、日本の国体に即した統治を実現しようとする勢力である。したがって、天皇機関説事件をめぐる法思想は、天皇機関説、天皇主権説、そして国体憲法学の三者の間で揺れていたと考えなくてはならない。この章では、このような観点に基づき天皇機関説事件における法思想を分析する。

第1節　事件の発端

菊池演説　　天皇機関説事件の発端は、1935年2月18日に貴族院で行われた陸軍中将・菊池武夫の演説であった。菊池は、美濃部の天皇機関説を次のように批判した。日本は、「憲法上、統治の主体が天皇にある」のであって、美濃部の「統治の主体が天皇にあらずして国家にあり」とする天皇機関説は、ドイツからの輸入学説であって「緩慢なる謀反になり、明らかなる反逆になる」。このため、美濃部が「学匪」であると非難し、美濃部をはじめとした天皇機関説論者に対して、政府が断固たる措置をとるべきだと迫った。菊池は、天皇が統治権の主体であるとする立場から、統治権の主体が国家にあり天皇は国家の最高機関であるとする美濃部の天皇機関説を非難したのである。菊池がこのような演説を行ったのは、菊池と美濃部の間に思想上の対立があったためというより、菊池達が美濃部を含めた自由主義派を放逐したいという政治的な理由によるものであった。

204

第12章　天皇機関説事件の法思想

美濃部の「一身上の弁明」　美濃部は、菊池の批判に対して、２月25日、貴族院において有名な「一身上の弁明」という演説を行った。美濃部は、自らの天皇機関説について、次のように説明した。「所謂機関説と申しまするのは、国家それ自身で一つの生命あり、それ自身に目的を有する恒久的の団体、即ち法律学上の言葉を以てせば一つの法人と観念いたしまして天皇は此法人たる国家の元首たる地位に在しまし国家を代表して国家の一切の権利を総攬し給ひ天皇が憲法に従つて行はせられまする行為が、即ち国家の行為たる効力を生ずると云ふことを云ひ表はすものであります。」

その上で、美濃部は、菊池の非難に対して、２つのことを「弁明」した。第１は、天皇の「統治の大権」の法的性格についてである。美濃部によると、天皇が総攬している統治権は、天皇個人に帰属する「権利」と考えるべきではなく、天皇が国の元首たる地位に基づいて有している「権能」と考えるべきである。「権利」というのは、自己の利益のために権限を行使しうることを意味する。日本の君主制は、国家や国民を君主の私物・財産とみなし統治を君主の「権利」とする西洋の絶対君主制的な「家産説」ではなく、「天の下しろしめす大君」として天皇が全国家・全国民のために統治するものである。したがって、「天皇の大権は天皇の御一身に属する私の権利ではなく、天皇が国家の元首として行はせらるゝ権能であり、国家の統治権を活動せしむる力、即ち統治の総べての権能が天皇に最高の源を発するものであるといふに在るのであります。それが我が国体に反するものでないことは勿論、最も良く我が国体に通する所以であらうと堅く信じて疑はないのであります。」（統治を「権利」とする西洋の思想については、第２章参照。）

第２は、「天皇の大権は絶対に無制限な万能の権力であるか、又は憲法の条章に依つて行はせられまする制限ある権能であるか」という問題である。美濃部は次のように述べる。天皇の大権は国家から一切制約を受けない「絶対に無制限な万能の権力」ではなく、あくまで憲法の条文に基づいて行使しなければならない、つまり、憲法の制限のもとにある権力である。美濃部によると、君主が無制限で万能の権力を有するという思想は「純然たる西洋の思想」であって、日本古来の思想は、むしろ帝国憲法の上論や４条を見ても明らかなように天皇大権が憲法の制限に服するのである。

205

第3部　2つの「昭和」

　熱のこもった美濃部の弁明は一時間にもおよび、終了時には、貴族院には珍しく拍手も起こったという。

「弁明」に対する反応　当初、政府首脳は事態のゆくえを楽観視していた。理路整然とした美濃部の「弁明」によって、事態は沈静化すると考えていたからである。岡田首相は、学術的な論争については、「学者に委ねるより外仕方ない」と貴族院において答弁している。

　しかし、事態はそうはならなかった。それは、菊池（とその背後にいる国粋主義者や軍部）が決して理論的・学理的な観点から美濃部に論争を仕掛けた訳ではないからである。つまり、菊池達の真の目的は、天皇機関説が思想的に国体に適合するか否かということを明確にしようということではなく、美濃部の背後に存在する一木喜徳郎枢密院議長や金森徳次郎法制局長官等の政府中枢に居坐る自由主義者の影響力を排除することであった。このため、美濃部の「弁明」によって幕を引くわけにはいかなかった。菊池達は、美濃部の「弁明」を居直りとして反発し、さらに政府の「断固たる措置」を求めていった。国会では、国体明徴を盾に強硬姿勢を譲らない彼等に押し切られ、3月、貴族院で「政教刷新に関する建議」、衆議院では「国体に関する決議」を行い、政府に対して「国体の本義を明徴」にすることを求めた。

　これを受け、政府も重い腰を上げざるをえなくなった。内務省は、4月に美濃部の『逐条憲法精義』と『憲法撮要』を発禁処分とした。しかし、国粋主義者達、特に在野で国体明徴を求める声は益々高くなるばかりで、岡田内閣は8月に「国体明徴の声明」を発表し、政府として国体明徴運動に取り組むことを明示せざるを得なくなった。また、美濃部の学説が不敬罪に該当するとして告発されていたが、司法省・検察当局は、美濃部が貴族院議員を辞することを条件に起訴猶予処分とし、美濃部は貴族院議員を辞職した。なお、金森法制局長官は翌年1月に、一木枢密院議長は3月にそれぞれ職を辞した。このように、政治的抗争としての天皇機関説事件は、国粋主義者の「完勝」という結果で終わった。

『国体の本義』　『国体の本義』は、1937年に文部省から刊行された。本書は、「国体を明徴にし、国民精神を涵養振作すべき刻下の急務に鑑みて編纂した」と巻頭言にもあるとおり、「国体とはなにか」という問

いに対する文部省としての回答を示したものである。（「国体」の歴史的起源については第5章参照。）

　ここには「国粋」思想の最大公約数が示されている。と同時に、本書の本質は、それぞれの編纂委員の意向や文部省の方針などに反しない範囲で文部官僚が作成したものであり、いわば、面白味の欠ける官僚の作文といわれている。しかし、本書は、小学校から大学までの各種教育機関に全国あまねく配布されただけではなく、その内容は、大学予科や師範学校の入学試験、文部省中等教員試験検定、各府県小学校教員試験検定等の試験問題として出題され、200万部以上が全国に流通した。この点からの本書の影響力の強さは無視できず、この時代の「国粋」思想の判りやすい例であるといってよい。

　『国体の本義』は次のように述べる。日本は古来から中国、インド等の外来思想を摂取してきた。明治以降は西洋の文化・思想を積極的に摂取してきたが、西洋の思想の根本にあるのは個人主義で、自由主義、民主主義のみならず、社会主義、無政府主義、共産主義も個人主義思想が発展したものである。しかし、日本は無批判にこれらを摂取したために混乱が生じたし、西洋においても個人主義は行き詰まり、全体主義やファッショが台頭している。つまり「個人主義の行詰りは、欧米に於ても我が国に於ても、等しく思想上・社会上の混乱と転換との時期を将来してゐる」（『国体の本義』5-6頁）。このような危機的状況において、日本は何をすべきか。それは、社会主義や全体主義等を模倣することでもなく、また西洋思想を排除することでもない。西洋の文化を真の意味で摂取することである。したがって、「西洋文化の摂取醇化に当つては、先ず西洋の文物・思想の本質を究明することを必要とする。これなくしては、国体の明徴は現実を離れた抽象的のものとなるであらう。」（『国体の本義』148頁）

　このように、国体明徴とは、単なる復古主義でも西洋思想を拒絶するものでなく、全体主義思想とも一線を画するものである。それは、外来思想（ここでは西洋思想）の本質を解明し、摂取醇化することにより自己のものとし、新しい日本の文化を創造していこうとするものであった。もちろん、ここには国体明徴の具体的な内容が示されているわけではなく、あくまで国体明徴の手順が示されているに過ぎない。その意味では無内容である。しかし、今日の我々は、国体明徴運動というと、とかく復古主義あるいは軍国主義的全体主義と親

第3部　2つの「昭和」

和的に考えがちである。ところが、本書が文部省の公式見解として示した国体明徴は、復古主義でも全体主義でもなく、従来の西洋思想を超えたところに新たなものを創造しようとしていたことには留意すべきである。（もちろん、その意図が妥当なものか否かについては別途検討を要する。）

第2節　天皇機関説事件の遠因

大学の弱体化　　天皇機関説事件の最大の原因は政治的抗争である。天皇機関説事件は、国粋主義者が欧化主義者を政権中枢から駆逐するため企てたものである。美濃部は、ロンドン軍縮会議の際の統帥権干犯問題や「陸軍パンフレット」問題などで、陸軍、とりわけ皇道派からは目の仇にされていた。そこで、明治末年の「国体」論争以来、30年近く通説の位置を占めていた天皇機関説を改めて問題化することによって、美濃部や金森、一木といった欧化主義者の放逐を計ったのである。

しかし、この事件で問題視されたのは、天皇機関説という1つの学説の当否である。国家の統治機構にかかわる問題とはいえ、単なる一学説が議会で問題視され、議会や政府が声明を出してその学説を公式に否定するというのは異常事態といわざるを得ない。この意味で、天皇機関説事件は、政治による学問への介入・干渉を許容し、純粋な学術的議論であっても国家の統制下におかれる——国家の方針に反する学問は許されない——ことを示した事件である。

このような観点から注目すべきは、天皇機関説事件の前兆ともいうべき事件が生じていたことである。それは、第1に瀧川事件を挙げることができる（瀧川事件については第9章参照）。この事件により、それまで実質的に認められてきた大学の自治、教授会の自治が否定され、大学は政治から自由ではいられなくなった。

天皇機関説事件の中で政府が二度にわたり「国体明徴の声明」を出した結果、各大学も国粋主義者達の圧力を受けた。天皇機関説を支持しているとみなされた学者は憲法学・国法学の講義担当を外され、司法試験や高等文官試験の試験官からも除外されることとなった。このように、（天皇機関説事件の時点で美濃部はすでに東大を退官していたが、）天皇機関説を否定することができたの

は、大学の自治がすでに制限されていたことが大きい。

南北朝正閏事件　　第２の契機となったのは南北朝正閏論をめぐる事件（南北朝正閏事件）である。南北朝正閏論というのは、南北朝時代に南朝（吉野）と北朝（京都）の２つの朝廷が並立したが、どちらが正統王朝であるか、という問題である。この問題は、明治末年ごろに帝国議会で問題視され、南朝を正統王朝であるとして一応の決着をみている。つまり、国体論争と同様、20年以上前に結着がついている論争が再度蒸し返されることになった。きっかけは、1934（昭和９）年２月、斎藤内閣の商工大臣である中島久万吉による「北朝の足利尊氏を再評価すべき」という趣旨の13年前の文章が天皇を輔弼する立場にある大臣としてふさわしくないとして貴族院において攻撃されたことである。この火付け役も、天皇機関説事件同様、菊池とその背後にいる蓑田胸喜であり、中島は最終的には商工大臣を辞任することとなった。

　この事件は、いくつかの点で天皇機関説事件の前奏曲となった。第１に、先に述べたとおり、事件の口火を切ったのが菊池や蓑田といった天皇機関説と同様の人物・勢力であり、彼らからすれば、南北朝正閏事件で勝利し、その余勢をかって天皇機関説を問題化したといえるからである。第２に、南北朝正閏論争は、権力の歴史的正統性にかかわる問題とはいえ、一義的には歴史学という学術上の問題である。それが、事件化されると、学者間における歴史的事実の正否や解釈の妥当性の問題として議論されるのではなく、社会倫理的に妥当かどうかという政治的問題として議論されたのである。つまり、この事件以降、たとえ純粋に学術的な事実認識にかかわる問題であっても、それが政治的倫理的に不穏当とされれば主唱者は政治的または社会的に排撃されることを意味し、学問や科学の政治に対する独立は失われることになった。

　瀧川事件によって、政治に対する大学の自治と自律は大幅に後退し、その結果、大学の自治が保障していた学問の独立性も脅かされることになった。そして、南北朝正閏事件によって学問の政治に対する自由が失われる結果となった。このような前提条件があって天皇機関説事件は起きたのである。この事件以降、日本の学界と言論界は政治に対する（相対的）独立性を失い、政治に完全に従属することになった。

第3節　天皇機関説事件に関する従来の分析枠組み

「自由主義者」
美濃部という理解

　これまで、天皇機関説事件の思想史的意義を考察する際は、政治的抗争の枠組みに影響されがちであった。ここでは、戦後長らく通説的位置を占めてきた家永三郎と久野 収・鶴見 俊 輔の解釈を概観する。

　美濃部の法理論を緻密かつ包括的に研究した家永は、美濃部の法思想を「大正デモクラシーにおける最良の精神が、良心的な一知識人の学問的研究の成果を通じて結実したもの」であり、自由主義の思想こそが「美濃部法学の骨髄」とする（『美濃部達吉の思想史的研究』229頁）。そして、天皇機関説事件は、「彼の主義主張から必然的に生みだされたものであったと見るのが正当であろう」（『美濃部達吉の思想史的研究』247頁）と分析する。つまり、家永は、美濃部の法思想が自由主義的な性格を有しており、それゆえに、非民主的で専制君主的な性格を有する明治憲法体制と衝突するのは歴史的必然であり、それが天皇機関説事件であったとする。このように、天皇機関説事件は、美濃部＝自由主義と明治憲法＝絶対主義との構造的で必然的な対決であったとみる見方がこれまで大勢をしめてきた。

帝国憲法における
「顕教」と「密教」

　また、美濃部の法理論そのものよりも、明治憲法体制を支える社会思想の観点から天皇機関説事件を分析したものとして知られているのが、久野と鶴見による分析である。久野と鶴見は、帝国憲法による立憲体制を伊藤博文の芸術作品にたとえた。それは、一方で天皇を統治の絶対的存在として政治的決定主体とするのみならず、宗教的倫理的領域においても絶対的存在者と描くと同時に（この限りでは西洋の他の絶対君主国家と同様である）、他方で、本来は統治の完全な客体である国民が天皇を翼賛・輔弼することによって、天皇の統治に国民が自発的主体的に参加する仕組みをシステムとして統治機構に組み込んだ。この仕組みによって、国民のエネルギーを自主的かつ主体的に統治の体系に取り込むと同時に、被支配者としての国民の反権力傾向——反抗、暴動、革命——を抑え込むことを目的としたものと見た。

この目的を実現するために編み出されたのが「顕教」と「密教」とにたとえられる二重の統治システムである。「顕教とは、天皇を無限の権威と権力を持つ絶対君主とみる解釈のシステム、密教とは、天皇の権威と権力を憲法その他によって限界づけられた制限君主とみる解釈のシステムである。はっきりいえば、国民全体には、天皇を絶対君主として信奉させ、この国民のエネルギーを国政に動員した上で、国政を運用する秘訣としては、立憲君主説、すなわち天皇最高機関説を採用するという仕方である。」(『現代日本の思想』132頁) 小中学校や軍隊では「たてまえ」としての絶対君主制が徹底的に叩き込まれ、エリート層への登竜門である大学や高等文官試験に到達する段階になって初めて「申し合わせ」としての立憲的な制限君主制、すなわち天皇機関説が開陳される。そして、帝大を卒業したエリートが官僚や政治家として「たてまえ」と「申し合わせ」を巧みに使い分けつつ国民を支配する、というものである。伊藤をはじめとした明治の元勲達が苦心の上に作り上げた明治国家は、被支配者(国民) の離反を抑えつつ、同時に統治のエネルギーを国民から調達し、さらに支配の正当性をも満たしうる精巧な「芸術作品」であった。

しかし、この「芸術作品」に組み込まれなかったのが、軍部である。天皇機関説事件というのは、支配層の中で唯一顕教的な「たてまえ」を保持しつづけた軍部が、密教討伐——つまり国体明徴運動——に乗り出した結果だ、というのである。このような久野・鶴見の説明は、明治立憲体制の構造的矛盾を巧みに把握した上で、天皇機関説事件を、その矛盾が極限に達した結果として描いているものと評価され、戦後長らく支持されてきた。

第4節 「国体」という問題

国体憲法学派と天皇主権説 前節の鶴見・久野の分析のように、これまでは、天皇機関説事件を、「天皇機関説対天皇主権説」という図式のもと、天皇主権説が天皇機関説を駆逐する契機として理解するのが一般的であった。しかし、近年、この理解を修正する研究成果が川口暁弘や林尚之らによって提示されている。彼らの研究は、国体憲法学派の理論的独自性に着目し、その意義を明らかにすることによって、美濃部の天皇機関説や天皇主権説を再定位しよ

211

第3部 2つの「昭和」

うという試みである。以下、彼らの研究に即しつつ、天皇機関説事件をめぐる
国体憲法学派、天皇主権説、美濃部憲法学の三者の間の異同をみていく。

　国体憲法学派というのは、天皇機関説と天皇主権説の両者の対立・隘路を克
服し、日本の国情に合致する新たな憲法学説を確立しようとする試みであり、
国体明徴運動の理論的支柱となった。そして、国体憲法学派の中心人物であ
り、国体憲法学の提唱者であったのが里見岸雄である。里見は、日蓮宗系の宗
教団体である国柱会の創設者である田中智学の三男として生まれた。彼は、国
体を理論的に解明し「国体の科学的研究と天皇論の理論的構成」を確立するた
めの「国体憲法学」の確立に努めた。また、「従来の観念的国体論の所説を引
用し、その非社会性、非現代性を遠慮なく批判」すると同時に、「無産階級の
唯一の味方としての国体をゑぐり出してみた」（序文）という『天皇とプロレ
タリア』（1929年）は、100万部を超えるベストセラーとなった。里見はのち
に、立命館大学法学部教授となり、文学部に国体学科ができると主任教授に就
任した。

　里見は、天皇機関説事件が発生すると「機関説撃つべくんば天皇主体説共に
撃つべし」というスローガンを掲げ、天皇機関説を理論的に乗り越えるととも
に、天皇主権説をも批判の対象とした。実際、里見は、天皇機関説を排撃する
という点では政治的に同じ陣営にいるはずの天皇主権説を「実に幼稚なる観念
論であつて、遺憾ながら、近代学徒にもてはやさるゝ実力を具備してゐない」
（『国体憲法学』51頁）と酷評する。

　里見は、逆に、論敵である美濃部に対してシンパシーを抱いている。彼は、
「美濃部氏等が国家を一つの法人と解釈した事は当然である。」（『国体憲法学』
502頁）と、美濃部の国家法人説に一定の理解を示す。さらに、天皇機関説事
件について、次のように述べる。「美濃部氏にあつては、決して反国体的、反
逆的意識は無かつたであろう事を、吾等はこの老学者の為めに信じてやりたい
と思ふ。……私としては、美濃部氏を、頭から国賊乱臣を以て論じ、進んで撲
滅的態度をとるが如きは、過酷であつて、むしろ、美濃部氏の説の不可なる点
を批判して、国体研究に進ましめる様仕向けるが正しいと思ふ。」（『国体憲法
学』491頁）。つまり、国体明徴運動の理論的リーダーである里見が、天皇機関
説を排撃する点で同じ陣営にいるはずの天皇主権説を一刀両断に切り捨て、む

しろ敵陣にいるはずの美濃部に対して同情的で、美濃部への感情的な政治的排撃を非難して、冷静に対応すべきことを主張しているのである。

これまでの研究は、国体明徴運動・機関説排撃運動を主導した里見の国体憲法学派と穂積・上杉による天皇主権説とは国体擁護という共通目的があるために、両者の連続性が強調される傾向にあった。しかし、実は国体憲法学派と天皇主権説との間には理論的に看過できない差異が存在しており、その差異が国体憲法学派の里見をして先のような穂積・上杉批判をさせているのである。

美濃部憲法学における「国体」の意義

美濃部憲法学における「国体」概念の理論的意義について検討する前に、穂積・上杉の天皇主権説の国体論について確認しておく。穂積・上杉にとって、国体とは、主権の所在、特に主権者の数を問う概念であった。上杉は、「国体トハ国家ノ構成ノ謂ナリ、……統治権者ノ何人ナルカノ定ノ謂ニ外ナラス」(『新稿憲法述義全』75頁)と述べる。つまり、国体とは誰が統治権者であるかという問題で、君主に主権が存する場合には「君主主権」であった。これは、あくまで純粋に学術的概念であり、一般的な道徳的倫理的価値を含むものではない。このような「国体」の用語法は、当時の法学界の標準であって、天皇機関説論者であった佐々木惣一も「統治権の総攬者ハ天皇ナル御一人ナリ。故ニ我国体ハ君主国体トス」(『日本憲法要論』318頁)と述べている。つまり、「国体」は、穂積・上杉の憲法学においても、道徳的倫理的側面を排除した純粋に学術的な分類概念であった。(穂積と上杉の国体論については、第5章で詳細な検討を行っている。第5章参照。)

川口の研究によると、美濃部の国体論が完成したのは、『逐条憲法精義』(1927年)においてである。国家法人説の立場である美濃部にとって、主権は国家という団体に帰属するので、天皇主権説のような主権の所在の問題は生じない(美濃部は、この問題を国家の体制を意味する「政体」の問題とする)。したがって、美濃部にとって国体は実定法上の概念ではない。美濃部自身、以前から「国体の観念は決して単純なる法律上の観念に非ず。国法を以て定め得べきよりは遙に以上の価値を有するものなり。……国体は憲法学上の観念に非ずして

＊　たとえば『日本憲法の基本主義』16頁に「国家の体制即ち国家の法律的組織の基本を指す語として「政体」といふ語を用ゐることを最も適当なりと信ずる」とある。

第3部　2つの「昭和」

主としては倫理上の観念なり」(「帝国の国体と帝国憲法」296頁) と述べていると
おりである。これまで「美濃部は憲法理論から国体概念を排除した」といわれ
てきた所以である。しかし、美濃部は、あくまで「国体が実定法上の概念では
ない」と述べているに過ぎない。むしろ、美濃部にとって、国体は、「国法を
以て定め得べきよりは遙に以上の価値」を有するものである。

不文法源として
の国体
　ところで、美濃部は日本の憲法の特徴の1つとして「憲法
の固定性」を挙げる。不磨の大典である帝国憲法は、手続
的にも心情的にも容易に改正が許されない。それゆえ、「憲法の固定性から生
ずる重要なる一の結果として、憲法の解釈の標準に関して余りに厳格に文字に
拘泥せず、成るべく時勢の変遷に応じ得べき寛かなる解釈を取らねばならぬ
……。……その解釈は、字義的ではなく合理的なることを要することが、普通
の法律よりも遥に痛切である。」(『逐条憲法精義』25頁) 美濃部は、憲法の字句
に拘泥されずに、社会状況に応じて柔軟かつ合理的に憲法の解釈を行うことが
必要であり、そうでなければ「却て憲法の破壊を促がす原因ともなり得る」
(『逐条憲法精義』26頁) と述べる。

　美濃部は、固定性を有する帝国憲法には合理的解釈が必要であるとする。合
理的解釈とは、日本の憲法を理解するためには、憲法の条文のみならず「不文
憲法」をも含めて解釈することである。「憲法の法源として殊に重要なのは、
全く成文の規定として書き示されて居らぬ不文法である。」(『逐条憲法精義』33
頁) 美濃部は、不文憲法の法源性を強く認めた上で、憲法解釈における不文法
の役割を次のように説明する。「所謂合理的解釈の標準となるべきものは、即
ち慣習法及び理法で、此等は何れも成文法と同様の力を有し、成文法の文字上
の意義に拘らず、之を修正し、補充し、例外づける効果を有ち得る。」(『逐条
憲法精義』34頁) 美濃部は、不文憲法には慣習法と理法の2つが存在し、これ
らが成文憲法を修正し、成文憲法の例外を許すほどの強い効力を有することを
認めている。

　慣習法は、それぞれの社会の歴史の中で形成される。美濃部は、帝国憲法の
歴史的性格について次のように述べる。西洋からの輸入思想である立憲主義が
憲法典制定によって新たに日本の憲法に加えられたことを除けば、帝国憲法
は、「日本の従来の歴史に基づいて、それまでに既に不文憲法として定まつて

第12章　天皇機関説事件の法思想

居たことを成文法に書き現はしたに過ぎぬ。……その解釈に付いても、従来の歴史に基き、憲法以前から既に定まつて居る所を参酌して、之を以て解釈の標準と為」（『逐条憲法精義』26頁）さなければならないと主張する。美濃部は『日本憲法の基本主義』において、「実質的意義に於ける日本憲法の基本主義」として、第1に君主主義を挙げる。「日本憲法の君主主義は、更に日本の伝統的の国体に其の基礎を有することも亦言ふまでもない。……私の茲に「国体」と謂ふのは、「歴史的に発達し構成せられた日本の国家生活の最も重要な特質」といふ意味に用ゐて居る。」（『日本憲法の基本主義』3頁）また、『逐条憲法精義』では、次のように述べる。「国体といふ語は、その従来普通に用ゐられて居る意義に於いては、決して法律的観念ではない。それは歴史的に発達し形成せられた日本の国家の最も重要な特質を指す意味に用ゐられて居るのであつて、就中国初以来日本が万世一系の皇統を上に戴き、君民一致、嘗て動揺したことのないことは、国体の観念の中心要素を為すものである。」（『逐条憲法精義』73頁）ここでいう「国体」とは、より具体的にいうと、古事記や日本書紀にも書かれているとおり、古代よりの「現に国民を支配する実権が何れに在るにしても、尚思想の上に於いては、常に天皇が「天の下しろしめすすべらぎの大君」として、国家の最高統治者たる地位に在ますこと」（『日本憲法の基本主義』5頁）である。美濃部にとって、不文憲法を形成する「日本の従来の歴史」は国体を意味する。つまり、美濃部は、国体を憲法解釈の重要な役割を担う不文憲法として意義づけ、そこからシラス的統治と天皇不親政を導出した。

立憲主義の国体論　　美濃部は、硬直的で大綱的な明治憲法の柔軟性を確保するために、不文憲法の意義を強調し、法学的意味の「国体」——主権の所在——ではなく、普通の意味の「国体」——シラス的天皇統治と天皇不親政——を歴史的不文憲法として自らの憲法学の中に滑り込ませた。ここには重要な政治的含意が存在する。それは、美濃部は、前章で述べた帝国憲法の「欠陥」をよく了知していたことである。欠陥とは、帝国憲法が極

＊　シラス的統治とは、君主が国民の幸福を第一に考え、公平無私に統治することである。天皇は古来からシラス的思想に基づいて統治しているとされる。逆に、国家や領民などを君主の私物として、君主の利益にために統治することをウシハク的統治という。西洋の絶対君主は、ウシハク的思想に基づいて国家を支配しているとされる。

215

第3部　2つの「昭和」

めて分権的で、天皇によってはじめて統合されるシステムであり、明治期の元老のような大番頭的な非立憲的調整役が必要不可欠であること、そのために、常に大番頭的存在（別の言葉でいえば、天皇の代位主体、幕府的存在）がなければ立憲政治が円滑に進まないことである。美濃部は、国体に基づくシラス的統治と天皇不親政という不文憲法を統治機構に採用することで、このような大番頭的存在による非立憲的調整に基づく政治システムを法的に正当化しようとしたのである。

　坂野 潤 治や小関素明の研究で知られているように、美濃部は、以前は政党政治による議院内閣制を支持していたが、挙国一致内閣である斎藤内閣成立（1932年）後には「円卓巨頭会議」構想を提示する。「円卓巨頭会議」構想というのは、政党、軍部、実業界、勤労階級の代表者会議（円卓巨頭会議）を開き、そこで経済財政の基本方針を策定すべきというものである。この構想は、挙国一致内閣を支えるとともに、政策の統一性・一貫性を確保することを意図している（美濃部達吉『議会政治の検討』38頁）。この主張は、美濃部が政党政治に基づく「憲政の常道」論を否定して超然的な国策決定機関を設置し、そこに内閣の正当性と政策推進力の源泉を求めたことから、美濃部の「憲政の常道」から「立憲的独裁」への転回といわれている。

　美濃部のこのような「転回」も、円卓巨頭会議という大番頭的存在を確保することによって、機能不全が目立つ政治状況を打破する意図が根底にあったと考えると首尾一貫する。美濃部は、議院内閣制の支持者ではなかったが立憲政治を維持しようとしていた。この意味で、美濃部は立憲主義者でありつづけた。川口暁弘の言葉を借りれば、美濃部は「国体論者であり、まさにその故を以て立憲主義者である。」（「憲法学と国体論」80頁）

　また、立憲政治の維持を目的とした非立憲的存在や柔軟な憲法解釈の導入という美濃部の方向性は、（当事者が意識的に継承したとは思えないが、）後に見る黒田 覚の憲法の動態的把握論などという形で新体制派の憲法学によって継承される。この意味では、美濃部の法理論と解釈手法は、当事者達が意図しないままに天皇機関説事件以降も継承・展開されていくことになる。

第5節　国体憲法学派の国体論：里見岸雄の国体論

従来の学説と国体憲法学　里見をはじめとした国体憲法学派は、穂積・上杉の天皇主権説を科学的ではないと批判していた。したがって、天皇機関説事件の際に、天皇主権説に基づいて国体明徴運動を展開する軍部や政府に対しても批判的であった。里見は、「軍政両府の巨頭諸公が、既成憲法学説としての天皇主体説［＝天皇主権説］を、あたかも国体光揚の正説の如く猛進して、然も同じく既成憲法学の一たる天皇機関説のみを排撃せんとするのは、その愚実に及ぶべからざるものがある。」（「機関説撃つべくんば主体説共に撃つべし」（以下、「機関説」と略記）4頁）

里見は、天皇機関説が「帝国憲法を解釈するに西洋ブルジョア憲法学の学理を転用せるものであつて、何等日本国体の科学的研究の上に立脚せるものではない」と批判する。一方で、天皇主権説も「ボルンハツク、ザイデル、リング等の主張せる Herrshcaftstheorie（統治者説）を師範と仰げるものに過ぎないではないか。換言すれば、世界に唯一無比なる我が万世一系の天皇御統治そのものの科学的研究によりて打ちたてられたる主体説ではな」い。「要するに、覇者のウシワク的事実及び思想に過ぎぬ」（「機関説」4頁）と批判する。

里見は、天皇機関説も天皇主権説も、結局のところ西洋由来の輸入学説に過ぎず、日本の国体を考慮して構築されたものでもなければ、日本の国体に合致するものでもないと批判する。「機関説にあれ、主体説にあれ、総じて西洋直訳の既成憲法学を徹底的に克服する事を考えなければならぬ。それには先ず、帝国憲法の国体学的新研究を興し、憲法そのものを日本の国体、日本の歴史、日本の社会の事実によつて科学的解釈する学問を独立せしめなければ、決してほんとうの批判など出来るものではない。」（「機関説」7頁）このような要請に応えるのが、里見の提唱する国体憲法学である。

里見の国体論　実は国体憲法学派の国体概念も美濃部のそれと重なるところが多い。里見は、「国体とは民族基本社会が国家生活を営む

＊　統治者説とは、家産説の別名で、領土や国民を支配者・統治者の客体とする説。

第3部　2つの「昭和」

に当つて、その各時代の政体を基かしめ、民族を窮極的に結合せしめるところ
の歴史的社会的根拠である」とする。その上で、「此の歴史的社会的根拠は、
物質的、従つて精神的なる構造、換言すれば生命的構造であつて、所謂政治的
構造よりも、更に深部的、基本的社会である」（『国体憲法学』59頁）とする。つ
まり、国体とは、国民国家の基本性格を表象する「民族基本社会」の性格を決
定する固定的なものである。

　ここまでなら、国体を「歴史的に発達し形成せられた日本の国家の最も重要
な特質」であるとする美濃部と大きな違いはない。しかし、美濃部が国体を歴
史的倫理的存在としたのに対し、里見にとって国体は現実生活を規定する憲法
そのものである。国体は歴史的な存在ではないし、神社や古事記の中にあるの
ではない。「ただそれ［国体］は、日本社会国家に於いて、万世一系の天皇を
主師親統制者と仰ぐ全臣民協力協働による人格的共存共栄の有機的社会創造の
無限の意志と生活実践の努力との中にのみある」（「万邦無比の国体の現実社会的
創造」14頁）。里見にとって、国体は、共存共栄のための意志と実践そのもので
あり、その意味で現実社会を直接規律する事実である。国体は、あるべき社会
への意志と実践の規律という事実として憲法と一体化する。里見は、「憲法第
一条は国体を規定または制定したものではなく、事実としての国体、換言すれ
ば、事実そのものが直ちに軌範を為してゐる国体を、我が憲法の第一条に掲げ
たのであると理解する。」（「国体憲法学と主権説及機関説」22頁）

**国体憲法学派
の美濃部批判**　それでは、美濃部憲法学は、国体憲法学派の眼にどのように
映ったのだろうか。美濃部が国体を日本古来の伝統の中に見
出し、これを不文憲法として憲法の法源に取り入れたことは既に説明した。し
かし、それは、柔軟な憲法解釈を可能にし、大番頭的な天皇の代位主体を確保
し、立憲政治を維持するためのものであった。美濃部にとって、このような柔
軟な解釈は、成文憲法を時に「修正し、補充し、例外づける効果」をもちうる
解釈改憲を容認するものであった。里見のように国体と憲法を事実として把握
し、憲法的理念の忠実な実現こそが国家の究極的な目標であり進むべき針路で

＊　「主師親統制者」とは、日蓮の教えで、人々を守護する主徳、人々を教導する師徳、人々
　を慈愛する親徳を有する指導者のこと。

あると考える国体憲法学派の立場からすると、このような解釈改憲を容認する美濃部の法源論・解釈論は許容できるはずもない。

　天皇機関説事件以前から美濃部の法源論の解釈改憲＝国体変革の「危険性」を敏感に察知し、美濃部憲法学の批判を繰り返していた蓑田は、帝国憲法の価値は憲法そのものの内にあるのであって、憲法外の法源など論外であるとして、美濃部の法源論・解釈論を次のように批判する。「憲法は……『制定法規ノ文字ニ絶対ノ価値アル』こといふまでもなく、『歴史的ノ事実』と『社会的ノ条理意識』なるものは憲法の条章のうちに包含せられ内在せしめられをるものにして、断じて成文憲法の『外に』『別に』『之と相並んで等しき』価値を有するものとして別箇の法源となるものではない。」（『美濃部博士の大権蹂躙』8頁）この蓑田の発言は、成文憲法の「外に」法源を認める美濃部の憲法論を厳しく批判するとともに、国体憲法学派がいかに憲法と国体とを一体視していたかを端的に見ることができる。同時に、このような国体憲法学派の思想は、帝国憲法における柔軟な立憲政治をも否定することになる。

事件の法思想史的意義　繰り返し述べているとおり、帝国憲法における立憲政治が有効に機能するためには、極めて分権的な統治機構で常に大番頭的な調整役──天皇の代位主体──を必要とした。憲法制定期には元老や内大臣等がそのような役割を担っていたが、昭和期にはそのような属人的・非立憲的な統治システムを実現することは神業に近かった。美濃部はこのような帝国憲法の構造的問題を了解していたからこそ、憲法の柔軟な解釈──実質的な解釈改憲──を容認する理論を展開した。美濃部憲法学の特質を天皇機関説事件の事態収拾にあたった政府や議会の幹部がどこまで正確に把握していたのかはさらなる検討が必要だが、蓑田らの国体憲法学派は、美濃部憲法学のこのような「危険性」を正確に理解していたことは間違いない。だからこそ、蓑田は天皇機関説事件以前から執拗に美濃部の憲法学を攻撃していたのである。

　従来の政治的抗争が強調された研究では、天皇機関説事件を、主権の所在に関連して、天皇主権説が天皇機関説を排撃した事件として理解する傾向が強かった。しかし、法思想史的側面からみると、天皇機関説事件の意義は、柔軟な憲法解釈を許容することによって立憲政治の維持を意図する美濃部の天皇機

第3部 2つの「昭和」

関説に対して国体憲法学派が政治的論争を仕掛け、それに勝利したことにある。美濃部憲法学を葬り去ることによって、国体憲法学派は、帝国憲法を国体と一体化することに邁進し、それによって、帝国憲法をより一層「不磨の大典」と化していった。そして、帝国憲法の「不磨の大典」化は、大番頭的な代位主体の存在をますます不可能なものとし、立憲政治の硬直化を招来することになる。のちに新体制派が登場し、立憲政治の改革と憲法の解釈改憲を試みるが、それは、一貫して国体憲法学派が招いた立憲政治・憲法運営の困難を解消（あるいは緩和）しようとする試みであった。これ以降の政治的混迷の理論的原因となったのは国体憲法学派の国体思想・法思想であった。この意味で、天皇機関説事件は法思想史的にも歴然とした画期を形成するものであった。

【参考文献】

家永三郎『美濃部達吉の思想史的研究』岩波書店、1964年

植村和秀「古典を読む『国体の本義』」苅部直他編『岩波講座　日本の思想』第2巻　場と器、岩波書店、2013年

上杉慎吉『新稿憲法述義全』有斐閣、1925年

同『新稿憲法述義全』有斐閣、1924年

小野雅章「国体明徴運動と教育政策」『教育学雑誌33号』1999年

大谷伸治「昭和戦前期の国体論とデモクラシー」『日本歴史』777号、2013年

川口暁弘「憲法学と国体論」『史学雑誌』第108編第7号、1999年

久野収・鶴見俊輔『現代日本の思想——その五つの渦——』岩波書店、1956年

小関素明「支配イデオロギーとしての立憲主義思想の思惟構造とその帰結——美濃部達吉の立憲主義思想を手がかりに——」『日本史研究』322号、1989年

佐々木惣一『日本憲法要論』金刺芳流堂、1930年（近デ）

里見岸雄「国体憲法学と主権説及機関説」『国体学雑誌』164号、1936年

同「日本国体学と国体科学」『国体学雑誌』164号、1936年

同『国体憲法学』二松堂書店、1935年

同「機関説撃つべくんば主体説共に撃つべし」『社会と国体』1935年11月号（155号）

同「美濃部博士の学的態度を評す」『社会と国体』97号、1935年

同「万邦無比の国体の現実社会的創造」『国体科学』1930年1月号

同「万邦無比の国体の現実社会的創造」『国体科学』36号、1930年

同『天皇とプロレタリア』アルス、1929年

林尚之『主権不在の帝国——憲法と法外なるものをめぐる歴史学——』有志舎、2012年

第12章　天皇機関説事件の法思想

増田知子「天皇機関説排撃事件と国体明徴運動」『名古屋大学法政論集』173号、1998年

同「1930-1935年の美濃部達吉と日本主義者の憲法論争——天皇機関説排撃事件の思想的要因——」『横浜市立大学論叢　人文科学系列』46巻1-3号、1995年

宮沢俊義『天皇機関説事件——史料は語る——』有斐閣、1970年

美濃部達吉『日本憲法の基本主義』日本評論社、1934年

同『議会政治の検討』日本評論社、1934年（近デ）

同『逐条憲法精義』有斐閣、1927年（近デ）

同「帝国の国体と帝国憲法」星島二郎編『最近憲法論——上杉慎吉対美濃部達吉——』太陽堂、1927年

同「日本憲法の特色」『国家学会雑誌』40巻1号以下、1926年

蓑田胸喜『美濃部博士の大権蹂躙——人権蹂躙・国政破壊日本万悪の癌腫禍根——』原理日本社、1935年

文部省編纂『国体の本義』内閣印刷局、1937年

第13章　総動員体制(新体制)の構築と法思想

この章で学ぶこと

　1937年7月、盧溝橋事件を契機に日中戦争が始まると、戦時体制の構築が喫緊の課題となる。そこで、憲法の枠を超えてでも戦時体制に即応するための強力な政策推進の主体を構築しようとする新体制運動が現れる。これが新体制派である。これに対し、新体制運動に反対し、自由主義・個人主義を重視する現状維持派が対峙する。彼らは、新体制派が憲法を無視し、クーデター等による独裁制を志向していることを危惧する。この章では、新体制派の黒田覺を軸に、現状維持派の佐々木惣一の法理論などと比較しつつ、天皇機関説事件の後から戦時体制を完成させるまでの間の法思想を扱う。

第1節　天皇機関説事件後の立憲主義

統治システムの破綻　　天皇機関説事件によって、通説であった天皇機関説は追放された。このため、天皇機関説に基づく従来の統治システムに替わる新たな理論と統治システムが必要となった。なぜなら、国体憲法学や天皇主権説では現実の政治に対応することができなかったからである。国体憲法学や天皇主権説は、天皇が統治権を実際に行使するべきである、とする。しかし、明治初期の小規模な個人商店的国家ならいざしらず、昭和の大企業的国家においては、現実問題として天皇が統治権を実際に「総攬する」ことは不可能である。先に述べたように、これまでは個人商店的国家の大番頭として、非憲法的な機関であった元老や内大臣、重臣などが独立的な各国家機関の間を天皇に代わって調整し、国家を運営してきた。また、「憲政の常道」論のもとで議院内閣制が機能していた時代には、政党がその役割の一部を担っていた。天皇機関説は、天皇を法人である国家の一機関（最高機関）とすることで、統治機構内の柔軟な調整システムを理論的に正当化するものであった

第13章　総動員体制（新体制）の構築と法思想

（久野 収・鶴見 俊輔のいうところの密教的な「申し合わせ」として）。しかし、天皇機関説は、天皇機関説事件を契機に放逐されてしまった。

　これは、現実政治における課題でもあった。この頃には、元老は西園寺ただ一人になっていた上に、「憲政の常道」たる議院内閣制を放棄したために政党勢力は弱体化して、この機能を担うことは不可能であった。統治機構内において、大番頭のような調整役が不在となったのである。このため、政府は、軍部の独走を止めることができず、満州事変や日中戦争などに対して場当たり的で後手後手な対応をせざるを得なかった。さらに、日中戦争や太平洋戦争など総力戦を遂行するためには是が非でも新たな統治システムを構築することが必要とされた。現状がそれに対応していないことは誰の眼にも明らかであった。

新体制の必要性と意義　　大番頭的な調整システムの不在と、総力戦に対応する戦時体制の構築の必要性が新体制への希求となって現れた。同時に、天皇機関説が葬り去られた後、新体制をいかに理論的に正当化するかということも課題であった。大前提として、帝国憲法を国体と一体視する国体憲法学や天皇主権説が支配的な状況のもとでは、憲法改正は政治的に不可能であった。残された手段は１つ、柔軟な憲法解釈による実質的な改憲、すなわち解釈改憲を行うことである。美濃部の天皇機関説に替わって解釈改憲の理論を提起したのが黒田である。この意味で、林尚之が「黒田が天皇機関説とは異なる理論で、天皇主権を事実上空語化することで、解釈改憲による政治構造の改変を試みた」（『主権不在の帝国』90頁）と述べたのは卓見である。

　敗戦までの間の日本の法思想は、大雑把にいえば、新体制派と現状維持派との間の対立のもとで展開していく。黒田に代表される新体制派は、解釈改憲によって総動員体制を構築し、眼前の日中戦争や太平洋戦争に対応可能な体制の確立をめざす。一方、佐々木や政党政治家に代表される現状維持派は、全体主義的な新体制の構築に反対し、大正デモクラシー以来の自由主義的な憲法実践の擁護に尽力する。

223

第2節　黒田覚の法思想

転向者の典型？　黒田は、戦時下の代表的な憲法学者の一人である。彼は、新体制の構築に積極的に関与し、国家総動員体制を法理論の観点から正当化しようとした。このため、黒田に対しては、次のような評価が一般的であった。「黒田は、日本憲法学における『転向者』の一つの典型をなすとみてよい。彼はケルゼニストからナチズムへ、ここから日本主義的憲法論との折衷へ、と移行するオプティミストである」とし、「明治憲法における天皇主権をその政治的「決断」として把握する」（影山日出弥「科学的憲法学の生誕と終焉」84頁注3）。ただし、近年、このような見方は修正されつつあり、黒田法学に対する評価も変化している。ここでは、近年の研究成果をふまえつつ、後の議論と重複しない範囲で黒田の法理論を概観する。

　黒田は、1925年、京都帝大（以下、「京大」とする）大学院を修了後、すぐに京大法学部助教授となり、1927年から3年ほど文部省在外研究員としてドイツ、オーストリアなどに留学した。留学中はウィーンでケルゼンに師事した。帰国後、黒田は、京大で政治学政治史第二講座担当となり、政治学などを講じていた。1933年、瀧川事件により依願免官するが、翌年復帰。1935年からは憲法学講座の教授となる。これ以降、京都学派の代表的法学者の一人として名を知られるようになる。法学部長として敗戦を迎え、翌年、総動員体制にコミットしたことを理由に自主的に京大を辞職している。戦後、一時学界から遠ざかるが、のちに東京都立大教授として復帰する。

ケルゼニスト
としての黒田　黒田は、留学前にはケルゼンを熱心に研究し、留学中はケルゼンの自宅に通っていたという。黒田はケルゼンのみならず、同時に、ウェーバーやラスキ、マンハイム、スメントなど、当時の最新の社会理論・法理論を貪欲に吸収した。それは、黒田自身の言葉によると「ケルゼンへの関心は持ちつづけてはいたが、他方かれの"方法（メトーデ）"の呪縛から離れたい気持ちが強かったからである。……その背後には、新カント派的な"方法論（メトーデン・レーレ）"一般に対する不信といったものが潜んでいた」（「シュミットとの"出会い"」402頁）という事情があった。

第13章　総動員体制（新体制）の構築と法思想

　とはいえ、初期の黒田は、ケルゼンを受容していた。法が当為 Sollen の体系で、存在 Sein の体系とは別であり、両者を峻別することによって、法学は、社会学や政治学や倫理学と切り離されて純粋に理論的に考察することができるとする純粋法学や、国家を実定法秩序と同視し、その究極的淵源に根本規範があるという法段階論を、黒田は、若干の批判を加えつつも基本的には受け入れていた。また、現実的に、議会制のみがデモクラシーの唯一可能な形態であるとするケルゼンの議会制重視のデモクラシー論も、同様に黒田は承認していた（ケルゼンのデモクラシー論については、第 8 章参照）。とはいえ、ドイツや日本における議会制の混乱と破綻を目の当たりにした黒田は、議会が社会の利害調整の役割を果たすとするケルゼンの考えに疑念を抱き、結局は議会が諸階級の利害代表の機関でしかないのではないか、と考えるようになる。黒田は、ケルゼンの法理論やデモクラシー論に限界を感じるようになった。

スメント、シュミットの影響　その後、黒田は、スメントの統合理論に傾倒する。スメントの統合理論は、ケルゼンのような国家を法秩序と等値する静態的な国家観を排除し、日々の政治的実践も含めた国家的活動を憲法学の範疇として動態的に把握しようとする。スメントによると、国家は、ルナンが述べるとおり、「日々の人民投票」のもとで絶えず生成、更新していくものである。そして、国民は、国家＝政治的共同体の中で自己を政治的世界へと不断に統合しなければならない。非政治的で自由主義的な市民などではありえず、国家＝政治的共同体の中で自らの使命を果たすことによって人格的完成へと向かうことができるとする。

　スメントの統合理論の積極的な受容は、黒田の憲法学の最も顕著な特徴である「憲法の動態的把握」という考え方を生み出した。帝国憲法は、そもそも条文がわずか76ヶ条しかなく、近代立憲国の憲法の中でも群を抜いて少ない。これは、憲法が大枠・大綱のみを定め、その詳細や実施要綱を法律や勅令で定めるという大綱主義を採用しているからである。このように考えると、憲法の条文の解釈のみ拘泥していては意味のある解釈を導出することはできない。さらに、たとえば「憲政の常道」のように条文に基づかない憲法的慣行も多数存在する。したがって、黒田は、憲法の解釈と実践には、憲法の条文のみならず、法律や勅令、条約、さらには憲法上の慣行や時代の要請等も含めて総合的に解

225

釈することが必要不可欠であると主張する。これが「憲法の動態的把握」である。「憲法条文の具体化のなかに、それぞれの時代的要請が織り込まれてゐると見る場合に、憲法に対する動態的把握が成立する。」(『国防国家の理論』13頁)このような黒田の論理は、スメントの方法論を受け継いだものである。そして、これは、のちに見るように、国家総動員法や大政翼賛会をめぐる議論の際にも現れる。

　黒田は、1937年に『日本憲法論』を上梓する。これは、黒田によると「一般国法学的スタイルで新しい憲法理論を展開しようとしたものである。ケルゼンやカール・シュミットからの影響が大きい。」(「シュミットとの"出会い"」404頁)黒田は、法思想史の上で、宿敵のように扱われているケルゼンとシュミットの双方から理論的影響を受けていると告白している。黒田は、これ以降、時代の潮流に乗る形でケルゼン的要素よりもシュミット的要素を全面的に展開していく。その典型が、後述する彼の国家緊急権をめぐる議論である。

　黒田の憲法論の中には、ケルゼン、スメント、シュミット等が生き続けたのであり、本節の冒頭に引用したような安易な「転向者」ではなかった。また、後に見るように、シュミットの議論に乗る形で戦前日本の総動員体制の合憲論を展開したために誤解されがちであるが、黒田はむしろ、シュミットの「決断主義」よりも「具体的秩序思想」をより評価していたのであり、黒田を単純なシュミット的決断主義者と見るのは早計である。むしろ黒田は、激変する政治情勢の中で、憲法学を現実の政治といかに整合させるか、戦時体制下においてあるべき憲法学とは何かを解明することに腐心したのである。黒田の憲法論が、現状維持派(新体制反対派)からは、明治憲法の実質的な解釈改憲につながるとして警戒されていたことからもわかるとおり、黒田は、憲法の動態的把握というスメントに由来する理論を用いて当時の硬直化した(大番頭が存在しない)憲法体制に柔軟性を与え、危機を乗り越えようとしたのである。

第3節　国家総動員法の成立

総力戦の構築　近代における戦争は、戦場でのみ行われる訳ではない。「銃後」を巻き込んで戦争当事国のあらゆる資源を投入する総力

第13章　総動員体制（新体制）の構築と法思想

戦である。総力戦の思想は、クラウゼヴィッツによる敵を徹底的に殲滅するのが戦争であるという絶対戦争論に端を発しているといわれているが、ルーデンドルフの『総力戦（Der totale Krieg）』（1935年）の影響が大きい。ルーデンドルフによると、かつての戦争は国民とは無関係に政府と軍隊によって行われていたが、現代の戦争は、国民が戦争に積極的に貢献しなければならなくなった。戦争の本質が変化したのである。戦争は、本来は政治・外交に従属するものであるが、総力戦の時代においては、平時から戦争準備が必要であり、政治は、そのために戦争に貢献しなければならない。総力戦では、非軍事的要素が重要となるので、軍部の最高司令官が軍事のみならず、財政や生産活動、教育などを指導する必要が生じ、政治は総力戦遂行のための手段とならなければならないとする。陸軍の統制派の中心人物であった永田鉄山は、ルーデンドルフの思想から強く影響を受け、1920年代から国家総動員体制の実現を説いていた。彼は、1934年には陸軍軍務局長としていわゆる「陸軍パンフレット」といわれる『国防の本義と其強化の提唱』（陸軍省新聞班発行）の発行に関与した。

　「たたかひは創造の父、文化の母である」で始まるこの陸軍パンフレットは、統制経済政策の強化と個人主義・自由主義の排除を主張し、総力戦体制のための国家総動員体制の構築を唱導していた。このパンフレットは、陸軍が大々的に宣伝したこともあり、大きな反響をよんだ。社会改革推進の観点から中野正剛や社会大衆党の麻生久などが賛意を示したが、逆に、軍部が経済政策や思想統制にまで言及したことに反発の声も上がった。その代表例は美濃部達吉である。美濃部は、この冊子が「其の全体を通じて、好戦的、軍国主義的な傾向が、著しく現はれてゐる」（「陸軍省発表の国防論を読む」247頁）もので、「国家規定の大方針を無視し、聖勅の趣旨にも違背す」（同250頁）と厳しく批判した。美濃部の批判は、軍部の不興を買い、翌年の天皇機関説事件の遠因となったとも言われている（天皇機関説事件については、第12章参照）。

　戦時色が強まる中、発言権を強めていったのが国家を統制する官僚や軍人であった。1932年、政党が官吏の任免に介入することを防止し、官僚の身分を保障することを目的に文官分限令が改正された。それまでは、省庁は「官庁事務ノ必要ニ依リ必要ナルトキ」に自由に官吏を休職・退職させることができた。これが政治家に利用され、政治的な任免がしばしば行われていた。ところが、

227

第3部　2つの「昭和」

この改正によって、休職させるには分限委員会の諮問を経ることが必要になった。これにより、政治的任免が困難になり、官僚の独立性が大幅に高まった。また、1936年には1913年に廃止されていた軍部大臣現役武官制が復活し、陸軍大臣・海軍大臣には現役武官でなければならないとされた。これによって軍部の内閣に対する発言力が増大した。

　1935年、各省庁の総合調整や政策調査を行う機関として内閣調査局が設置される。1937年には予算統制の上申権をも得て企画庁に改組され、同年、資源局と統合して企画院となる。企画院には革新官僚と軍人が集結し、「平戦時ニ於ケル綜合国力ノ拡充運用」を行うための重要政策の企画立案、「国家総動員計画ノ設定及遂行」のための省庁間の調整を行う機関であるとされた（企画院官制1条）。この企画院のもとで、国家総動員法が立案され、企画院が総動員体制の司令塔的な役割を担うことになる。なお、官僚機構は、その後の戦時体制下でも肥大し続けた。たとえば、1938年に内務省の衛生局と社会局が分離独立して厚生省が、1940年に戦争遂行のための検閲等の言論統制・報道統制、プロパガンダ、情報収集を行う情報局が、1942年には占領地等の行政を行う大東亜省が設置されている。

国家総動員体制の成立　総力戦を遂行するには、物資の計画的な調達、生産、輸送のために国民の生産活動や経済活動を制限・規制するための法制度の整備が必須となる。法制度の整備は、日本でも第一次世界大戦中から必要性が認識されていた。その結果、制定されたのが軍需工業動員法（1918年）である。これは兵器や軍用品を含む軍需品の生産、使用・収用権等を定めたものであった。同法は、1937年9月、日中戦争に適用されることになった。しかし、総力戦を継続するためには物的資源や人的資源を包括的な動員を可能にする法律が必要とされ、企画院のもとで国家総動員法が立案された。

　国家総動員法は、総力戦遂行のため、議会の立法権を広範に政府へ授権する法律である。この法律は、勅令によって戦時または戦時に準ずべき事変の場合に、「国防目的達成ノ為国ノ全力ヲ最モ有効ニ発揮セシムル様人的及物的資源ヲ統制運用スル」（1条）ことを可能にする。具体的には、兵器弾薬等の軍用物資のみならず、被服や食料等の日用品、医薬品、船舶や車両等の郵送機器、

228

第13章　総動員体制（新体制）の構築と法思想

通信機器、土木建築物資、燃料、電力等におよぶ広範囲な「総動員物質」を勅令によって統制・徴用し、また、これらの物質の生産、修理、配給、保管に関する業務や運輸、通信、金融、衛星、教育、啓発宣伝、警備などの「総動員業務」に国民を勅令によって従事させることを可能にする。他にも、資金、事業、物価、出版の統制が勅令により可能になる。このように、国家総動員法は国民生活の殆どの物質と人員を勅令によって徴用・動員可能とするものである。本来は個別に法律で制定すべきことがらを広範囲に勅令に委任することで、「国防目的達成ノ為国ノ全力ヲ最モ有効ニ発揮セシムル」総動員体制を確立しようとするものである。

　しかし、このような広漠とした内容を勅令に委任する内容は、勅令への白紙委任と異なるところがなく、立法権の無力化・空洞化を意味する。このため、1938年2月24日に国家総動員法案が衆議院に提出されると、議会の政党勢力から「本法案は憲法違反ではないか」という強力な反対論が起こった。この点については後に述べるが、もう1つ大きな問題となったのが現に発生している日中戦争（支那事変）にこの法案を適用するか否かである。当初、政府は今次事変にも適用があるとしていたが、近衛首相が「この国家総動員法案は……この支那事変に直接之を用ひると云ふのではないのでありまして、将来に万一起るべき戦争に対しての備であります」（衆議院国家総動員法案委員会、1938年3月11日）と答弁し、これが政府の公約となった。そして、議会外の右翼勢力の圧力や衆議院の解散をちらつかせた軍部に屈するかたちで3月16日に全会一致で衆議院を通過する。国家総動員法は、3月24日に貴族院で可決成立し、4月1日に公布、5月5日から施行された。なお、近衛の声明に反して、国家総動員法は、成立後わずか数ヶ月で適用され、終戦までの間に国民の動員、物資の徴用、各種価格の統制など多種多様な勅令が発令され、国民生活に多大な影響を与えることになる。

第4節　国家総動員法をめぐる法的論争

国家総動員法の違憲論　　前節でみたように、国家総動員法は、戦時や戦時に準じる事変の場合に広範囲な権限を白紙委任的に政

府に与えるものであった。この法律については、法案審議の段階から違憲ではないか、という疑義が示されていた。国家総動員法の違憲論の後にも、大政翼賛会に関する憲法論や国家緊急権をめぐる議論、終戦間近に議論された戦時緊急措置法の制定の際に議論された天皇大権の発動の是非をめぐる議論が生じる。したがって、この論争は、その後の戦時体制下の統治機構をめぐる法的諸問題の論争の前哨戦となるものであった。同時に、国家総動員法に関する賛否をメルクマールとして、新体制運動を推進し、新たな統治システムの構築を目指す新体制派と、従来の立憲体制を維持しようとする現状維持派とに区分することができる。国家総動員法について法理論的に積極的な意義づけを行った黒田は新体制派である。逆に、国家総動員法や大政翼賛会を憲法違反だと主張した佐々木や政党政治家は現状維持派である。

　現状維持派が危惧していたのは、新体制派がもくろむ解釈改憲による実質的な憲法改正であった。さらに、それが高じてクーデターや憲法停止になることであった。そのような事態に陥れば、僅かながら残っていた立憲主義的自由主義は壊滅してしまう。現状維持派の人々は、そういった自由主義を少しでも残存させようとしていた。大正デモクラシー期に美濃部と共に民主的憲法学者として名声を誇った佐々木が現状維持派であったというのは、象徴的である。

政党勢力による違憲論　　国家総動員法案の衆議院審議では、現状維持派の政党勢力からこの法案に対する疑義が示された。たとえば、後の「反軍演説」で知られる立憲民政党の斎藤隆夫は、国家総動員法が違憲であると主張した。第1に、国家総動員法は、大日本帝国憲法31条が定める天皇の非常大権を干犯するものではないか。この法案は、戦時・事変の際に勅令によって国民の権利を制限することを全面的に承認する法律である。一方で、憲法31条は「本章［第2章臣民権利義務］ニ掲ケタル条規ハ戦時又ハ国家事変ノ場合ニ於テ天皇大権ノ施行ヲ妨クルコトナシ」として、戦時や事変の際に国民の権利義務を制限することを天皇の非常大権として認めている。このため、国家総動員法は、非常大権と重複するものであり、天皇大権である非常大権をあらかじめ法律で定めることは、天皇大権を法律によって侵害するものではないか、という指摘である。

　第2は、国家総動員法における勅令への委任が余りにも広すぎることから、

この法律は、政府に対して白紙委任を与えるものであり、国家総動員法は違憲ではないか。国民の権利を制限しまたは国民に義務を課す場合、本来は「立法事項」として、議会の審議を経た法律によって行われるのが立憲主義の道理である。もちろん、一定の事項を法律が勅令に委任することは認められているが、この委任は可能な限り限定的であるべきである。ところが国家総動員法は、立法事項として定められるべき事項までも勅令に委任している。委任事項が広範過ぎて、勅令に白紙委任するのと同様であり、認められない。また、議会に諮ることができないほどの緊急の場合には、緊急勅令（憲法8条）で対処すべきであり、その意味からも国家総動員法を認めるわけにはいかないとした。

黒田の合憲論 現状維持派が多数を占める衆議院では国家総動員法案に対して違憲論が主張されたが、ほとんどの法学者はむしろ合憲と評価した。たとえば、東京帝大で行政法を担当していた杉村章三郎は、国家総動員法の委任事項が白紙委任といえるほど広汎とはいえず、本法を合憲であるとした（参照、『昭和憲法史』130頁）。特に黒田は、国家総動員法を帝国憲法の体系の中に位置づけ、積極的な合憲論を展開した。黒田は次のように述べる。国民の権利も法も国家があって初めて守られる。31条の非常大権は、国家存亡の危機に、国民の権利・自由を一時的に侵害してでもその危機を克服しなければならないことを規定したものである。国家総動員法は、このような「非常大権の精神」によって正当化できる。したがって、「国家総動員法と非常大権との関係は、議会側の主張とは正反対に、かへつて非常大権の規定の精神から見て、国家総動員法が是認せらるるべき」（『国防国家の理論』176頁）である。つまり、国家総動員法は、国家的危機を克服する手段であるという点で非常大権と同じ目的と意義を有するのであり、だからこそ広汎な勅令への委任も正当化できる。非常大権の意義から考えると、総力戦が必至となった時代において国家総動員法は必要な法律である。このように、時代に即して憲法を動態的に把握する立場からすると、国家総動員法は総力戦体制の時代に積極的な意義を有する法律になる。

ただし、黒田によると、「非常大権の精神」によって国家総動員法の意義と内容を正当化できるといっても、非常大権と国家総動員法の守備範囲は異なる。非常大権は憲法上の「非常的状態」に関する規定であるのに対して、国家

総動員法は「正常的状態」の中で戦時法の体系を確立しようとするものである。つまり、国家総動員法は、戦時法体系の恒常化を意味する。したがって、「正常的状態」の法体系の中にある国家総動員法は、「非常的状態」に発動する非常大権とは法的カテゴリーが異なるものであって、非常大権を侵害しない。国家総動員法が戦時における危機の克服のための諸手段をあらかじめ平時に規定するものであるのに対して、非常大権は、究極的な国家的危機を克服するための最終手段として観念される。

革新政治の意義　黒田の国家総動員法に対する考察は、日本の政治状況（黒田はこれを「革新政治」という）に対する次のような分析に基づいている。日本の革新政治は、イタリアやドイツと同様、反自由主義的傾向を強め、議院内閣制は停止され統制的傾向が強まっている。しかし、日本の革新政治がドイツの全体主義とが決定的に異なるところは、ドイツでは授権法によって憲法が停止されているのに対して、「日本の革新政治は帝国憲法の全然正常的な構造の上に成立してゐるのであつて、「非常的事態」に関する第三一条の非常大権の規定の発動をも見てゐない」（同241頁）ことである。

日本が正常状態の上に革新政治を構築し得た理由は、明治維新の際に日本民族の歴史的社会的環境の中から必然的に湧き出たものとしての「歴史的運命的共同体としての国民意識」を持ち得たからに他ならない。帝国憲法が多くの自由主義的政治原則を採用しているが、「帝国憲法のなかにおける自由主義は、絶対的な個人を中心とした制度といふ意味をもつものではなく、全体の中における個人とか全体と個人との綜合とかをめざしたものであつた。」（同242頁）黒田は、ナチスが構築しようとしている運命共同体としての国民観念が日本では既に与えられたものであり、この意味で、日本の革新政治がドイツやイタリアよりも「むしろ両者より強固である」と積極的に評価する。

黒田がいう「帝国憲法のなかにおける自由主義」の是非はここでは触れないが、「全体における個人」や「全体と個人の綜合」という理解は、黒田におけるスメントの影響が見て取れる。いずれにしても、黒田が天皇機関説事件以降のいわゆる新体制運動（革新政治）をこのように積極的に評価するのは、先に述べたような、元老や内大臣のような分権的統治機構の各部の間の連絡調整をする非憲法存在——個人商店的国家における大番頭的存在、あるいは天皇代位

第13章　総動員体制（新体制）の構築と法思想

機関——を現実の政治の中ではもはや期待できないことを自覚し、その代替的機能を新体制運動にもとめたゆえであった。いずれにしても、国家総動員法を、「正常的状態」における恒常的戦時法体系の実現——国家総動員体制の実現——のための法律として、憲法の動態的把握によって合憲論を展開する黒田の解釈論は大きな反響を呼ぶことになった。

第5節　大政翼賛会の違憲論：現状維持派と新体制派の論争

大政翼賛会　　1940年7月、国防国家の完成と東亜新秩序の建設を旗印に第二次近衛内閣が成立すると、近衛は、天皇に意見書を提出した。そこには、「憲法改正のことを申しまするは憚りがありまするが、少なくとも時代の進運に応じて、憲法の運用につき考慮せらるることは、切望に耐へざる」とあり、内閣の執行権強化のために帝国憲法8条の緊急勅令、14条の戒厳令、31条の非常大権、70条の緊急時の財政処分といった緊急事態に関する条項を適用し、内閣による憲法の弾力的運用を行うことを天皇に申し出ている。近衛は、新体制運動の一環として内閣を強化し、これによって統治システムの統制と統一性を確保しようとした。国民に人気のあった近衛をもってしても、内閣の権限強化のために天皇の非常大権に頼らざるを得ないというのは、当時の統治システムの末期的状況を端的に示しているのかもしれない。

　議会の諸政党は、第二次近衛内閣の成立と新体制運動の動きに呼応する形で自主的にこぞって解散し、10月には大政翼賛会が成立した。大政翼賛会の発足によって内閣と議会の協力・連携がすすみ、国家総動員体制を推進するシステムが整うことが期待された。また、世界的にみても、ドイツのナチ党やイタリアのファシスト党、ソ連の共産党などで実質的な一国一党体制が既に構築されており、大政翼賛会の結成は世界的潮流に沿うものであった。一方で、事実上の一国一党体制を実現する組織となる大政翼賛会に対して、佐々木や旧政党の自由主義派の人々といった現状維持派は、「幕府政治」批判を展開した。「幕府政治」とは、特定の一家や一族が恒久的に政治を担当することをいう。翼賛会の内規は、翼賛会の総裁に内閣総理大臣が就任すると定める。特定の家族や一族ではないとはいえ、翼賛会という特定の団体が政権を永続的に担当すること

233

第3部　2つの「昭和」

になる。このため、現状維持派は、翼賛会体制が実質的に幕府政治に該当し、憲法上認められないと主張する。

　ここに、大政翼賛会の法的位置づけをめぐって、新体制派と現状維持派との間で憲法論争が発生する。代表的なものは、総合雑誌『改造』で行われた黒田と佐々木の論争である。黒田は『改造』1941年1月号に「大政翼賛運動の合憲法性」という論文で大政翼賛会の合憲論を展開した。それを受ける形で、佐々木は、2月号で「大政翼賛会と憲法上の論点」を掲載し、違憲論を述べた。以下、それぞれの議論をみておこう。

黒田の合憲論　黒田は、「大政翼賛運動の合憲法性」において、大政翼賛会を擁護する。黒田は、現状維持派による翼賛会違憲論を「帝国憲法の自由主義的機能の時代に成熟した憲法観を固定的のものと見、これによって翼賛運動を批判しようとする型」であるとする。そして、「かういふ憲法的疑惑の感情を生ぜしめるものは、一般に帝国憲法を静態的に把握し、動態的に把握しようとしないところの憲法の把握の仕方についての誤謬である」（『国防国家の理論』8頁）と批判する。つまり、翼賛会違憲論は、時代の変化に背を向け、過去の大正デモクラシー期の憲法理解に固執して条文を形式的・静態的にのみ解釈するものである。しかし条文の文言を解釈し具体化する際には、「憲法の精神」に基いた時代の要請を織り込む動態的把握が必要であると述べる。

　黒田は、このように述べた上で、大政翼賛運動の究極の目標である国防国家体制の確立のためには、国民の権利の制限は必要であるし、国防国家体制の確立こそが、憲法上諭にある「我カ臣民ノ権利及財産ノ安全ヲ貴重シ」という「憲法の精神」にかなうものであり、真に国民の権利を保護するものであるとする。黒田の合憲論は、次のような言葉に凝縮しているといってよい。「自由主義体制においては憲法違反だと考へられるやうな制限も、国防国家体制においては可能とされる場合が存するのである。これは憲法解釈論ではなく政治論だといふ非難も承知してゐる。しかし私はこれこそ生きた憲法解釈論だと固く信じてゐる。」（『国防国家の理論』17頁）

佐々木の違憲論　一方、佐々木は、大政翼賛会違憲論を展開する。大政翼賛会の合憲違憲の判断は「帝国憲法に照して評価されるべき

234

第13章　総動員体制（新体制）の構築と法思想

ものである。」（「大政翼賛会と憲法上の論点」195頁）大政翼賛会の設立が国家体制の革新を意図する政治運動である以上、まずは憲法の解釈論に基づいて違憲か合憲かを判断すべきだというのである。論理主義的で実証主義的解釈を旨とする佐々木らしいが、これはいうまでもなく黒田の憲法の動態的把握に対する牽制である。佐々木によると、黒田のような「時代の要請」によって憲法体制が変化し、憲法解釈も変化しなければならないといった憲法の動態的把握論は、帝国憲法の根本性格に鑑みて許されない。帝国憲法は明治天皇の欽定憲法であり、欽定憲法であるからこそ、憲法に基づく活動もあくまで天皇の聖意に基づくものでなければならない。つまり、憲法は天皇が定めたものであり、憲法制定者である天皇の意思を無視することはできない。もし仮に憲法を改正する必要が生じた場合は、解釈改憲などではなく、天皇の意思が反映される帝国憲法が定める手続きに基づかなければならない。したがって、黒田のような解釈改憲が許される余地はなく、憲法の動態的把握論は認められないとする。

　佐々木は、さらに、幕府政治は憲法上も許されないとする。大政翼賛会の内規が「総裁ハ内閣総理大臣ノ職ニ在ル者之ニ当ル」（大政翼賛運動規約５条）と規定しているのは、国家機関である内閣と非政治結社であるはずの大政翼賛会（大政翼賛会は治安警察法上、「政治結社」ではなく「公事結社」とされた）を自動的に一体化するもので、幕府政治そのものであると批判する。大政翼賛会が国家機関と連動して幕府政治的な反憲法的政治活動を行うことは、「帝国憲法違反とはいえまい。しかし、帝国憲法の精神には反すると思う」（「大政翼賛会と憲法上の論点」249頁）と非難する。

　黒田と佐々木の論争は、双方ともが自らの立論こそ「帝国憲法の精神」にかなうものであると主張している。黒田の大政翼賛会擁護論は、帝国憲法上論を引用して、国民の権利・財産の安全を守るためには解釈改憲による国防国家体制の構築が必要であるとするものである。これに対して佐々木は、憲法の精神は欽定憲法である帝国憲法を徹底することであり、そうすることによって、新体制を肯定する解釈改憲を阻止し、帝国憲法下の立憲主義を擁護しようとした。

黒田の主権論
：憲法制定権力
　黒田の憲法の動態的把握は、さらなる問題を提起する。それは、黒田の説を承認する場合、憲法の動態的把握の正当性の根源はどこにあるのか、という問題である。具体的には、「時代の要請」

235

第3部　2つの「昭和」

に基づいて憲法を柔軟に解釈できるとして、その「時代の要請」の内容は具体的に何を指すのか、そして、誰がそれを決定するのか、という問題である。これは、政治的意思の最終決定権の所在の問題、すなわち主権の問題でもある。これを解決できなければ、黒田の憲法論は正当性を失うことになる。この問題は、黒田のみならず、既存の実定憲法秩序の枠を超えて新たな統治システムの構築を模索する新体制派にとって避けて通ることのできないものである。

　この主権の問題に対する黒田の解答が憲法制定権力論である。憲法制定権力とは、憲法を制定し、国家を創設する根源的権力のことである。このため、憲法制定権力は、本来、何者にも制約されない無制限の権力として現れる。憲法制定権力という概念は、『第三身分とは何か』で有名なシェイエスによって定式化された。シェイエスによると、憲法は「憲法制定権力」(pouvoir constituant) によって作られる。そして、憲法は「組織化された権力」(pouvoirs constitués) をつくり、この組織化された権力が実際の権力を行使する。憲法より下位にある組織化された権力は憲法制定権力に関与することはできない。憲法を作る権力である憲法制定権力と、憲法によって作られた権力である組織化された権力を峻別するのである。そして、シェイエスは、憲法制定権力を有すものは「国民だけ」であり、この憲法制定権力は単一不可分で法的にいかなる制限も受けないものであるとする。

　黒田によると、「憲法制定権力の観念は、近代国家の発生以降成立した所の主権概念と本質的は同一である」(「憲法制定権力論」39頁)。黒田は、シュミットを引用しつつ自説を展開する。シュミットは、ホッブズの主権理論の中に決断主義的な憲法制定権力を発見し、それを「事実の決断力」とした。しかし、黒田は、憲法制定権力による決断（憲法を定める力）が単なる決断主義的な「力的契機」(Machtsmoment) なものだけではなく、そこには「正当性的契機」(Legitimitätsmoment) をも併せもっているとする。これは、君主国だろうが民主国だろうが同じであって、特に「立憲主義的政治機構の下に於ては、君主主権の概念は、憲法制定権力の主体としての君主と云ふ観念に於て、その意味が正確に把握される」(「憲法制定権力論」40頁)。つまり、君主主権国において、君主は、憲法制定権力の主体である。そして、同時に、組織化された権力としての君主の統治権は憲法に服する。このように二分することによって、黒田

は、君主主権を維持しつつ立憲主義的に統治権の正当性を根拠づける。

これを帝国憲法にあてはめれば、1条は「憲法制定権力の所在を宣言した国体的規定」であり、4条は「組織化された権力の態様及びその中に於ける天皇の地位を規定したものであり、政体的規定である。」（同41頁）黒田は、このように、1条によって憲法制定権力者たる天皇が主権者であることが規定され、4条によって組織化された権力として統治権を行使する政府のあり方が規定されるとする。このように憲法制定権力論を憲法解釈に用いることによって、これまでの国体論争で問題となっていた国体と政体の区分、帝国憲法1条と4条との矛盾を解決する。「一切の国家権力の正当性の根拠が天皇に存し、従て、天皇が憲法制定権力の主体であることは、我が国の国民的確信として不動のもの」（『昭和十一年度帝国憲法講義案』268頁）となる。このように、黒田は、権力の契機のみならず正当性の契機も包含した上で、憲法制定権力としての天皇のもとに統合する。そして、天皇の正当化根拠は「国民的確信」にある。ここに、黒田における帝国立憲体制の支配の正当性をめぐる議論は完結する。

第6節　時代の要請とオプティミスト

帝国憲法は、極めて分権的である。一方、二・二六事件、日中戦争など内外の矛盾が噴出しながら危機の度合いが徐々に高まっていく中で、強力な政府の確立の必要性はますます高まっていった。この憲法上の隘路をいかに解決すべきか、ということに果敢に立ち向かったのが黒田であった。黒田は、憲法条文を超える動態的把握をほどこすことによって、帝国憲法の「硬い」枠組みを打破し、「新体制」構築への突破口としようとした。一方で、この「新体制」なるものに強権的ファシズム的なものを敏感に感じ取り、ブレーキをかけようとしたのが斎藤らの政党勢力であり佐々木といった現状維持派であった。それぞれの是非は問わないが、両者とも、時流に棹差し、あるいは時流に逆らうことによって、目前の政治的危機の解決のために尽力していたことだけは間違いない。

黒田の手法は、解釈改憲によって柔軟で弾力的な憲法解釈を可能にすることであった。その限りでは、黒田は美濃部と同様である。しかし、両者の準拠点

第3部 2つの「昭和」

は全く異なる。美濃部が不文憲法として「国体」を解釈改憲の法源としたのに
対し、黒田は、憲法の動態的把握によって「時代の要請」に依拠した。美濃部
が国体という固定的な伝統に依拠することによって、統一的で一貫した統治機
構の構築を目指したのに対し、黒田の「時代の要請」は、帝国憲法の条文や
「国体」に囚われない政治によって、日本を囲繞する厳しい環境を主体的に切
り開くプロセスの中で最適解を見つけ出そうとするものであった。

　黒田の法思想は、（本章第2節で紹介したように）後世から観ると、時流に乗る
「転向者」で「オプティミスト」の「決断主義者」に見えるのかもしれない。
しかし、黒田を安易に決断主義的に切り捨てることは簡単であるが、日本の立
憲主義の意義が改めて問い直されている今こそ、黒田憲法学の意義を冷静に問
い直すべき時なのではないだろうか。

【参考文献】

芦部信喜『憲法制定権力』東京大学出版会、1983年

植村和秀『昭和の思想』講談社選書メチエ、2010年

影山日出弥「科学的憲法学の生誕と終焉」鈴木安蔵編『日本の憲法学——歴史的反省と
　　展望——』評論社、1968年

川口由彦『日本近代法制史〔第2版〕』新法学ライブラリ、2014年

黒田覚「シュミットとの"出会い"」長尾龍一編『カール・シュミット著作集Ｉ』慈学
　　社出版、2007年

同『国防国家の理論』弘文堂書房、1941年

同「憲法制定権力論」田村徳治編『佐佐木博士還暦記念　憲法及行政法の諸問題』有斐
　　閣、1938年

同『帝国憲法講義案　昭和十一年度』弘文堂、1937年

同「議会主義の社会的限界」『京大訣別記念法学論文集』政経書院、1933年

佐々木惣一「大政翼賛会と憲法上の論点」大石眞編『憲政事論集Ⅱ』信山社、1998年

鈴木安蔵『日本憲法学史研究』勁草書房、1975年

須賀博志「憲法制定権力の日本的受容」『法学論叢』144巻3号、1998年

友野清文「法学会」駒込武他編『戦時下学問の統制と動員——日本諸学振興委員会の研
　　究——』東京大学出版会、2011年

西浦公「スメント」小林孝輔他編『ドイツ公法の理論——その今日的意義——』一粒
　　社、1992年

林尚之『主権不在の帝国——憲法と法外なるものをめぐる歴史学——』有志舎、2012年

第13章　総動員体制（新体制）の構築と法思想

長谷川正安『昭和憲法史』岩波書店、1961年

古屋等「ルドルフ・スメントによる統合理論と連邦忠誠の原理──「君主制連邦国家における不文の憲法」（1916年）に関する考察を中心に──」『茨城大学政経学会雑誌』78巻、2008年

源川真希『近衛新体制の思想と政治　自由主義克服の時代』有志舎、2009年

美濃部達吉「陸軍省発表の国防論を読む」『「国防の本義と其強化の提唱」に対する評論集』陸軍省新聞班、1934年（近デ）

陸軍省新聞班『国防の本義と其強化の提唱』陸軍省新聞班、1934年（近デ）

エーリヒ・ルーデンドルフ（間野俊夫訳）『国家総力戦』三笠書房、1939年

第14章　戦時体制下の法思想

この章で学ぶこと

　この章では、戦時体制下において、どのような国家体制を構想していたのかを概観する。具体的には、非常大権と国家緊急権をめぐる黒田覚、大串兎代夫、尾高朝雄の法思想を検討する。天皇親政による危機克服を図る大串、憲法の非常大権規定の拡大解釈で強力な政府を構築しようする黒田、逆に帝国憲法の根本法としての「不磨ノ大典」性を強調した尾高……。彼らに共通するのは、当時の帝国憲法と矛盾のない形で、危機を乗り切るための法理論をいかに構築するかに苦心している点である。

第1節　戦時統制と国民生活

治安維持法制と思想統制　戦時下においては、警察行政法規を過度に拡張解釈する手法が日常的に行われ、思想統制の手段となっていた。たとえば、労働運動をしている者を「自殺ヲ企ツル者」（行政執行法1条）として保護検束（身柄拘束）し、検束は「翌日ノ日没」前までに終了しなければならないと法定されているにも関わらず、書類上で一時釈放したことにして検束を継続した。また、警察犯処罰令の「一定ノ住居又ハ生業ナクシテ諸方ニ徘徊スル者」（1条3号）を30日未満拘留できるという規定（浮浪罪）を適用し、30日ごとに警察署を転々とさせ、数ヶ月もの間拘留する例などもみられた。

　特に重要なのは治安維持法である。この法律は、1925年、普通選挙の実施によって共産主義と無政府主義が流布することを防止する目的で制定され、男子普通選挙制を導入する衆議院議員選挙法とほぼ同時期に成立した。当初の治安維持法1条は「国体ヲ変革シ又ハ私有財産制度ヲ否認スルコトヲ目的トシテ結社ヲ組織シ又ハ情ヲ知リテ之ニ加入シタル者ハ十年以下ノ懲役又ハ禁固ニ処ス」と規定されていた。制定の際は、「国体ヲ変革」が無政府主義を、「私有財

240

産制度ヲ否認」が共産主義を指すとされたが、実際は共産主義者も「国体ヲ変革」する者として処罰された。

1928年2月、初の男子普通選挙が実施され、無産政党から8名の当選者が輩出されると、無産政党の伸張や共産主義の普及を危惧した田中義一内閣は、国会で審議することなく、緊急勅令によって治安維持法を改正した。主要な改正点は、第1に、国体の変革を目的とする結社において指導的役割を担った者に対する刑罰の最高刑を10年から死刑に引き上げたこと、第2に、「結社ノ目的遂行ノ為ニスル行為ヲシタル者」（目的遂行罪）を新設し、2年以上の有期の懲役・禁固に処するとしたことである。特に、目的遂行罪の新設は、処罰の対象となる「目的遂行行為」が「結社ノ目的遂行ニ資スベキ一切ノ行為ヲ包含ス」（大審院1931年5月21日判決）と非常に広く解釈されたことから、共産党の活動に直接関与しない者までも、その行為が共産党の目的に資すると判断されれば治安維持法の処罰対象とされた。実際、この改正以降、共産党と直接関係のない労働組合運動やプロレタリア文化活動等広汎な社会活動に目的遂行罪が適用された。

この傾向を決定づけたのが大本事件（1935年）である。新興宗教の「大本」の教義は、天照大神より上位の国常立尊という神を最も重視していた。したがって、天皇を現人神とする国家神道とは両立しない。このため、大本を治安維持法違反と不敬罪で摘発した。もともと共産主義と無政府主義の活動を規制する目的で制定された治安維持法は、この事件以降、共産主義や無政府主義だけではなく、国体に反する団体や活動を広範に取り締まる法律へと性格を大きく変化させ、国民生活一般を監視し、弾圧する道具となった。その際、重要な役割を担ったのは思想犯保護観察法（1936年）である。この法律は、治安維持法違反について刑の執行猶予か起訴猶予処分を受けた者、仮出獄した者、刑の執行を終えた者（要は治安維持法違反に問われたことがある者の大部分）に対し、本人を保護し、再犯を防ぐために保護観察として保護観察所等の監視下に置くこととされた。しかも、この保護観察は2年間とされたが何回でも更新することができた。これは、一度治安維持法違反に問われると、半永久的に国家権力の監視下に置かれることを意味する。他にも、1936年、「軍秩ヲ紊乱シ、財界ヲ攪乱シ、其ノ他人心ヲ惑乱スル目的ヲ以テ治安ヲ妨害スベキ事項ヲ掲載シタ

ル文書図画」の頒布等を重罰化した不穏文書臨時取締法が制定され、1938年の
国家総動員法では新聞・出版について、「国家総動員上支障アルモノ」の販売
や頒布が禁止される等、二重三重に国民の表現活動は制限されることになっ
た。

　さらに、1941年になると、治安維持法は、国家に非協力的な団体・集団を取
り締ることのできる法律へと全面改正される。取締対象が大幅に拡大されるだ
けではなく、犯罪の恐れがあるだけで拘束可能となる予防拘禁制度の導入など
思想検事や特高警察が国民の思想・良心の自由に強く介入することを可能にし
た。ここに戦時下の思想統制は完成をみた。

総力戦のための　　　戦時体制の確立は思想統制に留まらず社会制度全般に
経済社会体制の確立　　及び、総力戦の遂行のためにさまざまな統制と改革が
行われた。それらの多くは、徴用や価格統制・経済統制という形で国民の生活
を苦しめたものだったが、国民の人的物的資源を最大限引き出すための社会立
法的なものも存在した。また、この時期に実施した改革には、敗戦後まで引き
継がれ、今日の日本社会に根付いているものも存在する。統治機構などの政治
制度を論じる場合には敗戦を画期とするのは不合理ではないだろうが、経済シ
ステムや社会体制とそれを支える法制度は、敗戦によって制度や慣習が急激に
変わるとは限らない。したがって、経済社会制度の変遷についてみると、戦前
と戦後の間は「非連続性」よりも「連続性」の観点から観察したほうが適切な
ことも多い。

　社会保険制度は、戦時体制下で整備された。健康保険は1922年に健康保険法
が制定されていたが、従業員が300人以上の大規模事業所が対象とされたた
め、その適用範囲は限定的であった。1938年に地域で保険組合を設立できる国
民健康保険法、39年の職員健康保険法などによって適用範囲が拡大された。ま
た、年金は1941年に労働者年金保険法を制定、これが厚生年金保険法（44年）
へと改正・拡充された。これは戦時において、動員された労働力に対する最低
限の保障という意味があった。

　また、弱者救済の社会政策的性格が強かったものが、借地借家法制と農地・
小作法制の改正である。借地法・借家法は1921年に制定されていたが、戦時体
制で労働力が都市に流れたことと、物価上昇により地代や家賃が高騰した。こ

のため、1939年、地代家賃統制令が施行された。さらに41年には借地法・借家法が改正され、世帯主が戦地へ行っている家族の保護を目的として、家主の賃貸契約の解約権を大幅に制限するとともに家賃統制の徹底を図った。

農地・小作法制は、農村の生産力を高めるためには小作人の保護が必要であるとの認識から、農地調整法（1938年）や小作料統制令（1939年）、臨時農地価格統制令（1941年）等次々と小作人を保護する農地立法が制定された。さらに、1940年以降、米の供出制度が始まり、特に1942年の食糧管理法によって政府が小作人から直接米を買い取ることになった。これにより、小作人に対する買取米価は増産奨励金を交付して高く買い上げ、一方で小作料は据え置かれたために小作料の実質的な負担率は大幅に低下した。この政策により、戦争末期には地主の地位が低下し、小作制度は事実上形骸化していった。

また、いわゆる「日本型経営システム」も国家総動員体制の所産である。日本型経営システムとは、企業は株主や役員の所有物ではなく、従業員と役員が一緒に作り上げる共同利益の共同体であるという前提のもと、終身雇用制や年功序列型賃金によって経営を行うというものである。これは、総動員法の勅令によって配当制限や賃金統制が定められていく中で急速に広まっていった。

戦時下で官僚の役割も拡大した。それまでは官僚が民間の経済活動に介入することは少なかった。ところが、1930年代からさまざまないわゆる事業法が作られ、官僚が産業界に介入するようになる。さらに、1940年以降、各産業で統制会という業界団体が作られ、業界団体を通じて官僚が産業界を指導する方法が確立する。このような手法は、戦後、官僚主導の業界統制と産業政策という形で継承される。また、さまざまな産業が効率化と生産力強化を理由に統合され、現在に近い業界地図が生み出されるのもこの頃である。象徴的なのは電力会社である。かつては中小さまざまな電力会社が存在していたが、1938年に国家総動員法とともに施行された電力管理法によって発電事業と送電事業が日本発送電という半官半民の会社に統合され、それまでの電力会社の設備は接収された。さらに、1941年には配電統制令によって配電事業も９つの配電会社に統合され、電力の国家管理が完成した。戦後、日本発送電と９つの配電会社をもとに９つの電力会社に再編されたが、その構図が基本的に現在まで続いている。

第3部　2つの「昭和」

　このように、総力戦を遂行するためにさまざまな法令が制定され、社会制度や経済システムが大きく変化した。しかも、この総力戦体制は、国家統制の名の下に官僚による統制・規制という形態をとった。そして、この多くが戦後まで存続し、現代にも少なくない影響を残している。

第2節　非常大権と国家緊急権の展開

非常大権と
国家緊急権
　戦時体制下においては、平時とは異なる論点が焦点となる。戦前昭和の日本においても、危機の深化に応じて内容を変えつつ、戦時あるいは非常事態への対応策が議論された。第1段階は、前章で見た総力戦体制を構築するための国家総動員法をめぐる議論であった。さらに第2段階として、国家存亡の危機といった非常事態の際に問題となる非常大権と国家緊急権の問題が浮上する。本節では、1930年代から戦争末期にかけて行われた非常大権と国家緊急権に関する議論を概観する。なお、第3段階として、戦況が悪化して本土決戦が現実のものになると、議会を開けない事態を想定した議論が生じるようになる（第4節参照）。

　帝国憲法が規定する非常大権（31条）は、非常事態の際に天皇が第2章「臣民権利義務」を侵害することを認めるものであり、緊急勅令（8条）や戒厳（14条）、緊急時の財政処分（70条）とともに、緊急事態の条項とされている。一方、国家緊急権は、国家が非常事態に直面した場合、国家の存立のために政府が憲法や法律の規定を超えて権限を行使する権限のことである。法治国家の原則からすると、政府が「国家の危機」を理由に法を破ることは許されるべきではない。しかし、国民の権利の保障も国家あってのことである。したがって、法を破る権力の行使も、国家存立という究極目的のためにはなおも権利として認められるべきであるというのが国家緊急権である。

国家緊急権の意義
　国家緊急権は、実定法を越えたところで発動される「法を破る法」である。したがって、帝国憲法の非常大権やワイマール憲法の非常大権（48条）等、非常事態の際の例外措置として憲法があらかじめ法制度として予定しているものは、理論上は国家緊急権とはいわない。このような規定は、平時の法の効力を一時停止させるものではあるが、憲

244

法によって授権され、あらかじめ認められている権限である。学理上の国家緊急権は、緊急事態において憲法が予定している以上の権限行使を指す。

ワイマール憲法48条２項は、「ドイツ国内において、公共の安全及び秩序に著しい障害が生じ、またはその虞れがあるときは、ライヒ大統領は、公共の安全および秩序を回復させるために、必要な措置をとることができ、必要な場合には武力を用いて介入することができる」と大統領の緊急権限を定める。このために、人身の自由や財産権の保障、表現の自由等、憲法が規定する７つの人権規定の全部または一部を停止することができると規定する。この規定自体は、憲法が規定しているため国家緊急権とはいわない。しかし、この条項のシュミットによる解釈によると、緊急事態における国民の権利の停止はこの条項の範囲のみでは不十分である。「なぜなら、もしも［第48条］第２項に列挙される７つの基本権以外の憲法のすべての条項がライヒ大統領の行動に対して超えがたい制約を加えるとしたならば、実効のある非常事態は不可能となるからである。」（『大統領の独裁』11頁。一部改訳。）シュミットの主張は、憲法の規定を超えるもので、国家緊急権の発動を主張している。

国家緊急権の思想は、グロティウスが説いた「優越する所有権・支配権」（dominium eminens）に淵源がある。これは、私権に対する国家の優越権を認めるもので、元々は国家の収用権を正当化する理論であったが、非常事態における国民の権利を侵害する国家緊急権の理論に転用された。この理論の政治的な含意は、絶対君主主義が国民主権原理と妥協しつつ、非常事態・例外状況における最終的な決定権を君主に留保したものである。したがって、国家緊急権は平時の国民主権原理や法治主義と何ら矛盾しない。

黒田の非常大権論

非常大権や国家緊急権をめぐる論争においても、中心にいるのは黒田覚である。黒田は、前章で述べたとおり、国家総動員法を平時の中で戦時法の体系を確立するものとして、「非常大権の精神」から国家総動員法を正当化した。非常大権の解釈においても、憲法の動態的把握によって、文理解釈よりも精神や趣旨から条文の内容を導出すべきであるという。

黒田は、憲法上の非常大権と憲法外の国家緊急権とを明確に区別した上で、非常大権は、緊急勅令（８条）や戒厳（14条）では克服できない高度な「戦争・

第3部 2つの「昭和」

内乱を契機として発生する一切の危機」(『日本憲法論』370頁)の際に発動されるとする。このため、政府が行うべき措置は、軍事的・警察的措置にとどまるものではなく、経済危機への対応なども含まれるべきであるとともに、その内容も、単なる具体的な処分的措置を行うに留まらず、命令による新たな規範の定立や既存の法律の改廃まで含まれるべきであるとする。したがって、31条がその適用範囲を明文で第2章に限定しているにも関わらず、「これに関する法の制定が行政の管轄に移される。唯、この場合には、第二章以外の諸規定の侵害が前提されなければならない。」31条が国家存立の最後の手段と考える以上、こう考えないと「第三一条の規定はほとんどその大半の意味を喪失する。」(『日本憲法論』371頁)黒田は、31条の解釈についても条文の文言を超えた動態的把握を行うが、この非常大権の解釈論がワイマール憲法の48条2項に関するシュミットの解釈を換骨奪胎しているのは明白である。つまり、憲法31条の文言を超えた動態的把握によって、黒田は、非常大権からこれを超えた国家緊急権の領域に踏み込んでいるのである。

**大串兎代夫の
非常大権論**

黒田よりもさらに過激な主張を行ったのが大串である。大串は、1926年東京帝大法学部を卒業と同時に同大学院に入学した。指導教員は上杉慎吉^{しんきち}であった。1928年に大学院を修了すると、上杉の指示でドイツへ留学し、のちにナチス政権下で公法学の重鎮になるケルロイターの指導のもと憲法学・国家学を研究した。1933年の帰国後、大串は、文部省国民精神文化研究所研究員となる。この後、敗戦まで東洋大や国学院大の教授を兼任しつつ、国民精神文化研究所の研究員として、『国体の本義』の編纂や日本諸学振興委員会の事務局、日本法理研究会などにかかわるとともに、時局や全体主義思想に関する啓蒙的パンフレットを多数執筆した。いわば文部省お墨付きの思想的善導者として活躍した。戦後は、公職追放ののち名城大学教授、名城大学総長や亜細亜大学教授を歴任した。

大串は、黒田以上に原理主義的な意味で「新体制」の確立を望んでいた。それは、天皇親政の実現である。大串は、「新体制をして日本的性格を帯びしめるためには、その中心点を天皇の政府に置き、「党」や運動に置いてはならない。」(『現代国家学説』360頁)そして、大串は、あるべき統治体制を次のように述べる。「内閣及び内閣総理大臣を廃して、憲法第五十五条にも言つてある通

246

りに、「国務各大臣」のみ存置せしめ、天皇を輔弼せしめるのが我が国体に基づく、天皇御親政の当然である。」（同364頁）大串は、内閣制度を廃止して各大臣が天皇に直接輔弼する絶対君主制的な天皇親政の実現によって、分権的な憲法体制を克服し、統一的な統治システムを実現できると考えた。このため、新体制運動によってまかりなりにも成立した大政翼賛会が現状維持派の佐々木らによって幕府論として攻撃され（第13章参照）、骨抜きにされてしまったことが大いに不満であった。

　大串にとって非常大権の規定は非常に大きな意味をもっていた。大串は、非常大権が非常事態に関する特殊な規定であるという位置づけに反対し、次のように述べる。「第三十一条の所謂「天皇大権」は決して特殊の大権を意味するのでなく、全体的なる国家統治の大権の意味」である。31条は立憲政体の柱ともいうべき第2章の規定の停止を規定しているのであるから、31条の及ぶ範囲は「第一章、第三章は勿論憲法の静態的規定の殆ど全部に影響力を有しているのである。従つて憲法第三十一条は我が国政治の重要なる原則規定であつて、決して一例外規定に止まるものではないのである。」（「御稜威と憲法」263頁）

　大串がこのような理論を展開した目的は、国防国家体制の確立にあった。そのためには、国家の統一性を強化することが必要不可欠であり、その具体的方法が天皇親政のもとでの政軍の統一と国民の結集であった。実質的な戦争状態に突入していた当時の日本において、非常大権が立憲体制全般に適用されるという解釈論を梃子にして、非常大権によって天皇親政を実現しようというものであった。大串は、「国家総力の統一とは、要するに権威と権力の一体化であると思ふ。……主権の本体は権威にあるのであらうが、その用は政治決定に存すると思ふ。議会をして自立的議決機関たらしめないことも、内閣を廃棄することも、要するに国家の政治決定力を主権者に統一するためである」（『現代国家学説』367頁）と述べる。大串は、天皇親政による権力集中を実現して現状打破を図ろうとした。彼は、新体制派の中でより急進的な憲法論を唱えていた。

新体制派と憲法論　　以上、非常大権に関する黒田と大串の解釈をみた。両者に共通するのは、新体制運動を理論的に正当化し、推進しようとしていたことであった。黒田も大串も31条の非常大権を条文の文言以上の拡張解釈を行うことによって政府の求心力を回復し、分権的な帝国憲法体

制の危機を克服しようと試みた。一方で、両者の相違点は、黒田が現実の近衛新体制に政治的に深く関与しており、この意味で新体制派の中では現実派に属していたのに対し、大串は新体制派の中でも天皇親政を実現しようとする急進派であったということである。このため、非常大権の拡張解釈という点では共通しているが、非常大権を帝国憲法のどの範囲まで適用すべきか（すなわち、非常大権によってどの範囲まで憲法を停止するか）という点になると大きく異なっていた。黒田が第2章の制限に直接関係する範囲に限定していたのに対して、大串は憲法全体に適用されうるとしたのであり、大串のそれはあたかも31条によってクーデターを可能なさしめようとする解釈であった。

　このような解釈に対して、新体制に反対する現状維持派はどのような理論を展開したのだろうか。その代表例として、尾高朝雄の議論を次節で見ることにする。

第3節　尾高朝雄の国家緊急権論

**尾高朝雄の
国家緊急権論**　尾高は、東京帝大法学部を卒業後、京都帝大文学部に入りなおし、その後、大学院へ進学、大学院では社会学者の米田庄太郎や哲学者の西田幾多郎などに師事した。大学院在学中に京城帝大法学部に赴任し、その直後から約3年半の間、ドイツ、イギリス、フランス、アメリカと留学して、ケルゼンやフッサールのもとで学ぶ。留学後は、京城帝大法学部の教授をつとめ、1944年からは東京帝大法学部へ移り法哲学を担当する。

　尾高が黒田に対してどのように反論したかを見る前に、尾高の国家緊急権に関する議論を概観する。尾高によると、国家緊急権の問題を的確に把握していた学者はイェリネクである。イェリネクは、国家によって作られた法が国家自身を拘束することを「国家の自己拘束」とする。しかし、この自己拘束も、支配者のクーデターや被支配者の革命や外部からの征服によって国家の基礎が変革すると、法はその変化に対応することができない。したがって、従来の法を破ることになる。この現象が国家緊急権であるが、実は、これは単に「力は法に優越する」という命題を述べているに過ぎない。しかも、このようなクーデターや革命や征服といった行為は、既存の法を破っているので、法とはいえな

いが、一方で新たな秩序を創り出していることも事実であり、一概に不法とも
いえない。法的には、正義でも不法でもない、中立的な単なる「事実」として
理解すべきである。仮に、この後、この事実状態が承認されれば「事実」は新
たな法になる。イェリネクはこの現象を、事実的なものが規範性を帯びるとい
う「事実の規範力」の典型例であると説明している。

　尾高は、イェリネクのこの説明を基本的に受け容れつつ、クーデターや革命
や征服が単なる事実ではなく、一定の目的を有する「政治」だとする。した
がって、「国家緊急権は、決して無理念・無目的の事実ではなく、法の予想し
た範囲を逸脱して活動する政治であり、政治が法を破りつつ、国家を救済する
という名分の下に、法を破りながらもなほかつ自らを法として認証しようとす
る試みに外ならない。」（「国家緊急権の問題」917頁）したがって、尾高は、国家
緊急権は「法を破る法」ではなく「法を破る政治」であると述べる。

　さらに、尾高は、国家緊急権には次のような実践上の問題があるとする。国
家の存立を確保することは、法にとっても究極の目的である。しかし、そのた
めに法を破るというのは、「懸崖から深淵に身を投じて死中に活を求めるとい
ふがごとき離れ業としてしか成り立ち得ない」。実際に国家緊急権を発動する
か否かは、政治的責任者の非常に難しい判断に委ねられる。だからこそ、「法
は非常の場合に採らるべきいくつかの措置をあらかじめ規定し、危機に臨んで
も法をやぶることなく、なほ慎重に懸崖の上に道を求むべきものとしてゐるの
である。パトスに燃える政治は、とかくに血気に逸り易い。これに反して、ロ
ゴスの性格を多分に有する法の態度は、老成であり、重厚である。特に国家の
興亡を賭する危機に際しては、政治は、法のこの老成の戒めに対してあくまで
も謙虚でなければならぬ。」（同919頁）このように、尾高は、憲法典の外側にあ
る国家緊急権の発動を戒め、憲法に規定されている緊急時の規定の意義を評価
する。

　尾高によると、国家緊急権の問題は、最終的には「法を優先する」（国家緊急
権を行使しない）か「政治を優先する」（国家緊急権を行使する）かという問題に
帰着する。しかも、国家緊急権を認めるとしても、国家緊急権は支配者の恣意
的な意図によって発動される危険もあるし、その反対者によって発動される危
険もある。この意味で、国家緊急権が結局は法秩序のみならず政治秩序をも破

第 3 部　2 つの「昭和」

壊することになりかねない。尾高は、国家緊急権は「諸刃の剣」であると述べる。

尾高の反論　以上のように国家緊急権を分析した上で、尾高は、黒田と大串に対して次のように反論する。まず、黒田が非常大権を第 2 章以外の規定にも及ぶと拡張的に解釈したことについて、尾高は、目的論的解釈から一定の理解を示しつつも、「さればといつて、第三一条がその発動により停止せらるべき規定の範囲を明らかに第二章にかぎつてゐるのに、解釈論の立場から、第二章以外の若干の規定をも「侵害」し得るものと論断するのは、行き過ぎであるといはねばならない。」なぜなら、そのような解釈は、結局、憲法そのものを侵害することにつながりかねないから。「この場合はこと憲法に関するが故に、特に慎重を期することが望まれる。解釈によつて法を活かす傍ら、解釈によつて法を「侵害」することを許すのは法の破砕への一歩の接近である。」（同927頁）。さらに、黒田がこのような拡張解釈を認めなければ帝国憲法31条の意義は「その大半の意味を喪失する」としたが、これに対して、尾高は、法を侵害せずに法を活かすことこそが本来の法解釈であって、1 つの条文の意味喪失を恐れるあまりに法の規範性を破壊してしまうことは、とりわけ憲法の場合、深く戒められるべきであると述べる。

　さらに、尾高は、大串の非常大権論に対して次のように批判する。大串の解釈は「第三一条に思ひ切つた新解釈を加へ、それを手がかりとして、憲法によつて示された我が国家体制の大きな変革を導き出すことを可能ならしめようとする」（同928頁）ものである。尾高は、大串の法理論がもつクーデター的性格を鋭く見抜いていた。尾高によると、大串の理論は、憲法体系を平時の規範の体系としての「平時憲法の規範体系」と、天皇親政の本体としての「戦時憲法の規範体系」の二層構造を形成しており、非常大権の発動が、憲法規範の広汎な部分を停止することによって平時憲法から戦時憲法へと切り替わるスイッチ（尾高の言葉では「回転軸」）となると分析する。だからこそ、大串にとって31条は、非常事態に関する特殊な規定ではなく「我が国政治の重要な原理規定」となる。

　尾高は、このような大串の解釈に対して、「この条項によつて第二章以外の諸規定の効力を広く停止し得るといふ解釈を下すのは、もはや法の解釈ではな

くて、憲法に対し重大な変革を加えようとする企てである」（同929頁）とする。尾高は、大串の第31条解釈が「法律中心の政治から命令中心の政治への転換」を図るものであり、条文解釈の範囲を逸脱しており「政治的に憲法の改竄をあへてしようとするものといはざるを得ない」と強く非難し、続けて、「よしやその名は用ひないでも、ここに西洋流の国家緊急権的思想が現れてゐるとみなければならない」（同929頁）と、大串の憲法解釈のクーデター的性格を皮肉る。

　もちろん、現在の憲法が危機にも充分に対応できるのかという不安はあるだろうが、それは法政策論上のレベルの話であり、法規範の解釈とは別個のことである。もし、現行憲法に不備があるのであれば解釈によって乗り切るのではなく、憲法が規定する改正規定をもって改正を行うべきである。尾高は、このように述べた上で、大串への批判を次の言葉で締めくくる。この言葉は、大串のみならず、憲法の動態的把握という条文を越えた解釈を志向する黒田に対する批判でもある。「大日本帝国憲法は、我が国の国家活動が常にそれによつて行はるべきところ「政治の矩（のり）」である。法は時としては政治によつて破られることがあるが、いかなる政治も「政治の矩」を破ることは許されない。我が国の憲法……「政治の矩」である以上、国家緊急権の概念、もしくはこれに類似する法の破砕の企図の介入する余地は全くないといふべきである。」（同930頁）

法は政治の矩　　黒田や大串に対する尾高の批判の根底には「法は政治の矩である」という考えがあった。尾高は、この頃、法と政治の関係について考察を重ねていた。政治が法を飲み込む激動の時代、そして、政治的状況によって法解釈の枠組みをも乗り越えようとする新体制派の諸学説が、法と法学の存在理由を尾高に改めて考えさせたのだろう。そして、この論考が「法における政治の契機」（1943年）という小論に結実した。この論文は、戦後に『法の窮極に在るもの』（1947年初版）の原点ともいうべき論文であり、法と政治をめぐる尾高の論考の出発点であった。そこで、ここで簡単に本論文に依拠しつつ、尾高の「法は政治の矩である」という考え方を見ておくことにする。（これは、戦後に宮沢俊義（としよし）との間で交わされる八月革命―ノモス主権論争の際にも、尾高の主張の原点となるものである。第15章参照。）

第3部　2つの「昭和」

　尾高は次のように述べる。法は政治の影響を受ける。政治は法に生命を与え、法は所詮「政治の子」に過ぎない。とりわけ、戦前昭和期のように法制度が時代に対応しきれなくなったときには、政治が主導して法制度を改変していかなければならないと主張されるようになる。黒田や大串のような新体制派の解釈論はまさにこの典型であろう。このような状況は「法が政治に従属している」といえるのかもしれない。しかし、実力のみの政治も持続しない。その意味で政治にも正しさが求められる。「正しいといふことは、政治の則るべき矩である。さうして、政治の正しさは、国民共同体の諸目的を相互に調和せしめ、国家の秩序を円満に維持し得るか否かによつて測定される。かかる調和および秩序は法の根本原理であり、法の窮極目的である。故に、政治に正しい方向を与へるものは法でなければならぬ。」（「法における政治の契機」758頁）シュミットが「法学的思惟の三類型」で、規範主義でもなく、決断主義でもなく、具体的秩序思想を最終的に支持したのも、尾高によれば、秩序の中に正義と実力、つまり法と政治の結合をみたからである。具体的秩序とは、ノモスの思想である。「正しい王という意味をもつノモスは、一定の至高にして普遍でしかも具体的な秩序たる性質を内含していなければならぬ。」（シュミット「法学的思惟の三類型」352頁）。このノモスを体現する秩序の中にこそ、正しさが存在する。

　尾高によると、法には「根本法」と「派生法」があり、両者の間を「政治」が媒介する。「根本法」は、「政治の矩」として、所与の具体的条件の下でいかなる政治が正しい政治であるかを決定する尺度でなければならない。つまり、根本法は、政治を規制する。このような根本法は、日常生活を規律する法（派生法）とは区別され、政治よりも一段高い基準となる。根本法は、全く不変ではなく、所与の状況が変化すればそれに合わせて変化することもあり得る。ただし、政治の正否の基準となるものであるので、頻繁に変更されるものではない。一方、「派生法」は日常生活を規律するより具体的で実際的な法である。派生法は政治に支配される。つまり、政治は必要に応じて法を作り、法を支持し、法を実現する。この意味で法は政治の子である。このような法が派生法である。つまり、法と政治は、派生法の上に政治があり、政治の上に根本法が存在するという重畳関係にあり、しかも両者の間には不可分の連関が存在する。

252

第14章　戦時体制下の法思想

　尾高は、帝国憲法のような根本法的な性格を有する憲法については、「憲法改正の手続きによらぬ憲法変革の可能性を考へる余地は全く存在しない」とし、解釈改憲の可能性を完全に否定している。帝国憲法のような憲法は「正に政治の矩の表現であり、時代の変遷を超越する「不磨の大典」である」（「法における政治の契機」760頁）と述べている。尾高にとって、帝国憲法は政治の矩として政治の指導原理たる位置にあり、その意味で黒田や大串のように安易に解釈によって改憲してよいものではなかった。

第4節　戦争末期の法思想

**大串の尾高
への反論**
　前節で尾高による大串批判を紹介した。これに対して大串自らの手による反論が、公刊はされなかったものの、準備されてい
た*。それによると、大串は、自分が国家緊急権を承認したことはない、国家緊急権の根底には革命を是認する思想が潜んでいるし、そもそも国家緊急権の考えは日本の国体に合致しない、と尾高に反論する。逆に、尾高が「法が国民の生命と国民の精神から遊離して、退廃・腐朽した形骸として残存してゐるやうな場合はいざ知らず、……濫りに国家緊急権を云々して法の破砕を認めることは、……国を破る所以」と述べたことを受けて、大串は、尾高こそ法が国民の生命・精神から遊離している場合に国家緊急権を認めていると批判する。尾高と大串双方が「相手は国家緊急権を是認している」と非難しあっている状況は奇妙ではあるが、国家緊急権の問題が、法と政治の交錯点にあり、統治機構を根底から覆す劇薬的性格を有している「応用問題」であることの表れであろう。

非常大権委員会
　戦況が悪化し、本土決戦が現実のものとなってくるにつれ、1945年2月には陸軍内部で憲法停止が問題とされた。
このような状況の中で、学術研究会議（日本学術会議の前身）の第14部（法学政治学）において、法学者・政治学者による非常大権研究委員会が大串の主導で

＊　近年、大串の子孫により当時の文書・書類が国立国会図書館に寄贈され、整理分析が進められている。本節は、その成果である官田光史「非常事態と帝国憲法――大串兎代夫の非常大権発動論――」（『史学雑誌』第120巻第2号（2011年）所収）の記述に基づく。

253

第3部　2つの「昭和」

設置された。この委員会は、非常大権の発動の是非とその方法が検討され、その結果が決議として首相に提出された。決議の内容は、次のとおりである。まず、非常大権の発動は、緊急事態の下では是認されるべきものであり、理論的に憲法の停止を意味しないとした。非常大権の発動は、むしろ、第2章以外の憲法の規定が有する「国力発揮の意義を全面的に発揚する」ことになる。決議は、非常大権の発動が国家緊急権として憲法を圧殺するものではなく、逆に憲法を活性化させると説いたのである。非常大権の具体的な実施方法として、決議では、非常大権発動の新たな法形式として既存の法令に優先する「非常大権命令」を新設し、そして、これを実行する機関として国務と統帥を一元化して天皇親政を実現する「最高国防会議」と「中央庁」の設置を提案した。

　尾高も、この委員会の委員であった。尾高は、決議に反対しなかったようで、官田光史の研究によると、決議が大串と尾高との「妥協の成立」を示唆しているという。すなわち、非常大権の発動が国家緊急権化を避けて第2章に限定されていることから、尾高からすると「政治」に対する「憲法」の優位を護ったことを意味する。一方、大串からすると、非常大権の発動を契機に国務と統帥の統一ができれば、大串が望む天皇親政の「新体制」を実現できる。大串は、委員会の活動を振り返って、「学理ニツイテハ疑無シ」「コレガ収穫」というメモ書きを残している。

政府の対応　3月下旬には沖縄戦が始まり、戦況はいよいよ緊迫の度を増した。帝国議会の召集不能という事態となった場合、法律を制定することができなくなる。対策として、政府は、①戒厳大権の発動、②非常大権の発動、③委任立法の制定の3つの方策を検討した。第1の戒厳大権の発動は、憲法14条（「天皇ハ戒厳ヲ宣告ス」）および戒厳令（太政官布告第36号）に基づいて戒厳を発令するものである。しかし、政府も軍部もこの案に難色を示した。それは、戒厳令の発令によって軍（各地の戒厳司令官）による統治が実施されるが、そうなると、物資の全国的統制と需給計画が破壊されることが予想された。そのような事態に陥れば、総動員体制が寸断され、大混乱に陥る可能性が高かった。

　このため、戒厳大権を断念し、第2の方策である非常大権の発動を検討した。この際、大串らが起草した非常大権研究委員会の決議がベースとなった。

しかし、内閣法制局が委員会決議には法的疑義が２点存在するとして、非常大権の発動に難色を示した。第１は、委員会決議のように「国務と統帥を一元化する」ことは、各大臣による輔弼の範囲が不明確となり憲法55条に抵触すること、第２は、非常大権による「非常大権命令」が既存の法令を変更できるとすると、憲法９条「命令ヲ以テ法律ヲ変更スルコトヲ得ス」に抵触することになる。つまり、仮に委員会決議のように非常大権を発動すると、憲法の９条と55条に抵触することになってしまう。

全権委任法の成立と大串　このような経緯から、政府は、第３の選択肢である委任立法を制定することになった。これは、緊急事態の際には、広汎な権限を政府に授権する法律を予め制定しておこうというものである。本法を審議するため、６月に臨時議会が開かれ、日本の全権委任法といわれる戦時緊急措置法が成立した。本法は、国家の危急を克服するために、緊急に必要があるときは、他の法令に関係なく「軍需生産ノ維持及増強」や「食料其ノ他生活必需物資ノ確保」「運輸通信ノ維持及増強」など７項目について、政府が「必要ナル命令ヲ発シ又ハ処分ヲ為スコトヲ得」（１条）と定めるものである。本法の審議過程の詳細は省略するが、貴族院では穂積重遠が「憲法三一条ノ非常大権発動奉請ニ関スル建議案」を提出し、政府に対して委任立法ではなく非常大権の発動を要請した。

　非常大権の発動による新体制の構築を待望していた大串は、議会で全権委任法が成立した後もこれを批判し、非常大権発動のための世論喚起を行った。たとえば、大串は、毎日新聞に次のような記事を掲載した。「日本は天皇統治の国体であるから天皇大権の発動によつて軍官民一体となるのであり、民主国家においては、国民が議会を通して政府に立法の全権を委任することによつて、官民が一体となり、政府と軍との協調が図られることになる。」（毎日新聞1945年６月19日）。大串の念頭にあるのはドイツとの比較である。ドイツのナチスは全権委任法（授権法）によって政府と国家を一体化させたが、日本は天皇国体の国家であるから、ドイツのように委任法によって国家と政府の一体化を図るのではなく、天皇大権である非常大権によって国家の一体化を実現すべきであると主張した。大串は、その後も８月15日まで非常大権の発動を模索し続けたという。

第3部　2つの「昭和」

【参考文献】

雨宮昭一『戦時戦後体制論』岩波書店、1997年

尾高朝雄「国家緊急権の問題」『法学協会雑誌』62巻9号、1944年

同「法における政治の契機」『法律時報』15巻10号、1943年

大串兎代夫「御稜威と憲法」『日本諸学信仰委員会研究報告　第14篇（法学)』教学局、
　1943年

同『現代国家学説』文理書院、1941年

川口由彦『日本近代法制史（第2版)』新法学ライブラリ、2014年

官田光史「非常事態と帝国憲法──大串兎代夫の非常大権発動論──」『史学雑誌』120
　巻2号、2011年

同「「超非常時」の憲法と議会──戦時緊急措置法の成立過程──」『史学雑誌』第116
　巻第4号、2007年

黒田覚『国防国家の理論』弘文堂書房、1941年

同『日本憲法論（上)』弘文堂書房、1940年

小林直樹他編『現代日本の法思想──近代法100年の歩みに学ぶ──』有斐閣選書、
　1976年

島田新一郎「明治憲法下における行政執行法の諸問題」『通信教育部論集』第15号、
　2012年

筒井若水他編『法律学教材　日本憲法史』東京大学出版会、1976年

遠山茂樹他『昭和史（新版)』岩波新書、1967年

野口悠紀雄『1940年体制──さらば「戦時経済」──』東洋経済新報社、1995年

林尚之『主権不在の帝国──憲法と法外なるものをめぐる歴史学──』有志舎、2012年

長谷川正安『昭和憲法史』岩波書店、1961年

カール・シュミット「法学的思惟の三類型」長尾龍一編『カール・シュミット著作集
　I』慈学社出版、2007年

同（田中浩・原田武雄訳）『大統領の独裁──付：憲法の番人（1929年版)』未来社、
　1974年

第15章　新憲法体制の法思想

この章で学ぶこと

　この章では敗戦直後の法思想を扱う。敗戦直後の法思想は、ポツダム宣言という絶対的な外部要因に規定されていた。そして、ポツダム宣言を契機にそれ以前との断絶を強調し、新憲法体制の下の象徴天皇制と国民主権を積極的に受容するのか、それともそれ以前との連続性を強調し、新憲法体制の消極的受容ないし融和を図るのか、という2つの潮流がこの時代には存在する。前者の代表例が、新憲法の通説的解釈を多数産出した宮沢俊義である。また、後者に数えられるのが、美濃部達吉や尾高朝雄であった。この章では、この2つの潮流を前提として、憲法制定や諸法制の改革を概観した上で、美濃部、宮沢、尾高の法理論を概観する。

第1節　占領体制と新憲法

アメリカの初期占領政策　　1945年8月14日に日本がポツダム宣言の受諾を申し入れると、トルーマン大統領は、陸軍元帥であるマッカーサーを連合国最高司令官（SCAP: The Supreme Commander for the Allied Powers）に任命した。マッカーサーの下には、統治を実行するための総司令部（GHQ: General Headquarters）が置かれた。トルーマンからマッカーサーに対して発せられた「連合国最高司令官の権限に関する指令」（9月6日）によると、「我々と日本との関係は契約的基礎の上にあるのではなく、無条件降伏を基礎とする。貴官の権限は最高であるから、貴官は、その範囲に関しては日本側からのいかなる異論をも受け付けない」（1項）とある。この指令は、国際法上、日本とアメリカが停戦条約や休戦条約といった対等立場を前提とした法関係にあるのではなく日本の無条件降伏であること、したがって、連合軍最高司令官の権限が全てに優先され、彼が実質的な日本の統治者であることを明確に示している。

　アメリカ国務省は、9月22日、日本占領の方針を示した「初期対日方針」を

257

第3部　2つの「昭和」

公表した。これによると、日本の統治は帝国憲法下の既存の政府を用いた間接統治とするとされ、従来の法秩序や官僚機構は維持された。GHQからの指示は、「指令」（command）や「覚書」（memorandum）として日本政府に伝えられ、日本政府は「命令」として公布・施行した。この日本政府の「命令」は、「「ポツダム」宣言ノ受諾ニ伴ヒ発スル命令ニ関スル件」という緊急勅令によって法的正当性が与えられた。これがいわゆるポツダム命令である。この命令は、法律事項についても勅令（日本国憲法施行以降は「政令」）等によって制定することができ、罰則も定められるとされた。

　GHQは、この方針に基づいて日本の民主化と自由化を推進した。手始めに、GHQは、10月4日に「政治的、公民的及び宗教的自由に対する制限の除去の件」（自由の指令）を命じた。この指令は、思想や信仰、集会、言論の自由を制限していた全ての法令を廃止するとともに、内務大臣と特高警察の罷免・解雇、特高警察の廃止、政治犯の釈放等を命じていた。保守派を支持基盤の一部にしていた東久邇宮内閣は、この指令を実行できないとして、翌日、総辞職した。次の幣原内閣は、この指令に基づき、治安維持法などを廃止するとともに、政治犯約3000人を釈放した。

憲法改正の動き　　憲法改正が動き出すのは、1945年10月4日、マッカーサーが近衛文麿と会談し、その中で憲法改正を示唆したことによる。10月11日、近衛は内大臣府御用掛となり、佐々木惣一を顧問にして憲法改正に取り掛かった。このような動きに対して、憲法改正のような重要な国務を内閣の輔弼によらず、非公式組織である内大臣府で行うことに対して批判が噴出した。一方、幣原内閣も憲法改正の原案づくりに着手し、10月13日、松本烝治を委員長とする憲法問題調査委員会（松本委員会）が発足した。松本委員会は非公式な委員会ではあったが、美濃部達吉等を顧問とし、宮沢俊義や清宮四郎などの憲法学者、法制局の長官や部長、枢密院書記官長などが委員となった。

　このような政府の動きとは別に、各政党や民間の間でも憲法改正が議論された。さまざまな団体が私案を発表したが、注目されたのは、高野岩三郎や鈴木安蔵などが作った憲法研究会である。彼らは、1945年12月27日に革新的な憲法草案要綱を発表した。そこでは、天皇は儀礼のみを行うとした象徴天皇制を主

張していた。GHQ は、草案作成の際、彼らの象徴天皇制を参考にしたといわれている。

GHQ の憲法案　　GHQ も、当初は日本政府の自主的な憲法改正作業を尊重していた。しかし、2 月になると、方針転換して GHQ 自らが憲法改正草案を自ら起草することを決意する。それには 2 つの理由があるといわれている。第 1 は、2 月 1 日に毎日新聞がスクープした松本委員会の私案の内容が非常に保守的であったことである。GHQ は、松本私案を次のように酷評した。「明治憲法の字句を自由主義化することによつて SCAP の容認しうるものにし、実際の憲法は、従来どおり漠然として弾力性のある形で、支配層が適宜適用し、解釈できるようにしておくことにあつたことは、全く明瞭である。」(「日本の新憲法」32 頁)。第 2 は、極東委員会の存在である。ソ連等の主張により設置された極東委員会は、11 ヶ国の代表から構成され、アメリカの暴走を抑止するための GHQ の目付け役であった。GHQ が日本の統治機構の根本的変更等を行う場合には極東委員会の同意が必要とされた。その第 1 回会合が 2 月 26 日に開催される。マッカーサーは、極東委員会にイニシアチブを奪われないためにも、早々に憲法改正案を作成し既成事実化する必要があった。GHQ としては、日本政府へ松本私案の修正を指示し、それを待っている時間的余裕は無かった。

　2 月 3 日、マッカーサーは、GHQ 民政局のスタッフに憲法草案作成の 3 つの原則を示した。第 1 は、象徴天皇制の採用である。「天皇は国家の頭部（the head of the State）である。皇位は世襲される。天皇の職務及び権能は憲法に基づき行使され、憲法の定めるところにより、人民の基本的意志に対して責任を負う。」第 2 は、戦争の放棄である。「国家の主権的権利としての戦争を廃止する。日本は、国家の紛争解決のための手段としての戦争、及び自己の安全を保持するための手段としても放棄する。日本は自らの防衛と保護を今や世界を動かしつつある崇高な理念に委ねる。いかなる日本陸海空軍も決して許されないし、いかなる交戦者の権利も日本軍には決して与えられない。」第 3 は、封建制の廃止である。「日本の封建制度は廃止される。皇族を除き、華族の権利は、現在生存する者一代限りとする。華族の授与は、以後いかなる国民的公民的な政治権力を伴わない。予算の型は英国制度に倣う。」

第3部　2つの「昭和」

　第1の象徴天皇制のアイディアは先に見たとおり、民間の憲法研究会に影響を受けたとされる。また、第2の戦争の放棄は、パリ不戦条約（1929年）にその精神の淵源をたどることができる。パリ不戦条約は、「締約国ハ国際紛争解決ノ為戦争ニ訴フルコトヲ非トシ」、さらに、「国家ノ政策ノ手段トシテノ戦争ヲ抛棄スル」（1条）と規定する。外務官僚出身の幣原が、新憲法への採用をマッカーサーに提案したといわれている（これには有力な異論がある。参照、古関彰一『平和憲法の深層』第2章）。

　これらの原則に基づいて、民政局は1週間あまりで原案を作成し、2月12日、GHQ案が完成した。このGHQ案が今日の日本国憲法の原型である。GHQは、2月13日、日本政府にGHQ案を手渡した。GHQは、この案を政府案として了承しなければ連合国から天皇を守れなくなること、また、政府がこれを承認しないのであれば、GHQが国民に向けて直接発表する旨を述べて、日本政府の原案としてGHQ案を発表することを強く迫った。日本政府は、当初は抵抗したが、最終的にGHQ案を受け容れ、3月6日、憲法改正草案要綱として国民に公表した。その後、条文化・口語化された憲法改正草案が作成され、これを基に、帝国議会で審議され成立した。こうして、新憲法は、日本国憲法として1946年11月3日に公布、1947年5月3日に施行された。

第2節　法制度の改革

戦後の社会改革　本節では、憲法改正に関連して、民法と刑法の改正について概観するが、民法と刑法以外にもさまざまな領域において法制度改革が行われた。それは、「日本国国民ノ間ニ於ケル民主主義的傾向ノ復活強化ニ対スル一切ノ障礙ヲ除去」（ポツダム宣言10項）するためであった。GHQは、財閥解体、農地改革、労働改革の三大改革に着手した。三大改革の目的は、戦前の全体主義体制を支援していた財閥を解体することによって経済・産業を自由化するとともに、農地改革・労働改革を行うことによって農民と労働者を解放し、彼らの社会的経済的地位を向上させ、民主主義的な社会体制と政治制度を実現させようとするものであった。これらの改革は、軍事的勝者であるGHQが敗者である日本国民に対して報復や懲罰を課するためのも

のではなく、倫理的上位者が劣位者に対する教育・啓蒙のための改革であったことが特徴である。冷戦や朝鮮戦争などにより戦後改革の内容は徐々に変化し、民主主義・自由主義の教育・啓蒙という側面は後退していったが、この基本的性格は占領終了まで維持されていた。善し悪しは別として、GHQによる社会改革が戦後日本の礎になったことは間違いない。

民法の改正　国民生活に最も大きな影響を与えたことは、戦前の民法で定められていた「家」制度の見直しである。新憲法24条が要請する「個人の尊厳と両性の本質的平等」に旧来の「家」制度が適合しないのは明白であった。

GHQや日本政府は、1946年7月2日の内閣の臨時法制調査会と司法省の司法法制審議会において民法の家族法（相続・親族）の改正作業を開始した。改正案の作成をめぐっては、可能な限り戦前の「家」制度を温存させようとする勢力と、近代的な家族関係の確立のための法制度の整備を目指す勢力との間で激しい駆け引きがみられた。改正の主たる内容は、①「家」制度を廃止し「戸主」の概念が民法から消滅したこと、②妻の無能力を定めた規定を削除した、③夫婦平等、父母同権を原則とした、④家督相続を廃止して財産相続のみとした等である。民法改正案は、1947年7月に閣議決定を経て国会へ提出され、11月までかけて衆参両院で審議され、12月22日に公布、翌年1月1日より施行された。

刑法の改正　刑法の改正も行われた。しかし、親族・相続が全面改正された民法と異なり、刑法は必要最小限の改正に留まった。新憲法との関係で問題とされたのは、姦通罪と不敬罪である。

姦通罪は、夫婦関係にある者が配偶者以外の者と性的関係を有した場合に犯罪として処罰の対象とするものである。戦前の刑法では「有夫ノ婦姦通シタルトキハ二年以下ノ懲役ニ処ス其相姦シタル者亦同シ」（183条）とあり、妻の姦通のみが処罰対象とされた。しかし、妻のみを処罰するのは新憲法14条の法の下の平等に反するとされ、臨時法制調査会や司法法制審議会での議論を経て、姦通罪は削除された。

さらに、不敬罪をはじめとする「皇室ニ対スル罪」（73-76条）の扱いが問題となった。これらの罪は、天皇・皇族に危害を加えた場合や不敬な行為を行っ

第3部　2つの「昭和」

た場合に処罰の対象となるもので、帝国憲法の「天皇ハ神聖ニシテ侵スヘカラ
ス」（3条）という天皇の地位と不可分のものであった。GHQ は、1946年12
月、これらの罪の全面削除を指示した。日本政府は、GHQ の指示に抵抗した
が、最終的には受け容れ、1947年の刑法改正の際に全面的に削除されることと
なった。

　このような中、プラカード事件が発生した。これは、1946年5月19日の食糧
メーデーの際、「ヒロヒト　詔書　曰ク　国体はゴジされたぞ　朕はタラフク
食ってるぞ　ナンジ人民　飢えて死ね　ギョメイギョジ」というプラカードを
持って行進した者が不敬罪（刑法74条）で起訴された事件である。これに対し、
被告は、ポツダム宣言の受諾により天皇の神性はなくなったため、不敬罪も消
滅したと主張した。この裁判に関しては、GHQ が不敬罪ではなく名誉毀損罪
（刑法230条1項）で裁くべきであるという意向を示し、それに沿うかたちで第
1審判決（東京地判1946年11月2日）は、名誉毀損罪で有罪とした。控訴審判決
（東京高判1947年6月28日）は、不敬罪は名誉毀損罪の特別罪としてなお存在し
ているとした上で、新憲法公布の大赦令により免訴を言い渡した。被告は、免
訴ではなく無罪を求めて上訴したが、最高裁判決（最判1948年5月26日）は、大
赦令により公訴権が消滅しているので免訴が正しいとして不敬罪の有無につい
ては判断を避けた。

第3節　美濃部達吉と新憲法

美濃部の反対論　　憲法学の泰斗・美濃部は憲法改正に反対していた。それ
　　　　　　　　　　は、憲法改正草案が発表される前も後も同様だった。
　憲法改正作業が動き出した1945年10月、美濃部は、朝日新聞に「憲法改正の
基本問題」という憲法改正に反対する論文を寄稿している。美濃部によると、
反対の理由は2つある。第1は、「憲法の民主主義化」を実現するために憲法
の改正は必ずしも必要ない。実質的な意味の憲法の観点からすると、日本の憲
法的実践は成文憲法典ではなく法律や政治的慣習によるところが大きい（美濃
部は、戦前から憲法解釈における不文憲法や慣習的実践を重視していた。第5章お
よび第12章参照）。したがって、憲法を改正するまでもなく、法律や慣習を改め

第15章　新憲法体制の法思想

ることによって民主化は実現可能である。美濃部によると、日本の軍国主義化の原因は、①軍閥内閣の成立と武力政治、②衆議院の機能喪失、③人権の抑圧、④偏狭で神権主義的な国体観念の強要にあった。これらは全て憲法条文外のことであり、憲法改正とは関係ない。したがって、「現在の憲法の下においても、この如き反民主主義的傾向を阻止し得るに充分である。」（「憲法改正問題」189頁）第2は、仮に憲法を改正するとしても、「憲法改正の重大性」に鑑み、拙速を避けるべきであるとする。国家の基本法である憲法の改正はじっくり時間をかけて行うべきである。しかし、当時は、食糧問題や物価問題など国民生活に直結する課題が山積していた。そのような状況で憲法改正など行うべきではない。このような慎重姿勢は、政府首脳をはじめとして、当時の支配層の典型的な意見であった。

　1946年3月、憲法改正草案が発表された後も、美濃部の反対は変わらなかった。象徴天皇制を含む新憲法の草案要綱の発表直後、美濃部は、「憲法改正の基本問題」（『法律時報1946年4月・5月合併号』所収）において次のように述べている。「私は、天皇制を支持することが国民総意の存する所であり、それに依ってのみ真の意義に於いての民主主義を実現し得べきことを信ずるものであるが、如何なる形体に於いて天皇制を支持すべきかと言えば、それは単なる儀礼的の装飾としてではなく又は単に「国民統合の象徴」としてでもなく、立憲君主国たる我が日本国の君主として、言い換えれば、国の最高統治者であり、統治権の最高の源泉に在ます上御一人としての天皇制を支持することが、国民総意の存する所であり又それが国家の統一を保つ上にも欠くべからず必要であると信ずる。」（「憲法改正の基本問題」227頁）このように、美濃部は、象徴天皇制を批判した。確かに、象徴天皇制は名目的に天皇制を維持するが、「その実は我が国体を根底から変革するもので、我が国民の歴史的信念を覆し国家の統一を破壊するものと謂わねばならぬ」（「憲法改正の基本問題」227頁）と厳しく批判する。美濃部は、象徴天皇制の導入が国体の変革を意味し、国家の統一を破壊するものであると考えていた。

心理的統合としての天皇　美濃部は、なぜ象徴天皇制と、その表裏一体である国民主権の導入に反対したのだろうか。古典的な美濃部研究は、美濃部が天皇に敬慕の念を有しており、「リベラリスト美濃部もまたこの種の根深

263

第3部　2つの「昭和」

い天皇制イデオロギーの呪縛から解放されていなかったことを物語っている」
のであって、「いわゆるオールドリベラリストの保守的硬化現象の一環を成す
もの」（『美濃部達吉の思想史的研究』318頁）であると断罪する。しかし、近年、
美濃部を丹念に読み直す機運が高まっており、このような理解は修正されつつ
ある。

　近年の研究によると、美濃部は、単なる天皇制に対する憧憬やノスタルジー
で天皇制を擁護していたのではなく、天皇制下の民主政に積極的な意義を認め
ていたと分析する。たとえば、美濃部は、議会制民主主義への不信と、国民の
政治的未成熟さへの不安を持っており、これらを抑制する装置として天皇制を
積極的に評価していた。美濃部は次のように述べる。議会は多数決原理を基本
とするが、多数派が正しいとは限らない上に、議会は多数党の幹部によって左
右され、「国家又は国民全体の利益よりも自己の党派的利益又は其の結託する
少数資本家の利益を主眼とするやうな弊害を生じやすい。」（「民主主義と我が議
会制度」206頁）。戦前の政党政治の稚拙さと議会政治の自滅を体験した美濃部
にとっては当然の帰結かもしれない。「民主主義原理が外から移植されようと
している日本において、予想される政治的混乱を回避するために、皇室（天皇
制）によって担保されるこの統一と団結こそが必要であると美濃部は考えた。」
（河島真「象徴天皇制試論」94頁）。

　美濃部によると、国民主権の導入による混乱を天皇制によって予防するとい
う消極的な意味だけではない。天皇の下で国民が統合されているという積極的
機能が天皇制には存在する。美濃部は次のように言う。「我が国が上に万世一
系の皇統を戴き、国民上げて皇室に対して万国に比類なき尊崇忠誠の念を懐い
て居ることは、実に我が国民団結心の中枢を為すものであり、我が国家の最も
大なる強みである。……実に皇室こそは我が建国以来の歴史に於て常に我が国
家の中心を為したものであり、若しこの中心にして失われるとするならば、長
年月にわたり我が国内は徒に動乱を重ぬるのみで、新日本の建設の如き思いも
よらぬところであることは、火を見るより明らかであると信ずる。」（「民主主義
と我が議会制度」201頁）美濃部は、国民が一致団結して戦争を遂行できたのも、
敗戦の際に壊滅せずに戦闘を終結できたのも、敗戦後は混乱なく武装解除でき
たのも、全て天皇の存在ゆえであった。その上、ポツダム宣言受諾後であって

264

第15章 新憲法体制の法思想

も、国民の多数は天皇制の廃止を求めていないとする。このように、美濃部は、天皇制が国民を心理的に統合する機能を有しているとして、天皇制に積極的意義を見出す。「要するに、君主制を確保することは、我が国家の統一性を保持する上に欠くべからざる絶対の要件とも謂うべく、これなくしては統一的国家としての日本の存在は、恐らくは失われてしまうの外はないだろう。」(「民主主義と我が議会制度」202頁)

**機能的統合
としての官僚**　国民を心理的に統合する存在として天皇制の積極的意義を認めていた美濃部は、国家を機能的に統合する存在としての官僚制の意義を積極的に承認するようになる。林尚之の研究によると、新憲法が政府に強大な権限を与えているために、議会制民主主義は、戦前の政党政治のように党利党略に陥る可能性が高い。美濃部は、1930年代前半に「憲政の常道」による議院内閣制を放棄して「円卓巨頭会議」を構想したことがある。この会議は、政党政治による党利党略から内閣を護り、内閣の中立化と政策決定機能の統一・強化を図るためのものであった（第12章参照）。美濃部は、この会議と同様の機能と役割を有する組織として、新憲法体制下における官僚制に期待した。戦前の官僚は「天皇の官吏」であったが、日本国憲法は、公務員を「全体の奉仕者」であると規定する（15条2項）。美濃部は、この変化の意義を次のように述べる。「新憲法は此の点に於いて全く根本から其の思想を一変したもので、総ての公務員が全社会の福利の為に奉仕すべき者であり、時の為政者や権力者又は政党や資本主義に奉仕する者であつてはならぬことを言明して居る。」(『新憲法概論』95頁) 美濃部は、戦前のシラス的統治のような私欲のための統治ではない社会全体のための統治の体現者を、全体の奉仕者としての官僚制に求めた。官僚制なら政治的に未熟な国民や政党に代わって統治機構の統一性と政策の継続性を担保できるのではないか、と考えたのである。それは、機能的な意味での統合の役割を官僚制に仮託するものであった。

　以上のとおり、美濃部は、日本国憲法体制において、天皇制に心理的統合を、そして官僚制に機能的統合を担わせた。美濃部の天皇制や新憲法に対する態度は、決して天皇制に対するノスタルジーでもないし、「オールドリベラリストの保守的硬化現象」でもない。美濃部は、未熟な国民や政党を目の前にして、戦前のような失敗に陥らずにいかに「国民主権」を運用していくべきか、

265

第3部　2つの「昭和」

このことを第1に考え、天皇制や新憲法と対峙したのである。美濃部の中に
あったのは、過去の自らの苦い経験と分析に基づいた冷徹な判断であった。

第4節　宮沢俊義の憲法観：八月革命説とケルゼン

八月革命説　　新憲法制定に反対であれ賛成であれ、大日本帝国憲法と日本国
憲法の間には法理論上の問題が存在する。それは、日本国憲法
をどのように法的に正当化するか、という問題である。この問題に正面から取
り組んだのが美濃部の後継者である宮沢である。宮沢は、八月革命説という回
答を用意した。これは、今日の通説的解釈でもある。

　宮沢は、1946年5月、雑誌『世界文化』に「八月革命の憲法史的意味」とい
う論文を執筆した。そこで次のように述べる。政府によって発表された憲法改
正草案が国民主権主義を承認していることは、きわめて明白である。この国民
主権主義は、神権主義的な国体論を基礎とする明治憲法体制とは全く相容れな
いものである。なぜなら、帝国憲法は、「天孫降臨の神勅」の神意を根拠に置
くのに対して、国民主権は、神を追放した「国民の声」を基礎とするからであ
る。問題は、神権主義から国民主権主義への転換を、神権主義的な憲法が定め
る改正手続（73条）で行い得るのか、ということである。宮沢は、憲法改正限
界説を採る。この説によると、憲法の根本的原理は、その憲法の改正手続を用
いたとしても改正・変更されえない。であるならば、日本国憲法の制定過程の
ように「明治憲法の定める改正手続で、その根本建前を変更するというのは、
論理的な自殺を意味し、法律的不能だとされなくてはならない。」（「日本国憲法
生誕の法理」382頁）

　では、日本国憲法の制定をどう理解すべきだろうか。宮沢は次のように述べ
る。日本は、1945年8月にポツダム宣言を受け容れた。そこには、日本の最終
の政治形体は、日本国民の自由に表明される意思によって定められる、とあ
る。これは、国民が最終的な決定権者、すなわち主権者になったことを意味す
る。したがって、ポツダム宣言の受諾は、国民主権を日本が受け容れたことを
法的に意味する。そして、次のように述べる。「かような変革は、もとより日
本政府が合法的になしうるかぎりではなかった。天皇の意志をもってしても、

266

合法的にはなしえないはずであった。したがって、この変革は、憲法上からいえば、ひとつの革命だと考えられなくてはならない。……降伏によって、つまり、ひとつの革命が行われたのである。敗戦という事実の力によって、それまでの神権主義がすてられ、あらたに国民主権主義が採用せられたのである。この事実に着目しなければならない。」(同384頁)宮沢は、憲法改正限界説に立ちつつ、ポツダム宣言の受諾が主権者を天皇から国民へと変更させ、法学的意味における「革命」をもたらしたと説明した。したがって、ポツダム宣言の受諾によって、国民主権主義が日本の憲法の根本原理となり、帝国憲法の少なくとも神権主義的な部分は死文化したのである。宮沢によると、1945年8月から日本には国民主権主義が存在し、新憲法が明文でこれを定めたのは、宣言的意味をもつにとどまる。したがって、大日本帝国憲法の改正手続によって制定されたことも本質的な問題ではないとした。

　八月革命説は、先に述べたとおり憲法改正限界説を前提としている。なぜなら、憲法の改正に限界がない(憲法改正無限界説)と考えるなら、帝国憲法の改正手続で日本国憲法を制定したとしても、何ら法的問題を生じないからである。わざわざ革命をもち出す必要はない。また、八月革命説は、国内法より国際法を優位とする理論を前提とする。(ポツダム宣言を国際法上の条約と見るか否かはおいておくが、)ポツダム宣言という国際法上の文書によって即座に国内法秩序が「革命」されると説明することは、国際法優位の考えが前提でなければ導き出せない。

ケルゼンの十月革命説　宮沢は、八月革命説のアイディアをどこから得たのだろうか。研究会の場で丸山真男から名称について示唆を得たとの説もあるが、八月革命説の論旨は、3月6日の新憲法要綱案が発表された翌日の新聞に既に掲載されていた。このことから、宮沢は、新憲法要綱案が発表される前から八月革命説のアイディアを有していたはずである。この謎を解く鍵は、八月革命説の論理構造の中にある。宮沢のいう「革命」とは、主権主体の根本的転換、あるいは既存の憲法秩序とは原理的に異なる憲法体系の成立を意味する。髙見勝利の研究によると、1927年と1933年の宮沢の論文中にこの意味での「革命」の語が使われているとするが、注目すべきは、ケルゼンの「法段階モデル」との関連だろう(法段階モデルについては、第10章参照)。

第3部　2つの「昭和」

　ケルゼンの法段階モデルに基づく根本規範は、理論上は実際に存在しない仮象問題であるとされる。しかし、根本規範が現実のものとして姿を現す場合がある。革命である。ケルゼンによると、「法秩序が合法的方法で変更されたのではなく、革命的方法で新しい法秩序によって置き換えられる場合に、根本規範の意味は特に明瞭になる。」(『純粋法学』109頁。翻訳は一部改めた) ケルゼンは興味深い例を示す。すなわち、君主制の国において、革命により共和制政府が実効的支配を確立した場合、新秩序は「新しい根本規範が前提とされる。それはもはや君主を法定立の権威として指定する根本規範ではなく、革命政府を指定するそれである。」(『純粋法学』110頁) ケルゼンは、革命によって法秩序の正当性根拠が変更された場合、そこに新たな根本規範が生じると述べる。宮沢の八月革命説との論理構造の類似性は指摘するまでもない。

　ケルゼンにとって、革命による根本規範の変動論は現実の政治的課題であった。すなわち、ケルゼンがいたオーストリア＝ハンガリー帝国は、第一次世界大戦の敗色が濃厚の中で崩壊し、1918年10月30日、帝国内のドイツ系住民による臨時国民議会が「国制決議」を採択し、従来の帝制を捨て、共和制となった。ケルゼンは、その直後から、これが革命であり、新国家と旧帝国との間の法秩序は、法的に継承せず断絶していると述べた。この十月革命説とでもいうべき理論 (「十月革命説」の命名は江橋崇による) は、当時のオーストリアの各界の支持を得て、政府の公定解釈にもなった。ケルゼンは次のように述べる。「共和国の法秩序は、その究極の妥当根拠を1918年10月30日憲法に見出すのだが、それは、この憲法が [オーストリア＝ハンガリー帝国の憲法である] 1867年12月21日憲法を合法的に改正したものと考えることができないからである。……このオーストリア共和国の根本規範は、旧オーストリア帝国に妥当していた憲法からは決して導き出せない。*」ケルゼンはオーストリアで十月革命説を展開した。

　しかし、ケルゼンは、オーストリア国内で広く支持を得ていたにもかかわらず、1920年には十月革命説の重大な部分を修正し、十月革命説を事実上撤回し

＊　Hans Kelsen, Die Entwicklung des Staatsrechts in Österreich seit dem Jahre 1918, *Handbuch des Deutschen Staatsrechts*, 1929, S. 150.

268

てしまう。それは、国際法と国内法の効力関係について、国内法を上位に考えるのであれば十月革命説は妥当するが、国際法を上位に考える（国際法上位説）のならば、十月革命説は妥当し得なくなるからである。なぜなら、オーストリア＝ハンガリー帝国とオーストリア共和国は、同じ土地で同じ人民が統治している団体であるため、国際法上は法的連続性が存在すると考えるべきであるから。国際法上位説をとるケルゼンにとって、十月革命説は妥当し得ないことになり、この説を事実上、撤回しなければならなくなった。

　２年の間になにがあったのだろうか。ケルゼンはちょうどこの頃、『主権の問題と国際法の理論』（1920年）を完成させている。その序文で、彼は、これまで避けてきた主権問題を本書で取り扱う旨述べる。そして、主権問題を論じるには国内法と国際法の関係について必然的に論じることになるが、その結論として、ケルゼンは、国際法上位説に到達したことを告白している。つまり、ケルゼンは、十月革命説を掲げたのち、主権理論と格闘する中で国際法上位説にたどりついた。彼は、国際法上位説のもとでは十月革命説を維持できず、放棄せざるを得なくなったという訳である。（ケルゼンの国際法上位説については、第10章参照。）

十月革命説と　　ケルゼンの十月革命説には悲劇的な結末が待っていたが、宮
八月革命説　　沢の八月革命説はどうだろうか。ケルゼンの十月革命説も宮沢の八月革命説も「革命」に根本規範の断絶と更新を見出すという構図は全く同じである。さらにケルゼンが国際法上位説の立場に立つのと同様、宮沢も国際法優位の立場である。

　両者が異なるのは、「革命」の内容である。ケルゼンの十月革命説の「革命」は、君主制を国内の政治勢力が打倒し、共和制政府を樹立した。これに対し、宮沢の八月革命説の「革命」は、アメリカらの連合国による降伏文書（ポツダム宣言）の受諾によってもたらされた。ここがケルゼンと宮沢の決定的に異なるところである。ポツダム宣言の受諾は、国際法上の行為である。したがって、宮沢の八月革命説は、国際法優位の立場であってもケルゼンのような矛盾は生じなかった。むしろ、革命の源泉がポツダム宣言の受諾という国際法であったために、国際法優位の法秩序観を補強することにすらなった。

　宮沢が八月革命説を構想した際に、ケルゼンの十月革命説を参照したという

第3部　2つの「昭和」

明確な証拠・痕跡は残念ながら現在のところ見当たらない。しかし、宮沢は、学説形成の際にケルゼンから多大な影響を受けたことは有名である。その宮沢が、ケルゼンの純粋法学理論における革命の役割——革命による根本規範の変動——を知らなかったとは考えられない。さらに、ケルゼンがオーストリア共和国の創設期に十月革命説を大々的に掲げ、国家的公定解釈とまでなっていたことも宮沢であれば知っていただろう。そうであるならば、宮沢は、ケルゼンの十月革命説の理論と結末を知った上で、日本のポツダム宣言受諾と新憲法制定という事態に換骨奪胎したことは十分に考えられる。宮沢は国際法優位の立場にたったからこそ、八月革命説を主張しえた。十月革命説の末路を考えると皮肉なことではある。

第5節　ノモス主権論の意義と尾高・宮沢論争

ノモス主権論　尾高朝雄は、宮沢の八月革命説への応接として「ノモス主権論」を発表した。宮沢がポツダム宣言受諾の革命的性格、すなわち8月15日の前と後との断絶性を強調したのに対して、尾高のノモス主権論は連続性を強調した。尾高によると、宮沢がポツダム宣言の受諾によって主権が変革し、それを「革命」とするのには疑問がある。主権が変わったというが、天皇主権の憲法下であっても天皇が万能だった訳でもなく、国民主権の憲法下であっても国民が万能ではないし、そのような権限が与えられている訳でもない。天皇主権にせよ国民主権にせよ、政治を行う際には、同様の従うべき「矩」がある。力には、その力を正当な権力として意味づける根本の筋道がある。それは、法の理念であり、ノモスである。ノモスは政治の上にある。かつては天皇統治によってノモスを見出し、今度は国民主権という国民による国民のための政治の中にノモスを見出す。尾高によると、「してみれば、天皇のうちから国民主権への移行は、政治に対する国民の他力本願の態度をぬぐい去って、ノモスにしたがう政治の建設を国民自らの双肩にになうという覚悟を表明したものであるという意味で、大きな変化であり、格段の進歩であるには相違ないが、国民精神の歴史的連続性を中断するような荒治療の変革と解せられる必要はないのではないか。」(『天皇制の国民主権とノモス主権論』247頁）ノモス主

権論においては、政治の「矩」としてのノモスが存在し、これが現実の政治の規範となる。ノモスは「正しい統治の理念」である。ノモス主権論は、尾高が戦前に、憲法制定権力をめぐり黒田　覚や大串兎代夫との議論の際に理論的よりどころにした政治の「矩」論と基本的に同じものである（第14章参照）。今度は、尾高は、ポツダム宣言による憲法秩序の変革を正当化しようとした宮沢の八月革命説に対して、この説を対峙させた。

　尾高がノモス主権論をとなえた意図は、ノモスによって国民主権と天皇制との双方を脱政治化することにあった。尾高には、国民主権の具体的な形としての多数決原理＝民主政に対する不信があった。「もしも民主政治が、事の理非の如何にかかわらず、ただ多数の赴くところに追随するようになると、その結果は多数の横暴を許すことになる。多数を獲得するための権謀術数が横行し、徒に反対党の非をあばいて、その勢力を失墜させることに浮身をやつすことになる。それは、最も恐るべき民主政治の堕落である。」（同200頁）尾高にとって、このような多数者の横暴・民主政治の堕落を抑えるのが「理の政治」であり、それはまさにノモス主権に従う政治である。ノモス主権論は、国民主権に基づく民主政治をノモス主権の中に昇華し、国民の「主権性」すなわち政治的暴力性を非政治化しようとする試みである。

　一方で、尾高は、新憲法に則して象徴に祭り上げることによって天皇を脱政治化した。尾高によると、明治より前の天皇は、政治的に無力であるのと引き換えに、常に象徴的に君臨する存在であった。天皇は、非権力的で象徴的な存在であることによってノモスの体現者となり得たのだ。尾高は、象徴天皇制も同様の構造をもつものとして理解した。「日本の伝統によれば、天皇は常に「正しい統治の理念」を具象化して来られた。……象徴としての天皇の行為は、無意味な形式ではなくして、国民主権の理念と意味とに満ち満ちた最も重要な国事となる。それが、新憲法における国民主権と天皇制との真の調和である。」（『天皇制の国民主権とノモス主権論』201頁）尾高は、ノモスによって国民主権と天皇制をともに脱政治化し、ノモス主権を体現する象徴天皇制の中に、国民主権と天皇制を共存させようとした。すなわち、尾高は、国民主権と天皇主権を象徴天皇のノモスによって止揚しようとしたのである。

美濃部の天皇制論とノモス主権論　このようなノモス主権論の意義は、先に見た美濃部の天皇制論と、民主政治に対する問題意識の点で一致する。尾高も美濃部も、ともに民主政治と政党政治に不信感をもっていた。このため、民主政治に対する歯止めとなる存在が必要であると感じていた。両者とも、一定の枠組みの中での「穏やかな民主政」あるいは「ゆるやかな国民主権」を戦後のあるべき姿として思い描いていた。美濃部は、このために、心理的統合としての天皇制によって民主政治の暴走を抑制し、一方で、機能的統合としての官僚制によって（戦前ではなし得なかった）統治機構の統一性と政策の継続性を担保しようとした。これに対して、尾高は、ノモス主権を体現する象徴天皇制によって、民主政と天皇の権力性を止揚した。美濃部が憲法学者でかつ経験豊富な分だけ現実の統治機構・政党政治をコントロールしようとする意識が強いのに対して、尾高は法哲学者ゆえ、抽象度の高い「ノモス主権」に仮託している点が異なるところだろうか。いずれにしても、美濃部の憲法尚早論を補助線として尾高のノモス主権を眺めてみると、尾高の真意が透けて見えてくる。

尾高・宮沢論争の意義　尾高は、『国民主権と天皇制』（1947年12月）の中で宮沢の八月革命説を批判的に紹介し、これに宮沢が応答したために両者の間で論争が始まった。尾高によると、彼自身は宮沢と論争をするつもりはなかったという。確かに、約２年間におよぶ「論争」は、両者の間で論文が２往復しただけの緩慢としたものであった。しかも、論争の結末は、尾高が自ら幕を引いたことから、一般的に「宮沢の勝利」とみられているようだが、実際は「両者の議論が噛み合っていないという印象」（高見勝利『宮沢俊義の憲法学史的研究』339頁）を受ける者が多いようである。

　この理由は、第１に、両者の「主権」概念が異なるからだろう。宮沢は「国の政治のあり方を最終的に決める力」として主権をとらえ、「君主主権か民主主権か」という二者択一の選択を必然的に迫る議論を展開した。一方で、尾高は、主権を「統治の理念」としてとらえ、象徴天皇制のもと、国民民主権と天皇制をノモス主権論によって止揚しようとした。議論の位相が異なるのであるから、両者がかみ合う訳がない。

　第２は、そもそも両者の「法」の概念、とりわけ「法と政治」の関係を考察

第15章　新憲法体制の法思想

する際の「法」の概念が決定的に異なっている。これが論争をかみ合わさせない。尾高の法概念は、第14章でみたとおり、三層構造である。根本法でありノモスが政治を支配する。根本法のロゴスを実現するのが政治であり、この意味で「法は政治の『矩』である」。そして、パトスの政治は派生法を規定する。尾高がノモス主権論をいうときの「法」は、いうまでもなく根本法を指す。

　これに対し、宮沢の法概念は、次の文章に端的に表れている。「法はなにより政治の所産である。そして、政治は本質的に歴史と伝統の所産である。従つて、法の精神は歴史と伝統と、そしてその所産としての政治を背景としてのみ正しく把握せられ得ると著者は信ずる。」（『憲法略説』はしがき１頁）宮沢は、歴史と伝統が政治を産み、政治が法を産むという。尾高の枠組みでいうと、宮沢の「法」は、政治が産み出す法であるから、「派生法」に該当する。逆に、宮沢の枠組みでいうと、尾高の「根本法」は、「歴史と伝統」に該当する。

　両者の「主権」もこの「法」に基づいている。すなわち、尾高がノモス主権論で「主権」というときは、「根本法」において「歴史と伝統」に基づいた法の理念・枠組みを規定するものをいう。宮沢が八月革命説で「主権」というときは、政治の所産としての「派生法」として、「国の政治のあり方を最終的に決める力」を意味する。「法」に関する論争は、何を「法」とするかについての共通了解がなければ空回りするばかりである。尾高・宮沢論争は、この典型例といってよい。

第6節　戦前と現代のあいだ

　西洋との交わりを意識しながらの近代日本の法思想を辿る本書の歩みは、日本国憲法制定をもって終わりとなる。ここから現代までは約70年の隔絶がある。しかし、江戸末期から敗戦直後までの法思想という本書が辿った道程は、現代日本にその痕跡を確実に残している。たとえば、日本国憲法は、王権神授説的な欽定憲法である大日本帝国憲法から、「国民の厳粛な信託による」（日本国憲法前文）社会契約説的な国民主権の憲法へと180度転換したとされる。しかし、同時に日本国憲法は、国民主権と原理的に矛盾する天皇制を存置した。また、先に見たとおり、敗戦によって憲法レベルでは「八月革命」が生じたとい

273

第3部　2つの「昭和」

われつつも、多くの法令や判例、統治機構は戦前のものが維持された。そもそも、法や制度に対する人々の感覚・感情は、簡単には変化しない。家制度は戦後の民法改正によって削除されたが、家制度的な意識は、戦後も人々の心の中に長らく存続し続けた。戦後の日本も、それ以前と同様、「西洋近代的なもの」と「伝統的なもの／非西洋的なもの」——思想的にいえば「欧化」と「国粋」——を並存させている構造は何ら変化していない。我々は、近代日本を考える際、日本の敗戦を画然たる分岐点として考えがちである。しかし、本書で検討してきたとおり、「戦前」と「戦後」との間にはむしろ強い連続性が存在する。このことを充分に留意すべきであろう。

　さらに、その「戦前」も、単純に近代西洋法の継受に終始した訳ではない。第1部でみた明治期の日本は、そもそも西洋の言語で書かれた法概念や法思想を、いかに日本のものとするか悪戦苦闘する姿を見ることが出来る。また、第2部が描く日本は、継受に成功したはずの西洋法思想と在来思想との闘争の舞台である。民法の法典論争、刑法の「日本法理」、民本主義の展開、大東亜共栄圏の主張……。これらの論争や理論は、純粋な西洋的な法概念の受容を是とせず、西洋法思想の基本を受け容れながら、より適合するようにより日本社会への土着化のための格闘の営為であった。そして、第3部が示すのは、そのような土着化の営みは必ずしも成功せず、結局、非西洋法的な「伝統的なもの」による反撃である。このように、明治維新から敗戦に至る日本の思想は、常に西洋思想の受容と拒絶との間で揺れ動きつつ展開していったということも忘れるべきではない。

　明治維新から敗戦までの日本の法思想史は、西洋との複雑な交わり——積極受容から拒絶まで——を経験しつつ形成されてきた。この意味で、本書が辿ってきた明治維新から敗戦直後までの法思想は、今日の我々の法思想も規定し続けている。

【参考文献】

雨宮昭一『占領と改革』岩波新書・シリーズ日本近現代史⑦、2008年
岩村等編著『入門　戦後法制史』ナカニシヤ出版、2005年
家永三郎『美濃部達吉の思想史的研究』岩波書店、1964年

274

江橋崇「共和国オーストリアの生誕とケルゼンの十月革命説」現代憲法学研究会編『現代国家と憲法の原理――小林直樹先生還暦記念――』有斐閣、1983年

尾高朝雄『天皇制の国民主権とノモス主権論』書肆心水、2014年（本書は、『国民主権と天皇制』青林書院、1954年のリプリント版。ページは原版と異なる。）

小畑郁「占領初期日本における憲法秩序の転換についての国際法的再検討――「八月革命」の法社会史のために――」『名古屋大学法政論集』230号、2009年

河島真「象徴天皇制試論」『日本史研究』550号、2008年

古関彰一『平和憲法の深層』筑摩書房、2015年

鈴木安蔵『憲法学三十年』評論社、1967年

高見勝利『宮沢俊義の憲法学史的研究』有斐閣、2000年

長尾龍一『日本憲法思想史』講談社、1996年

長谷川正安『昭和憲法史』岩波書店、1961年

林尚之『主権不在の帝国――憲法と法外なるものをめぐる歴史学――』有志舎、2012年

美濃部達吉「憲法改正問題」高見勝利編『美濃部達吉著作集』慈学社出版、2007年

同「憲法改正の基本問題」高見勝利編『美濃部達吉著作集』慈学社出版、2007年

同「民主主義と我が議会制度」高見勝利編『美濃部達吉著作集』慈学社出版、2007年

同『新憲法概論』有斐閣、1947年

宮沢俊義「日本国憲法生誕の法理」『憲法の原理』岩波書店、1967年

同「徹底せる平和主義　新日本の大憲章成る」毎日新聞1946年3月7日

同『憲法略説』岩波書店、1942年

連合国最高司令部民政局「日本の新憲法」『国家学会雑誌』65巻1号、1951年

ハンス・ケルゼン『ハンス・ケルゼン著作集Ⅳ　法学論』慈学社出版、2009年

同（横田喜三郎訳）『純粋法学』岩波書店、1935年

Hans Kelsen, Die Entwicklung des Staatsrechts in Österreich seit dem Jahre 1918, *Handbuch des Deutschen Staatsrechts*, 1929

Hans Kelsen, Die Verfassungs Deutschösterreichs, *Jahrbuch des öffentlichen Rechts der Gegenwart*, 9 Band, 1920

人名索引

日本（中国）人名

あ行

会沢正志斎（1782—1863）　81
アイザワセイシサイ

浅見絅斎（1652—1712）　80
アサミケイサイ

安部磯雄（1865—1949）　137
アベイソオ

甘粕正彦（1891—1945）　129
アマカスマサヒコ

有賀長雄（1860—1921）　75, 194
アリ（ル）ガナガオ

家永三郎（1913—2002）　210
イエナガサブロウ

石坂音四郎（1877—1917）　106
イシザカオトシロウ

石橋湛山（1884—1973）　135
イシバシタンザン

磯部四郎（1851—1923）　98, 118
イソベシロウ

板垣退助（1837—1919）　61, 62
イタガキタイスケ

一木喜徳郎（1867—1944）　70, 71, 74-78,
イッキキトクロウ
90, 128, 153, 206, 208

伊藤博文（1841—1909）　54, 55, 58, 61, 62,
イトウヒロブミ
64, 68, 69, 75, 82, 83, 86, 101, 187, 188, 210, 211

井上馨（1836—1915）　179
イノウエカオル

井上毅（1844—1895）　14, 51, 63-65, 69,
イノウエコワシ
71, 74, 77, 78, 83, 179, 188

岩倉具視（1825—1883）　53, 54, 61, 63, 79,
イワクラトモミ
82, 83

植木枝盛（1857—1892）　51, 56, 63, 65, 66,
ウエキエモリ
68

上杉慎吉（1878—1929）　12, 74, 75, 84, 86,
ウエスギシンキチ
87, 89-92, 127, 128, 213, 217, 246

内村鑑三（1861—1930）　169
ウチムラカンゾウ

梅謙次郎（1860—1910）　99-101, 128
ウメケンジロウ

江木衷（1858—1925）　100
エギマコト

江藤新平（1834—1874）　9, 97, 98, 109
エトウシンペイ

大井憲太郎（1843—1922）　46
オオイケンタロウ

大木喬任（1832—1899）　62, 98
オオキタカトウ

大串兎代夫（1903—1967）　240, 246-248,
オオグシトヨオ
250-255, 271

大久保利通（1830—1878）　13, 62, 179
オオクボトシミチ

大隈重信（1838—1922）　12, 63
オオクマシゲノブ

か行

大杉栄（1885—1923）　129
オオスギサカエ

大場茂馬（1869—1920）　120
オオバシゲマ

岡田朝太郎（1868—1936）　112
オカダアサタロウ

小河滋次郎（1864—1925）　124, 125, 153
オガワシゲジロウ

荻生徂徠（1666—1728）　10, 17, 80
オギュウソライ

尾高朝雄（1899—1956）　240, 248-254, 257,
オダカトモオ
270-273

小野梓（1852—1886）　12, 16, 46, 48, 49, 63
オノアズサ

小野清一郎（1891—1986）　120-122, 156
オノセイイチロウ

小野塚喜平次（1871—1944）　128, 161
オノヅカキヘイジ

小原重哉（1836—1902）　123
オハラシゲヤ

か行

筧克彦（1872—1961）　91, 186, 189-194
カケイカツヒコ

加古祐二郎（1905—1937）　150, 151, 161-
カコユウジロウ
163

片山潜（1859—1933）　137, 159
カタヤマセン

勝本勘三郎（1867—1923）　112
カツモトカンザブロウ

加藤弘之（1836—1916）　3, 9, 43-45, 48-50,
カトウヒロユキ
52, 53, 62, 64, 65, 85

金子堅太郎（1853—1942）　12, 49, 50, 54,
カネコケンタロウ
55, 69, 83

河上肇（1879—1946）　147, 161-163
カワカミハジメ

川島武宜（1909—1992）　148
カワシマタケヨシ

岸田俊子（1861—1901）　138
キシダトシコ

北一輝（1883—1937）　92, 185, 194-200
キタイッキ

木戸孝允（1833—1877）　40, 53, 54, 61, 62
キドタカヨシ

木下尚江（1869—1937）　137
キノシタナオエ

久野収（1910—1999）　187, 198, 210, 211,
クノオサム
223

熊野敏三（1855—1899）　98
クマノビンゾウ

栗本鋤雲（1822—1897）　14
クリモトジョウン

黒田覚（1900—1990）　216, 222-226, 230-
クロダサトル
232, 234-237, 240, 245-248, 250-253, 271

幸徳秋水（1871—1911）　137, 159
コウトクシュウスイ

人名索引

さ 行

斉藤隆夫（1870—1949） 230, 237
堺 利彦（1871—1933） 137
佐々木惣一（1878—1965） 162, 213, 222,
223, 230, 234, 235, 247, 258
佐々木高行（1830—1910） 53-55
里見岸雄（1897—1974） 212, 217, 218
幣原喜重郎（1872—1951） 260
朱子（朱熹）（1130—1200） 10
末弘厳太郎（1888—1951） 106, 107, 152,
161, 200
杉村章三郎（1900—1991） 231
鈴木安蔵（1904—1983） 258
副島種臣（1828—1905） 14, 79

た 行

高野岩三郎（1871—1949） 137, 159, 258
高野房太郎（1869—1904） 137
瀧川幸辰（1891—1962） 120, 160, 161, 200
田中王堂（1868—1932） 135
田中耕太郎（1890—1974） 200
田中正造（1841—1913） 137
田畑茂二郎（1911—2001） 168, 181
津田真道（1829—1903） 4, 5, 7-9, 42-45,
113
恒藤 恭（1888—1967） 148, 151, 161-163
鶴見俊輔（1922—2015） 187, 198, 210,
211, 223
徳富蘇峰（1863—1957） 59, 159
徳冨蘆花（1868—1927） 159, 162
富井政章（1858—1935） 101, 112, 118

な 行

中江兆民（1847—1901） 50-52, 61
中川善之助（1897—1975） 107
中田 薫（1877—1967） 128
永田鉄山（1884—1935） 227
西 周（1829—1897） 4, 5, 7, 8, 11-13, 15-
17, 42-45, 49, 64
西田幾多郎（1870—1945） 200, 248
新渡戸稲造（1862—1933） 136, 159, 170,

171

は 行

鳩山秀夫（1884—1946） 106, 107, 128, 171
馬場辰猪（1850—1888） 46-49, 51, 52, 66
平塚らいてう（1886—1971） 139-141
平野義太郎（1897—1980） 105, 107, 111,
147-149
福岡孝弟（1835—1919） 40, 41, 64, 79
福沢諭吉（1835—1901） 3, 7, 11, 43-46, 49,
51, 59, 60, 70
穂積重遠（1883—1951） 107, 255
穂積陳重（1856—1926） 13, 15, 50, 64, 74,
101-103, 105, 112, 124, 128, 147
穂積八束（1860—1912） 74, 75, 78, 79, 83-
88, 90, 99-103, 194, 213, 217

ま 行

牧野英一（1878—1970） 106, 118-121, 128,
147, 159, 161, 171
松下正寿（1901—1986） 181
丸山真男（1914—1996） 199, 200, 267
三井甲之（1883—1953） 200
箕作麟祥（1846—1897） 8, 9, 14, 43, 45,
97, 109
蓑田胸喜（1894—1946） 185, 200-202, 209,
219
美濃部達吉（1873—1948） 2, 12, 74, 75, 83,
86-90, 92, 136, 161, 171, 186, 197, 200-202, 204-
206, 208, 210-219, 223, 227, 230, 237, 257, 258,
262-266, 271
宮城浩蔵（1852—1893） 115, 118
宮沢俊義（1899—1976） 200, 251, 257, 258,
266, 267, 269-273
宮本常一（1907—1981） 137
孟子（BC 372—BC 289） 15
本居宣長（1730—1801） 5, 10, 41, 81, 85,
91
元田永孚（1818—1891） 52-54, 63, 82
森有礼（1847—1889） 43-45
森戸辰男（1888—1984） 91, 137, 148, 158-
160

人名索引

や 行

安井 郁 (1907—1980)　181
柳田國男 (1875—1962)　171
山鹿素行 (1622—1685)　10, 80
山県有朋 (1838—1922)　64, 70, 71, 90
山川菊栄 (1890—1980)　139, 140
山崎闇斎 (1619—1682)　80
山田わか (1879—1957)　139, 140
山室軍平 (1872—1940)　138
横井小楠 (1809—1869)　41
横田喜三郎 (1896—1993)　161, 171-173, 200
横山源之助 (1871—1915)　137
与謝野晶子 (1878—1942)　139, 140
吉野作造 (1878—1933)　91, 127-130, 136, 147, 159
米田庄太郎 (1873—1945)　248

わ 行

我妻栄 (1897—1973)　106, 107, 148

外国人名

A

アクィナス　Thomas Aquinas (1225頃—1274)　22, 23, 25, 166
アリストテレス　Aristotelēs (BC384—BC322)　i, 21-24, 26, 27, 130, 165
アウグスティヌス　Aurelius Augustinus (354—430)　22, 166
オースティン　John Austin (1790—1859)　47, 48, 78, 85

B

ベッカリーア　Cesare Bonesana Beccaria (1738—1794)　36, 112, 113, 115
ベーリング　Ernst Ludwig Beling (1866—1932)　115, 121
ベンサム　Jeremy Bentham (1748—1832)　16, 36, 37, 47, 48, 50, 52, 113, 115, 149, 168, 170
ビンディング　Karl Binding (1841—1920)　115, 155
ビルクマイヤー　Karl von Birkmeyer (1847—1920)　115, 117, 118, 120
ビスマルク　Otto Eduard Leopold Fürst von Bismarck-Schönhausen (1815—1898)　67, 76, 77
ブラックストン　William Blackstone (1723—1780)　37
ブルンチュリ　Johann Kaspar Bluntschli (1808—1881)　63-65, 78, 85
ボアソナード　Gustave Émile Boissonade de Fontarabie (1825—1910)　14, 15, 18, 62, 98, 99, 101, 110, 111, 115, 118, 179, 180
ナポレオン　Napoléon Bonaparte (1769—1821)　14, 103, 111
ジュ・ブスケ　Albert Charles Du Bousquet (1837—1882)　97
ブスケ　Georges Hilaire Bousquet (1846—1937)　97-99
ブレンターノ　Lujo Brentano (1844—1931)　155, 157
ブライス　James Bryce (1838—1922)　58
バーク　Edmund Burke (1729—1797)　12, 54, 55, 59

C

キリスト　Jesus Christ (BC 4 ―(30-33の間？))　25
キケロ　Marcus Tullius Cicero (BC106—BC43)　22, 165
クラウゼヴィッツ　Carl von Clausewitz (1780—1831)　227
ギヨーム　Guillaume de Conches (1080—1154)　23

D

デューイ　John Dewey (1859—1952)　135
ディルタイ　Eillhelm Dilthey (1833—1911)　190-194

279

人名索引

E

エンゲルス　Friedrich Engels（1820—1895）
146, 147, 149, 159

F

フォイエルバッハ・A　Paul Johann Anselm von
Feuerbach（1775—1833）　113, 114
フォイエルバッハ・L　Ludwig Andreas Feuer-
bach（1804—1872）　146
フィヒテ　Johann Gottlieb Fichte（1762—1814）
49
フィルマー　Robert Filmer（1588—1653）
29, 30
フランチェスコ　Francesco d'Assisi（1182—
1226）　25
フリーダン　Betty Friedan（1921—2006）
143

G

ジェニー　François Gény（1861—1959）
106
ギールケ　Otto von Gierke（1841—1921）
75, 76, 102, 157, 190-192, 194
グナイスト　Heinrich Rudolf Hermann Fried-
rich von Gneist（1816—1895）　65, 67,
68, 70
グージュ　Olympe de Gouges（1748—1793）
141, 142
グラティアヌス　Flavius Gratianus（359—383）
23, 26
グロティウス　Hugo Grotius（1583—1645）
26, 27, 31-35, 166, 245

H

ヘーゲル　Georg Wilhelm Friedrich Hegel（1770
—1831）　i, 15, 35, 36, 75, 91, 115, 120,
128, 146, 163, 192
エルヴェシウス　Claude-Adrien Helvetius
（1715—1771）　33, 36
ヒトラー　Adolf Hitler（1889—1945）　157
ホッブズ　Thomas Hobbes（1588—1679）

26-28, 31, 32, 34, 174, 236
ヒューム　David Hume（1711—1776）　32,
33, 36, 37
フッサール　Edmund Husserl（1859—1938）
248
ハチスン　Francis Hutcheson（1694—1746）
32-34, 36

J

ジェファソン　Thomas Jefferson（1743—1826）
31
イェリネク　Georg Jellinek（1851—1911）
31, 75, 86, 87, 248, 249
イェーリング　Rudolf von Jhering（1818—
1892）　66, 117

K

カント　Immanuel Kant（1724—1804）　i,
16, 33-37, 49, 75, 113-115, 155, 163, 169, 191
カウツキー　Karl Kautsky（1854—1938）
147, 195
ケルゼン　Hans Kelsen（1881—1973）　107,
131-134, 150, 171-174, 177, 178, 224-226, 248,
267-270
ケイ　Ellen Karolina Sofia Key（1849—1926）
140, 141
ケルロイター　Otto Köllreutter（1883—1972）
246

L

ラーバント　Paul Laband（1838—1918）
47, 75-79, 83, 84, 86
ラファイエット　Marquis de La Fayette（1757
—1834）　31
ラスキ　Harold Joseph Laski（1893—1950）
224
ラスク　Emil Lask（1875—1915）　155, 163
ライプニッツ　Gottfried Wilhelm Leibniz（1646
—1716）　32
リスト　Franz von Liszt（1851—1919）
106, 117, 118, 155
ロック　John Locke（1632—1704）　27, 29-

280

人名索引

33, 49
ロンブローゾ Cesare Lombroso（1835—1909）
116
ルーデンドルフ Erich Ludendorff（1865—
1937） 227

M

マキャヴェリ Niccolò Machiavelli（1469—
1527） 174
メイン Henry James Sumner Maine（1822—
1888） 47
マンハイム Karl Mannheim（1893—1947）
224
マーティン（丁韙良 テイイリョウ） William Alexander Per-
sons Martin（1827—1916） 8, 15
マルクス Karl Heinrich Marx（1818—1883）
145-151, 159, 163, 177
ミル John Stuart Mill（1806—1873） 16,
17, 37, 47, 50, 131, 142
モンテスキュー Charles-Louis de Montesquieu
（1689—1755） 18, 49, 50, 63
モーゲンソー Hans Joachim Morgenthau（1904
—1980） 157, 174-178
モッセ Albert Mosse（1846—1925） 67,
70, 76

N

ニーチェ Friedrich Wilhelm Nietzsche（1844
—1900） 86

O

オッカム William of Ockham（1285—1347）
25, 26
オルトラン Joseph Louis Elzéar Ortolan（1802
—1873） 110, 111, 115

P

ペイン Thomas Paine（1737—1809） 55
パシュカーニス Evgeniy Bronislavovich Pashu-
kanis（1891—1937） 148-151, 162
プラトン Plato（BC428/427—BC348/347）
i, 21-24, 36, 130

プフタ Georg Friedrich Puchta（1798—1846）
190
プーフェンドルフ Samuel von Pufendorf（1632
—1694） 27, 31, 32, 34

R

ラートブルフ Gustav Radbruch（1878—1949）
155-158
ラートゲン Karl Rathgen（1855—1921）
75, 84, 99
ロェスラー Karl Friedrich Hermann Roesler
（1834—1894） 64, 65, 68, 69, 71, 77, 90
ルソー Jean-Jacques Rousseau（1712—1778）
13, 31, 33-35, 49-52, 54, 61, 86, 92, 130, 132, 133
サヴィニー Friedrich Carl von Savigny（1779
—1861） 47, 64, 103-105, 146, 190

S

シュミット Carl Schmitt（1888—1985）
132-134, 168, 174-178, 180, 226, 236, 245, 252
シュルツェ＝ゲヴェーニッツ Hermann Jo-
hann Friedrich von Schulze-Gävernitz（1824
—1888） 63, 78, 84
ゼーバッハ Kurt von Seebach（1859—1891）
124
シェイエス Emmanuel-Joseph Sieyès（1748
—1836） 236
ジンツハイマー Hugo Sinzheimer（1875—
1945） 157, 158, 177, 178
スメント Rudolf Smend（1882—1975）
192, 224-226, 232
スペンサー Herbert Spencer（1820—1903）
50, 135
シュタムラー Rudolf Stammler（1856—1938）
162, 163
シュタイン Lorenz von Stein（1815—1890）
67, 68, 75

T

ティボー Anton Friedrich Justus Thibaut
（1772—1840） 103-105
トクヴィル Alexis Charles Henri Clérel de

人名索引

Tocqueville（1805—1859）　59, 60, 130, 131

V

ヴァッテル　Emer de Vattel（1714—1767）166

フィッセリング　Simon Vissering（1818—1888）　8, 9, 15, 16, 18

W

ウェーバー　Max Weber（1864—1920）75, 155, 174, 224

ホイートン　Henry Wheaton（1785—1848）8, 179

ウィルソン　Thomas Woodrow Wilson（1856—1924）　134, 136, 170

ヴォルフ　Christian Wolff（1679—1754）31, 32, 50

事項索引

あ 行

アメリカ　8, 31, 43, 47, 52, 55, 59, 61, 107, 132, 134-138, 143, 157, 159, 169, 170, 175, 176, 178, 179, 248, 257, 259, 269

アンシャン・レジーム　112, 114

「家」制度　261, 273, 274

イギリス　31, 32, 42, 43, 47, 49, 52, 55, 59, 61, 63, 66, 67, 70, 74, 75, 99, 103, 113, 123, 125, 131, 134, 135, 142, 145, 168, 170, 174, 179, 248

一般意志　35, 51, 130

一般予防　114, 115, 120

ウシワク（ウシワク的統治）　215, 217

欧化　61, 82, 185-187, 191, 208, 274

公、公益、公共　11, 12, 17, 30, 40, 43, 44, 51, 52, 56, 58, 61, 65, 67, 68, 70, 130, 190, 196, 245

オランダ　8, 13, 15, 29, 30, 42, 125, 157, 179

か 行

解釈改憲　201, 202, 218, 219, 235, 237, 253

改定律例　7, 109, 110, 123

概念法学　106

仮刑律　7, 109

漢学　11, 64

慣習・旧慣・慣習法　6, 23, 24, 26, 60, 82, 98, 105, 120, 123, 173, 190, 201, 202, 214, 242, 262

官吏、官僚　3, 10, 49, 53, 58, 65, 68, 75, 76, 92, 103-105, 109, 123, 124, 153, 154, 161, 171, 187, 189, 196-199, 207, 211, 227, 228, 243, 244, 258, 260, 265, 272

議院、議会　12, 37, 41-43, 45, 46, 55, 56, 58, 60-63, 65, 67-69, 71, 76, 77, 89, 101, 120, 128, 132-134, 137, 152, 157, 161, 195-198, 206, 208, 209, 219, 225, 228, 229, 231, 244, 247, 254, 255, 260, 261, 264, 265

義務　12, 48, 113, 150, 161, 175, 194, 230, 231, 244

教育・教育刑　10, 32, 33, 37, 46, 82, 87, 89, 99, 116, 118-120, 123, 128, 138, 139, 141, 142, 160, 227, 229, 260, 261

教育勅語　52, 83, 88

教学聖旨　64, 82

共産主義　44, 68, 112, 129, 146, 195, 200-202, 207, 240, 241

共和制（主義）（レスピュブリカ―）　2, 51, 71, 100, 128, 130, 134, 197, 268

キリスト教　22, 24, 81, 102, 127-130, 162, 166, 190

君主、君主主権、君主制　3, 16, 42, 51, 52, 55, 61, 63, 68, 69, 77, 84, 85, 88, 89, 100, 102, 104, 128, 166, 174, 197, 205, 210, 211, 213, 215, 236, 237, 245, 247, 263, 265, 268, 272

刑法　2, 7, 14, 96, 98, 101, 103, 106, 109-125, 128, 142, 152, 155, 156, 158, 160, 260-262, 274

啓蒙　32-34, 37, 43, 46, 62, 112-115, 246, 260, 261

契約、契約自由の原則　32, 142, 151, 190, 243, 257

ゲルマン法　102, 190, 194

現状維持派　222, 223, 226, 230, 231, 233, 234, 237, 247, 248

憲法改正限界説　266, 267

憲法制定権力（pouvoir constituant）　236, 237, 271

憲法の動態的把握　216, 225, 226, 233-235, 237, 238, 245, 246, 251

権利　2, 4, 5, 8-9, 10-11, 17, 22, 24, 27, 34-36, 44, 51, 55, 65-67, 70, 79, 88, 89, 96, 97, 100, 114, 128, 132, 133, 138, 141-143, 149, 150, 153, 181, 194, 205, 230, 231, 234, 235, 244, 245, 259

権理　11, 13, 45, 49, 61, 78

原理日本（原理日本社）　200, 202

283

事項索引

後期旧派（刑法学）　112, 115-117, 120, 121

公正　21, 33, 67

功利、功利主義　10, 16, 17, 33, 37, 48, 50, 75, 113-115, 149

合理主義　17, 18

公論　6, 42

国学　10, 53, 82, 85

国際法　5, 7, 8, 24, 26, 88, 96, 132, 162, 165-169, 171-180, 257, 267-270

国際連盟　165, 167, 170, 171, 174-176, 178, 180

国粋、国粋思想（国粋主義）　185-187, 194, 198, 206-208, 274

国体　2, 7, 13, 40, 52-56, 62, 64, 65, 79, 81-92, 100, 122, 187, 201, 205-208, 212-218, 237, 238, 240, 247, 253, 255, 263, 266

国体憲法学　204, 211-213, 217-220

国体の精華　85, 187

国体明徴（国体明徴運動）　79, 90, 186, 206-208, 211-213, 217

国民主権　128, 245, 257, 263-267, 270-273

個人商店的国家　187, 189, 222, 232

御誓文　40-42, 119

国家緊急権　226, 230, 240, 244-246, 248-251, 253, 254

国家主権　65, 172

国家総動員法　152, 226, 228-233, 243, 244

国家法人説、法人説　64, 78, 79, 84, 212, 213

根本規範　172, 173, 178, 267-270

さ 行

罪刑法定主義　109-114, 116, 119, 120

自然権　12, 16, 22, 26-28, 31, 36, 49, 55, 66

自然状態　17, 27, 28, 30, 31, 34, 51

自然法（性法）　2, 3, 5, 13, 14, 16, 18, 21, 23, 24, 26, 27, 30-34, 36, 102, 103, 105, 145, 168, 172, 191

自治　2, 58-61, 67-71, 150, 161, 208, 209

実証主義　17, 28, 47, 75, 78, 79, 83, 86, 89, 90, 116, 235

市民（市民社会）　32, 61, 68, 103-105, 112-114, 130, 141, 142, 165, 172, 198, 225

社会学・法社会学　18, 68, 91, 107, 135, 150, 157, 158, 172, 174, 178, 195, 225, 248

社会契約　34, 40, 43, 49-51, 55, 64, 79, 113, 130, 133, 191, 273

社会主義　68, 100, 112, 128, 129, 136, 137, 140, 145, 147, 155, 156, 159, 195-199, 207

社会民主主義（社会民主々義）　195, 197-199

社交　17, 27, 32

自由　9, 12, 13, 16, 26, 27, 30, 31, 35, 36, 44, 48, 51, 52, 59, 65, 66, 102, 103, 106, 109, 112-114, 119, 128, 129, 131, 132, 141, 142, 149, 160, 185, 190, 198, 209, 231, 242, 245, 258

十月革命説　268-270

集権　2-4, 59, 60, 70, 71, 131

自由主義　16, 18, 37, 44, 50, 64, 65, 76, 77, 87, 100, 105, 115, 120, 122, 132, 133, 135, 146, 185, 204, 206, 207, 210, 223, 225, 230, 232-234, 259, 261, 266

習俗　16, 34, 104, 110

自由法　90, 106, 107

儒教、儒学　6, 9, 10, 15, 42, 53, 80-82, 185

主権　34, 55, 64-66, 78, 84, 85, 89, 128, 130, 171, 173, 175, 197, 213, 215, 219, 247, 267, 269, 272, 273

主権者　48, 84, 128, 130, 237, 266, 267

朱子学、朱子学者　10, 15, 17, 42, 79, 80

純粋法学　107, 131, 150, 171, 172, 225, 270

純正社会主義　195, 196

象徴天皇制　257, 258, 259, 263, 271, 272

条理　52, 85, 101, 219

所有（財産）、所有権　16, 18, 24-27, 29-32, 34, 35, 37, 51, 62, 66, 67, 109, 111, 142, 148, 149, 158, 166, 195, 198, 199, 205, 234, 235, 240, 245, 261

シラス（シラス的統治）　215, 216, 265

人格　30, 68, 114, 129, 147, 149, 156, 160, 161, 190, 218, 225

進化論、進化主義　13, 15, 50, 58, 65, 66, 116, 118

新カント学派、新カント派　120, 155, 162, 224

事項索引

人権 31, 36, 48, 66, 111, 119, 141, 149, 151, 245, 263

新古典学派（折衷主義刑法理論） 110-112, 114, 115, 118

新体制派 216, 222, 223, 230, 233, 234, 236, 248, 252

神道 10, 91, 183, 241

新派（新派刑法学） 106, 112, 115, 117, 118, 120-122, 155

人民 12, 44-46, 48, 49, 55, 56, 58, 61, 65, 67, 102, 110, 128-130, 133, 134, 225, 259, 262, 269

人民主権 37, 51, 55

新律綱領 7, 109, 110, 123

正義 5, 17, 21-23, 32, 33, 51, 115, 120-122, 149, 159, 163, 249, 252

政治の「矩」 251, 252, 270, 271, 273

正戦論 165, 166, 168

政体 51, 53-55, 61, 79, 82, 86-90, 197, 213, 237

正統、正統性／正統化 13, 29, 41, 79-81, 86, 134, 175, 209

生の哲学 191, 192, 194

前期旧派（前期旧派刑法学） 112, 114-116, 120

戦時緊急措置法 230, 255

総動員体制、新体制（新体制運動） 222-224, 226-230, 232, 233, 243, 246-248, 254, 255

総力戦 223, 226-228, 231, 242, 244

祖先教 85, 91, 100, 102

た 行

大企業的国家 187, 189, 222

大正デモクラシー 127, 136, 138, 186, 210, 230, 234

大政翼賛会（翼賛会） 226, 233-235, 247

大東亜共栄圏 180, 181, 274

瀧川事件 151, 161, 162, 200, 208, 209, 224

他者危害原理 131

団体、団体理論、団体法論 75, 88, 102, 131, 142, 153, 157, 159, 169, 170, 190, 205, 213, 269

治安維持法 112, 160, 161, 240-242

中国 2, 4-5, 7-8, 99, 110, 127, 128, 137, 179, 180, 185, 207

通義 11, 49

デモクラシー、民主制民主主義 42, 51, 58-60, 68, 71, 84, 89, 96, 127-136, 175, 185, 195, 200, 201, 207, 225, 260-265

天皇 7, 40, 41, 52-54, 68, 78, 80, 83, 84, 89, 91, 111, 119, 122, 148, 154, 159, 179, 186-189, 193, 196, 197, 199, 204, 205, 209-211, 213, 215, 216, 218, 219, 222, 223, 230, 232, 233, 235, 237, 241, 244, 246-248, 250, 254, 255, 258-267, 270-272

天皇機関説 79, 86, 88-90, 187, 197, 204-206, 209-213, 216, 217, 219, 222, 223, 227, 232

天皇主権説 204, 211-213, 217, 219

天皇即国家 83

天賦人権、天賦の権利 16, 17, 48, 50, 55, 58, 66

ドイツ、プロイセン 3, 15, 16, 47, 49, 50, 63, 64, 67, 70, 75, 76-78, 86, 99-107, 110, 112, 113, 115, 118, 120-122, 124, 125, 132, 134, 140, 142, 145, 146, 155-157, 163, 167, 170, 171, 174-176, 178, 180, 190, 195, 204, 224, 225, 232, 233, 245, 246, 248, 255, 268

独逸学（ドイツ学） 16, 44, 58, 63, 64

統合理論 192, 225

道徳 10, 11, 16, 18, 22, 32, 37, 79, 80, 87, 89, 91, 112, 114-116, 120, 148, 172, 175, 178

道徳感情 33-36

徳 6, 32, 42, 53, 86, 130

特別予防 114, 117-120

な 行

ナチス 132-134, 156, 174, 176, 178, 232, 246, 255

ナポレオン法典 14, 18, 47, 110

南北朝正閏事件 200, 209

日本法理 120, 122, 274

人足寄場 122, 123

ノモス主権論 270-273

事項索引

は 行

八月革命説　　266, 267, 269-273
非常大権　　230-233, 240, 244-247, 250, 253-255
平等　　9, 13, 30, 33, 34, 36, 46, 49, 50, 59, 112, 131, 134, 141, 143, 149, 181, 196, 197, 199, 261
フェミニズム　　139, 141-143
普遍我　　192, 193
フランス　　8, 9, 14, 18, 23, 31, 36, 45, 51, 59, 61, 63, 67, 68, 70, 74, 75, 97-103, 105-107, 109-111, 113, 115, 118, 121, 130, 145-147, 149, 167, 168, 170, 179, 248
フランス革命　　50, 55, 60, 103, 115, 141, 142
フランス法　　13, 14, 98, 99, 103, 111, 123
プロレタリアート　　145
分権　　2, 70, 187, 216, 219, 232, 237, 247
平和　　26, 30, 31, 41, 54, 134, 165-171, 173-175
法実証主義　　15, 36, 78, 86, 91, 158
法治、法治国家、法治主義　　6, 64, 67, 70, 111, 118, 120, 244, 245
法典、法制定、立法　　6, 9, 14-16, 23, 30, 33-36, 48, 62, 96-105, 107, 109-111, 115, 117, 118, 123, 149, 151, 152, 154, 179, 197, 201, 228, 229, 231, 242, 243, 254, 255
法典論争　　99, 101-103, 105
ポツダム宣言　　257, 258, 260, 262, 264, 266, 267, 269-271

ま 行

マルクス主義／マルクス主義法学　　105, 111, 120, 145, 147-150, 157, 159-163, 177
水戸学　　10, 54, 81
民権　　9, 12, 13, 41-44, 46-48, 54, 59, 60, 63, 65, 69, 97
民権派、民権運動　　50, 62, 64, 78, 101, 111, 138
民族精神　　83, 90, 115, 190
民法、民法典　　i, 2, 9, 12, 14, 36, 85, 96-104, 106, 107, 118, 128, 141, 152, 171, 260, 261, 274
民本主義　　127-130, 274
無差別戦争　　166-168, 176
無政府主義　　91, 129, 158-160, 207, 240, 241
命令説（主権者命令説、法命令説）　　48, 78, 84, 86

や 行

唯物論　　33
唯物史観　　146, 147, 151
有機体論　　44, 64, 78, 79, 190, 192
有司（有司専制）　　42, 44, 46, 51, 54, 62, 82
洋学　　43, 53, 64, 82
輿論、公論　　42, 46, 49

ら 行

利、利益　　7, 10-12, 18, 24, 36, 41, 43, 51, 59, 66, 67, 71, 78, 85, 88, 193, 197
利益衡量論　　107
理性　　14, 18, 22-24, 26, 28, 30, 32, 35, 37, 103, 104, 106, 191
立憲、立憲君主制　　9, 16, 49, 52, 54, 61, 63, 69, 197, 216, 218-220, 225, 263
立憲主義、立憲制　　65, 66, 74, 77, 79, 82, 84, 86, 88, 185, 210, 211, 214, 231, 235-238, 247
類推（解釈）　　109, 118-120
歴史主義　　16, 18, 47, 52, 127
歴史法学　　105, 115, 146, 162, 190
労働　　16-18, 30, 34-36, 107, 112, 123, 125, 137, 138, 140, 141, 146, 147, 149-152, 155-160, 162
ローマ、ローマ法　　22, 25, 47, 68, 102, 103, 105, 149, 165, 166, 176, 190, 191

執筆者紹介（※執筆順）

大野　達司（おおの　たつじ）　法政大学法学部教授
　担当：第1部、第1章〜第5章

吉永　　圭（よしなが　けい）　大東文化大学法学部教授
　担当：第2部、第6章〜第10章

森元　　拓（もりもと　たく）　東北公益文科大学公益学部教授
　担当：第3部、第11章〜第15章

Horitsu Bunka Sha

近代法思想史入門
——日本と西洋の交わりから読む

2016年5月10日　初版第1刷発行
2024年3月20日　初版第2刷発行

著　者　大野達司・森元　拓
　　　　吉永　圭

発行者　畑　　光

発行所　株式会社　法律文化社

〒603-8053
京都市北区上賀茂岩ヶ垣内町71
電話 075(791)7131　FAX 075(721)8400
https://www.hou-bun.com/

印刷／製本：一進印刷㈱
装幀：白沢　正

ISBN978-4-589-03766-4

©2016 T. Ohno, T. Morimoto, K. Yoshinaga
Printed in Japan

乱丁など不良本がありましたら、ご連絡下さい。送料小社負担にて
お取り替えいたします。
本書についてのご意見・ご感想は、小社ウェブサイト、トップページの
「読者カード」にてお聞かせ下さい。

JCOPY　〈出版者著作権管理機構　委託出版物〉

本書の無断複写は著作権法上での例外を除き禁じられています。複写される
場合は、そのつど事前に、出版者著作権管理機構（電話 03-5244-5088、
FAX 03-5244-5089, e-mail: info@jcopy.or.jp）の許諾を得て下さい。

村上一博・西村安博編〔HBB⁺〕

新版 史料で読む日本法史

四六判・364頁・3630円

学生の知的好奇心を刺激するトピックを選び、現代の法的問題とも結び付く法意識や裁判の観点から日本法史の世界を探検。史料を読み解きながら解説を加える方針を踏襲し、総論・古代法・近代法を補訂。史料の体裁も刷新。

山中永之佑監修／山中永之佑・藤原明久・中尾敏充・伊藤孝夫編

日 本 現 代 法 史 論
―近代から現代へ―

A5判・326頁・3520円

明治維新期から現代に至るまでを行政法、財政法制、地方自治法制などの各法分野に分けて叙述する。特に現代の法体制の起点として戦後の「民主的」法改革を捉え、現代法からみて、各法分野がどのような変遷を経てきたのかに重点を置く。

川嶋四郎著

日本史のなかの裁判
―日本人と司法の歩み―

四六判・256頁・2860円

日本史を紐解けば太古から正義・司法へのアクセスや合理的裁判への志向を見出すことができる。歴史や文学に見られる様々なエピソードを紹介し、各時代で司法や裁判がいかに受け止められ評価されてきたかを探る。現代司法への示唆に富んだ味読の書。

森村 進編

法 思 想 の 水 脈

A5判・262頁・2750円

法思想史は、法学と哲学と歴史学が交錯する領域であり、多彩な知見に触れることのできる領域である。本書は、法思想がいかなる経路（水脈）を辿って現代に流れてきたのかを意識しながら編んだ法思想史の新しい入門書である。

石岡 浩・川村 康・七野敏光・中村正人著

史料からみる中国法史

四六判・240頁・2750円

初学者にとって理解困難な史料を、現代日本語訳とやさしい語り口で読み解くユニークな入門書。中国法の変遷を概観したうえで、法学入門的なトピックを切り口に現代日本法との比較のなかで中国法史をわかりやすく叙述する。

三成美保・笹沼朋子・立石直子・谷田川知恵著〔HBB⁺〕

ジェンダー法学入門〔第3版〕

四六判・314頁・2750円

ジェンダー・バイアスに基づく差別や法制度への影響を明らかにし、社会の常識を問い直す。「性の多様性」の章を新たに設け、LGBT、SOGIの課題についてより詳しく解説。2015年以降の法や判例、社会変化を反映し、バージョンアップ。

———————————— 法律文化社 ————————————

表示価格は消費税10%を含んだ価格です